utb 4686

AF151111

Eine Arbeitsgemeinschaft der Verlage

Böhlau Verlag · Wien · Köln · Weimar
Verlag Barbara Budrich · Opladen · Toronto
facultas · Wien
Wilhelm Fink · Paderborn
A. Francke Verlag · Tübingen
Haupt Verlag · Bern
Verlag Julius Klinkhardt · Bad Heilbrunn
Mohr Siebeck · Tübingen
Nomos Verlagsgesellschaft · Baden-Baden
Ernst Reinhardt Verlag · München · Basel
Ferdinand Schöningh · Paderborn
Eugen Ulmer Verlag · Stuttgart
UVK Verlagsgesellschaft · Konstanz, mit UVK / Lucius · München
Vandenhoeck & Ruprecht · Göttingen · Bristol
Waxmann · Münster · New York

Soziale Arbeit – Grundlagen

herausgegeben von
Fabian Kessl
Elke Kruse
Sabine Stövesand
Werner Thole

Band 10

Maria Bitzan
Eberhard Bolay

Soziale Arbeit – die Adressatinnen und Adressaten

Verlag Barbara Budrich
Opladen & Toronto 2017

Die AutorInnen:

Prof. Dr. Maria Bitzan,
Professorin für Soziale Arbeit, Hochschule Esslingen

Dr. Eberhard Bolay,
Akademischer Oberrat (i.R.), Institut für
Erziehungswissenschaft, Universität Tübingen

Bibliografische Information der Deutschen Nationalbibliothek
Die Deutsche Nationalbibliothek verzeichnet diese Publikation in der Deutschen
Nationalbibliografie; detaillierte bibliografische Daten sind im Internet über
http://dnb.d-nb.de abrufbar.

Gedruckt auf säurefreiem und alterungsbeständigem Papier.

      utb-Bandnr. **4686**
      utb-ISBN   **978-3-8252-4686-0**

Lektorat und Satz: Ulrike Weingärtner, Gründau – info@textakzente.de
Umschlaggestaltung: Atelier Reichert, Stuttgart
Druck: Friedrich Pustet, Regensburg
Printed in Germany

Inhalt

1. Einführung

Soziale Arbeit ist eine gesellschaftliche Institution, deren Aufgabe darin besteht, Angebote für Kinder, Jugendliche und Erwachsene in den unterschiedlichen Lebensbereichen und Lebenssituationen, die in irgendeiner Weise einen Bildungs-, Erziehungs- oder Hilfebedarf haben, bereitzustellen. Für viele Menschen liegen darin (manchmal existentiell) wichtige Möglichkeiten, Unterstützung zu erhalten in der Bewältigung komplexer Anforderungen der modernen Lebensführung, in der Begleitung der ‚normalen‘ Wege durchs Leben (etwa in der Kinder- und Jugendarbeit oder in Kindertageseinrichtungen), bei Fragen nach Erziehung und Lebensplanung (etwa in Beratungseinrichtungen), aber auch im Hinblick auf die Bewältigung biographischer Krisen – nicht selten verbunden mit materieller Not – (etwa in Erzieherischen Hilfen oder der Wohnungslosenhilfe).

Vor allem seit dem letzten Drittel des 20. Jahrhunderts hat sich Soziale Arbeit in ihren Zuständigkeiten deutlich ausgeweitet, als soziales Dienstleistungsangebot normalisiert und auch professionalisiert. Folglich ist in allen Lebensaltern und in vielen Lebenskonstellationen die Zahl der Menschen, die in Kontakt mit Angeboten der Sozialen Arbeit kommen, deutlich angestiegen. Anders formuliert: Immer mehr Menschen werden in einem immer ausdifferenzierteren Leistungsspektrum von Sozialer Arbeit ‚adressiert‘, werden zu deren Adressat_innen.

Ziele des Lehrbuchs

Nun reicht es in einem reflektierten Verständnis von Sozialer Arbeit nicht aus, von den Hilfebedarfen der angesprochenen Menschen aus zu bestimmen, wer zu einem Adressat oder einer Adressatin werden kann. Vielmehr muss das gesamte sozialstaatliche Gefüge, in dem Soziale Arbeit einen bestimmten Teilbereich darstellt, in den Blick genommen werden, um ‚Adressat‘ als spezifische ‚Sozialfigur‘ zu klären.[1]

Soziale Arbeit ist eine öffentliche und auch weitgehend öffentlich finanzierte Aufgabe, die rechtlich in den einschlägigen Sozialgesetzbüchern kodifiziert ist. Sie wird realisiert entweder über öffentliche Träger (wie etwa

---

1 Werden die Begriffe ‚Adressat‘ oder ‚Adressatenorientierung‘ in kategorialer Absicht verwendet, stehen sie in der angegebenen Form, beziehen wir uns auf Personen oder Personengruppen, benutzen wir eine genderreflexive Darstellung wie z. B. Adressat_innen.

die Jugendämter in Landkreisen oder kreisfreien Städten oder Einrichtungen der Altenhilfe in kommunaler Hand) oder durch Freie Träger (weltanschaulich gebundene oder säkulare Einrichtungen), die mit Hilfe öffentlicher Refinanzierung entlang ihrer trägerspezifischen Grundsätze den Aufgaben nachgehen Soziale Arbeit ist somit ein gewichtiger Teil der staatlichen Sozialpolitik, die für die Daseinsvorsorge der Bürgerinnen und Bürger zuständig ist. Daher sind die Aufgaben der Sozialen Arbeit, ihre Handlungslogiken und -prinzipien in den differenzierten Arbeitsfeldern nur im Kontext der jeweils aktuellen sozialpolitischen Geltungsordnung zu verstehen. Eingewoben sind normative Vorstellungen, was als ‚normal‘, als ‚lebenswert‘ und dementsprechend als angebrachtes ‚richtiges‘ Leben auf der Höhe der Zeit betrachtet und eingefordert wird. Materialisiert ist dies in Gesetzen, Institutionen und Strukturen wie beispielsweise als schulisches Bildungssystem mit der allgemeinen Schulpflicht und seinen Qualifizierungshürden, als Arbeitsmarkt mit der Bestimmungsmacht der Arbeitgeber, als Förderung von Ehe und Familien als prioritär gesetzte Form der Kinderaufzucht usw. In diesen Ordnungen liegen gleichermaßen Potentiale des Gelingens wie solche des Widerspruchs, des Scheiterns, des Herausfallens, aber auch veränderbarer und verändernder gesellschaftlicher Praxis der beteiligten Akteurinnen und Akteure – und Soziale Arbeit ist eine dieser Akteurinnen.

Soziale Arbeit ist auf diese Ordnungen bezogen, indem sie (neben anderen Institutionen) dafür zu sorgen hat, dass Menschen, die aus diesen Ordnungen herausfallen oder sich selbst herausbewegen, (wieder) integriert werden oder ihr Ausschluss sozial verträglich bleibt. Sie ist ebenso Akteurin bei der Durchsetzung neuer Normalitäten, indem beispielsweise bestimmte gesellschaftliche Erwartungshaltungen verallgemeinert oder gar zur gesetzlichen Pflicht werden (etwa der Kindergartenbesuch oder das Verbot der Gewaltanwendung in der Erziehung). Zusammengefasst: Soziale Arbeit handelt in der ambivalenten Doppelbestimmung von Hilfe und Kontrolle. Dennoch ist Soziale Arbeit in gewissem Maße eigenständige Akteurin, kann sich reflexiv gegenüber solchen Vorgaben verhalten und sich kritisch mit widersprüchlichen Herausforderungen auseinandersetzen.

Nun wird deutlich, dass soziale (Hilfe-)Bedarfe nicht einfach ‚an sich‘ auftreten oder nur durch individuell motivierte Verhaltensweisen der Menschen hervorgerufen werden. Vielmehr sind diese immer auf gesellschaftliche Übereinkünfte des Erwarteten, des ‚Normalen‘ bezogen. Somit werden Personen(gruppen) in der Sozialen Arbeit adressiert, die subjektiv Hilfe und Unterstützung brauchen, aber auch Personen(gruppen), die sich selbst vielleicht nicht als bedürftig betrachtet hätten. Andererseits aber werden Personen, die subjektiv zwar Unterstützungsbedarf empfinden, nicht adressiert, sofern dieser Bedarf nicht bereits in irgendeiner Form als sozialpolitisch relevant definiert wurde. Die erfolgenden Interventionen wiederum erleben Adressat_innen manchmal subjektiv hilfreich, wertschätzend, anerkennend (in gelingenden Prozessen), manchmal aber auch dergestalt, dass nur bestimmte Aspekte ihrer Lebenssituation in die Aufmerksamkeit gerückt und darin eine sehr spezifische, möglicherweise beengende Deutung ihres Problems vorgenommen wird. Dass diese Prozesse nicht willkürlich oder zufällig geschehen, sondern einer spezifischen ‚Ordnung' folgen, lässt sich theoretisch und empirisch aufklären. Für diese Bestimmungen ist es bedeutsam, das Strukturgefüge der Sozialen Arbeit zu betrachten.

Gaby Flösser, Hans-Uwe Otto, Thomas Rauschenbach und Werner Thole (1998) haben drei wesentliche Strukturelemente der Sozialen Arbeit markiert: die sozialpädagogischen Institutionen oder Organisationen, die fachspezifisch qualifizierten Professionellen und die Adressatinnen und Adressaten der Sozialen Arbeit selbst.[2] Bereits der bisherige Argumentationsgang legt nahe, dass die Sozialfigur ‚Adressat' nicht aus sich heraus betrachtet werden kann. Zum einen gibt es Adressat_innen nur als Adressat_innen von Institutionen und in Interaktionen mit Professionellen. Zum anderen wirken sozial- und gesellschaftspolitische Regulative (Ordnungen) auf alle drei Strukturelemente ein, sie durchdringen sich auf der Makroebene der Gesellschaft, auf der Mesoebene des professionellen Verständnisses und Handelns in sozialpädagogischen Institutionen und auf der Mikroebene der konkreten Interaktionen zwischen Professionellen und Adressat_innen. Aufgrund dieser Vieldimensionalität gehen wir von einem *relationalen Verständnis* aus (Bitzan/Bolay 2013) und unterscheiden dabei zwischen der Adressaten*kategorie* als analytischem Begriff und Adressat_innen als konkrete Einzelne oder Gruppen, die Leistungen der Sozialen Arbeit nutzen. Dieses Gefüge näher zu beleuchten, ist das erste Ziel dieses Lehrbuchs.

Welche fachlichen Konzepte und Strukturmaximen die praktische Soziale Arbeit in ihren Ausführungen leiten und sich in spezifischen Interaktionen zwischen Professionellen und Adressat_innen niederschlagen, ist als Folge dieser sozialpolitisch beeinflussten Konstellationen zu betrachten – aber gegebenenfalls auch in Distanz, im Widerspruch zu gesellschaftlichen Ordnungsprozessen zu gestalten. Aus der Analyse des relationalen Adressatenbegriffs lassen sich spezifische fachliche Handlungsorientierungen auf der personellen, der konzeptionellen und der institutionellen Ebene ableiten, die wir mit dem Begriff der ‚Adressatenorientierung' als Rahmenkonzept ausbuchstabieren. – Dieses darzulegen, ist das zweite Ziel des Lehrbuchs.

---

2   Die Verfasser_innen nehmen hier explizit Bezug auf Überlegungen von Hans Thiersch und Thomas Rauschenbach (1984: 1001ff.) zum systematischen Stellenwert der Lebenssituation der Adressat_innen Sozialer Arbeit im Gefüge einer Theorie der Sozialpädagogik. – Im Übrigen ist es bemerkenswert, dass Anstrengungen, den Adressatenbegriff systematisch zu bestimmen, erst etwa 20 Jahre später intensiver verfolgt werden.

9

Entwicklung des ‚Adressaten'-Diskurses

Im Zuge der fachlichen Modernisierung und Konsolidierung der Sozialen Arbeit seit den 1970er Jahren rückten im Fachdiskurs und in den disziplinären Klärungen zunächst Überlegungen zu ihrer Organisation sowie zu einem zureichenden professionstheoretischen Verständnis in den Vordergrund. Mit der lebenswelttheoretischen Fundierung der Sozialen Arbeit, die auch eine pointierte Kritik an den damals oft unhinterfragt geltenden fachlichen Handlungsvorstellungen und Organisationsmustern darstellt, rückte Hans Thiersch den lebenspraktischen Alltag der Zielgruppen sozialpädagogischen Handelns in den Mittelpunkt seiner theoretischen wie praxisinnovativen Anstrengungen (Thiersch 1992; Thiersch/Rauschenbach 1984). ‚Adressaten-orientierung' gilt spätestens seit dem Inkrafttreten des SGB VIII/KJHG (1990) und dem achten und neunten Jugendbericht (1990; 1994) als fachliches Kernprinzip der Sozialen Arbeit, das allerdings trotz dieser gesetzlichen Regelung eine Weile benötigte, um sich zu etablieren. Neben der Organisations- und Professionsforschung wird dementsprechend seit Ende der 1990er Jahre zunehmend auch eine ernst zu nehmende Adressatenforschung eingefordert (Lüders/Rauschenbach 2005).

Zu Beginn der letzten Dekade haben diverse Anstrengungen zu einer ersten Konsolidierung geführt: Ausgehend von eigenen Untersuchungen wurde 2004 am Institut für Erziehungswissenschaft in Tübingen eine bundesweite Tagung zu diesem Themenkomplex durchgeführt und anschließend ein Tagungsband (Bitzan et al. 2006) veröffentlicht.[3] Unter Bezug auf die kritische Dienstleistungstheorie arbeitete zeitlich parallel eine Gruppe um Andreas Schaarschuch und Gertrud Oelerich an den Konturen einer sozialpädagogischen Nutzerforschung (Oelerich/Schaarschuch 2005a; 2006; Schaarschuch/Oelerich 2005). In Resonanz auf dann folgende theoretische Präzisierungen und Differenzierungen lässt sich zwischenzeitlich von einem Adressatendiskurs reden, in dem sich verschiedene theoretische Sichtweisen auf den thematischen Fokus bündeln, Debatten über eine kategoriale Bestimmung des Adressatenverständnisses geführt werden, Überlegungen zum Einfluss dieser auf Praxiskonzepte entwickelt wurden und zwischenzeitlich auch differenzierte Forschungsstränge zu verzeichnen sind (eine erste theoretische Konturierung haben wir 2011 im ‚Handbuch Soziale Arbeit' vorgenommen, das vier Jahre später in fünfter, erweiterter Auflage erschien: Bitzan/Bolay 2015; zur Übersicht: Graßhoff 2013, zur Begriffsklärung Bitzan/Bolay 2013). Schließlich wurde 2015 ein erstes Lehrbuch zum Themenbereich vorgelegt (Graß-

---

3 Eines der ersten großen Forschungsvorhaben, in dem der Adressatenfokus eine wichtige Rolle spielte, war die Studie zu Jugendhilfeleistungen in den Erziehungshilfen (Baur et al. 1998). Im Projekt INTEGRA wurde zum ersten Mal für die Hilfen zur Erziehung systematisch Adressatenbeteiligung und Handlungsorientierungen für mehr Partizipation entwickelt (Zeller 2004).

hoff 2015) und für Herbst 2016 ist ein weiterer einschlägiger Sammelband angekündigt (Böllert/Burghardt 2016); – Vorgänge, die als Ausdruck einer wachsenden Beschäftigung mit diesem Themenbereich interpretiert werden können. Der Adressat_innendiskurs bildet damit innerhalb der Sozialen Arbeit – bislang stärker in Theoriebildung und Forschung denn in der Praxis – eine zunehmend bedeutsamere Thematisierungsweise, die auf Disziplin wie Profession einwirkt.

Zum Begriff

Der Begriff der ‚Klient_in‘ der Sozialen Arbeit, der nach wie vor häufig benutzt wird und mit dem sehr unterschiedliche Perspektiven verbunden werden – von der traditionellen Fürsorgeorientierung bis hin zu modernen Betreuungsverständnissen – wurde immer wieder ergänzt, erweitert oder ersetzt durch andere Bezeichnungen, die sich aber meistens nur im Zusammenhang mit bestimmten theoretischen Konzepten als stimmig erweisen. So ist der Begriff ‚Kund_in‘ beispielsweise sehr eng an eine (unkritische) Dienstleistungsauffassung gebunden, die das spezifische Verhältnis zwischen Markt, Staat und Betroffenen sowie Aspekte von Bedürftigkeit und Benachteiligung nicht hinreichend berücksichtigt und marktförmige Aushandlungen suggeriert. Der Begriff der ‚Nutzer_in‘, der dem der Adressatin/des Adressaten sehr nahe kommt, fokussiert stärker den subjektiven Ertrag (Nutzen), den eine Adressatin/ein Adressat aus ihrer/seiner Perspektive aus der sozialen Dienstleistung bezieht. Dennoch ist in diesem theoretischen Konzept das Wechselverhältnis zwischen Erbringung und Nutzen ebenfalls relevant (Oelerich/Schaarschuch 2006). Andere Bezeichnungen beziehen sich direkt auf rechtliche Regulierungen; so wurde beispielsweise im Bereich der Behindertenhilfe der Begriff ‚Leistungsempfänger‘ durch den Begriff ‚Leistungsberechtigte‘ abgelöst, womit der Rechtsanspruch auf individuelle Hilfe betont wird.

Auch der Begriff ‚Adressat_in‘ kann zu Missverständnissen verleiten und suggerieren, es sei damit lediglich die Perspektive der Institutionen Sozialer Arbeit, die jemanden adressieren, in den Blick genommen. Im historischen Entwicklungsprozess der Begriffskonturierung hat sich aber am ehesten dieser Begriff für eine Sichtweise eingespielt, die systematisch die eigenen Deutungsmuster und Erlebensweisen der Adressierten beachtet und zugleich das Bedingungsgefüge zwischen institutionellem Zugriff und professionellen Interpretationen mitdenkt – eben als ein *relationales Verhältnis*, wie wir es in diesem Lehrbuch ausführen.

Aufbau und Lesehinweise

Das Lehrbuch ist in zwei Hauptteile gegliedert, die den zwei Zielen entsprechen: Der erste Hauptteil beleuchtet die soziale Konstruktion von Adressat_innen der Sozialen Arbeit aus mehreren Perspektiven.

Auf der Makroebene geht es im zweiten Kapitel um die sozialpolitische Konstituierung der Adressatenfigur. Dazu muss geklärt werden, wie soziale Probleme sozialstaatlich benannt und bearbeitet werden; es werden Anmerkungen zum Normalisierungsdiskurs, der auch die Soziale Arbeit bestimmt, gemacht und auf die Veränderungen der Adressatenfigur im Kontext neoliberaler Sozialpolitik eingegangen.

Das dritte Kapitel bewegt sich auf den Meso- und Mikroebenen und blickt auf die institutionell gerahmten konkreten Handlungsvollzüge in den Interaktionen von Professionellen mit Adressat_innen. Wie werden Adressat_innen wahrgenommen, ihre Themen und ihr Verhalten gedeutet, ihre Beteiligung ermöglicht oder verhindert? Kurz: Wie laufen im konkreten Prozesse der Adressierung ab? Dabei interessiert auch die Frage, inwiefern institutionelle und organisatorische Strukturen bestimmte Adressierungsweisen nahelegen oder erwünschen. Dennoch gehört zu der Ausdeutung der Konstruktion von Adressat_innen ebenso die Selbstadressierung dazu: Wie gehen Adressat_innen mit diesen Adressierungen um, wie verbinden sie ihre eigenen Deutungen mit denen, die ihnen entgegengebracht werden, und wie versuchen sie, Nutzen aus entsprechenden Konstellationen zu ziehen? Der erste Teil des Lehrbuchs wird abgerundet mit Überlegungen zur Frage nach der subjektiven Handlungsfähigkeit, die wir im Adressatenbegriff immer wieder voraussetzen, an dieser Stelle nun aber theoretisch ausbuchstabieren – mit Bezügen auf die aktuellen Ausrichtungen mancher subjektorientierter Bestrebungen unter dem Stichwort Agency und auf Theorien zur Bedeutung von Biographie und Bewältigung.

Das fünfte Kapitel, das zugleich den ersten Teil beschließt, stellt in resümierender Absicht noch einmal in pointierter Form dar, weshalb und in welcher Weise der Adressatenbegriff nur als relationale Kategorie theoretisch begründet werden kann und muss.

Im zweiten Teil dieses Lehrbuchs werden, ausgehend von den theoretischen Erträgen, Fragen nach korrespondierenden Handlungsorientierungen in der Sozialen Arbeit diskutiert. Mit der Konturierung einer ‚Adressatenorientierung' spannen wir einen Referenzrahmen für eine kritische Praxis der Sozialen Arbeit auf. Diese orientiert sich an der normativen Idee sozialer Gerechtigkeit und begegnet damit den vorgegebenen sozialstrukturellen Verhältnissen und Aufgaben der Sozialen Arbeit in kritisch-reflexiver Haltung.

Im sechsten Kapitel bündeln wir Überlegungen zu einem Verständnis des Fallverstehens, das der ‚Stimme der Adressat_innen' Relevanz gibt und mit einer Dekonstruktion der unreflektierten Selbstgewissheit mancher professio-

neller Routinen und Verfahrensabläufe einhergeht. ‚Adressatenorientierung'
ist aber keineswegs nur für die Ebene der Fallbearbeitung auszuarbeiten,
sondern ebenso für die Mesoebene der institutionellen Ausformungen der
Handlungsvollzüge.

Dazu entfalten wir im siebten Kapitel ‚Adressatenorientierung' als Gestaltung von Verhältnissen. Diese Ausrichtung wird beispielhaft konkretisiert
mit Aspekten zur rechtlichen Stärkung der Adressatenposition sowie mit der
Konturierung der Gestaltung einer an den Adressat_innen orientierten Infrastruktur.

Beide Teile des Lehrbuchs beinhalten viele Beispiele aus empirischen Untersuchungen und Erfahrungszusammenhängen, um die jeweilige Argumentation plausibel und nachvollziehbar zu machen. Nicht selten entstammen diese
den Bereichen der Kinder- und Jugendhilfe, weil hier auch unsere eigenen
Forschungen schwerpunktmäßig angesiedelt sind. Dennoch halten wir den
hier ausgearbeiteten Referenzrahmen einer kritisch-reflexiven ‚Adressatenorientierung' für alle Handlungsfelder der Sozialen Arbeit brauchbar und ein-
setzbar. Allerdings muss er für die einzelnen Felder je konkretisiert werden.
So geht das Lehrbuch die einzelnen Arbeitsfelder der Sozialen Arbeit nicht
systematisch durch, sondern überlässt es den Lehrenden und Studierenden,
die jeweiligen Bedeutungsgehalte für einzelne Arbeitsfelder gemeinsam herauszuarbeiten.

Die Reichweite des hier zusammengefassten Ansatzes ist als Fokussierung spezifischer Analyse- und Handlungsperspektiven in der Sozialen Arbeit
zu beschreiben. Es ist keine weitere neue Theorie, im Gegenteil: Die systematische Reflexion der Adressatenkategorie gehört unseres Erachtens zu jeder
theoretischen Durchdringung der Sozialen Arbeit dazu und kann und muss
dementsprechend miteinander verbunden werden. Diese Präzisierungen zu
Reichweite und Geltungsbereich haben wir, verbunden mit einigen wenigen
methodologischen Orientierungspunkten für eine reflektierte Adressatenforschung im achten und letzten Kapitel zusammengefasst.

Für die Leserinnen und Leser dieses Lehrbuches steht zur ergänzenden
Bearbeitung und Vertiefung des Themas in einem online verfügbaren Supplement (http://www.utb-shop.de/9783825246860#zusatzmaterial) weiteres
Material bereit. Im Text finden sich dann jeweils entsprechende Verweise
[→ Material 1, 2, 3 ...]. Die jeweiligen Darlegungen im Lehrbuch sind aus sich
heraus verständlich, doch kann die Lektüre dieser Materialien manches noch
zusätzlich erhellen.

Selten werden Leser_innen ein Lehrbuch von vorne bis hinten in einem Stück
durcharbeiten; wir haben dies zu berücksichtigen versucht: Die einzelnen Kapitel sind so abgefasst, dass sie auch in unterschiedlicher Reihenfolge gelesen
werden können. Wer gern zunächst auf der konkreten Fallebene einsteigen

möchte, um ein Gespür für die Blickwinkel dieser Herangehensweise zu bekommen, steigt vielleicht sinnvollerweise mit dem dritten Kapitel ein und arbeitet sich dann erst durch das zweite und vierte Kapitel. Wer lieber zunächst eine sozialpolitische Einordnung vornehmen möchte, um darin das Adressatenverständnis zu verorten, startet sinnvollerweise mit dem zweiten Kapitel. Wer sich zunächst mit der Handlungsorientierung beschäftigen möchte, sucht sich vielleicht das Kapitel zum Fallverstehen (Kap. 6) heraus, reichert dies dann mit den begriffsanalytischen Kapiteln drei und danach zwei an, um sodann die Gestaltung von Verhältnissen (Kap. 7) durchzuarbeiten. Um keine Verwirrung zu stiften: Der ‚rote Faden‘ der Grundgedanken dieses Buches kann unschwer auch in der angegebenen Reihenfolge der Kapitel sinnvoll angeeignet werden. – Und nun: viel Spaß im Erkenntnisprozess!

Wir danken den Kolleginnen und Kollegen, mit denen wir seit Jahren in einem engen Austausch zur Theorie und Praxisrelevanz der Adressatenfrage stehen und dabei unsere Gedanken schärfen konnten. Darüber hinaus haben wir sämtliche Kapitel mit Studierenden der Sozialen Arbeit durchgesprochen und ihre Reaktionen in der weiteren Arbeit berücksichtigt. Auch ihnen sei an dieser Stelle gedankt.

Teil I: Die soziale Konstruktion von Adressat_innen der Sozialen Arbeit

Der erste Teil des Lehrbuches beschäftigt sich mit der theoretischen Klärung des Begriffs ‚Adressat'. Wir unterscheiden in der weiteren Argumentation zwei Bedeutungsdimensionen des Adressatenbegriffs: Zum einen geht es um die Kategorie ‚Adressat', womit eine *soziale Position*, die potentiell oder konkret im Funktionskontext der Sozialen Arbeit steht, charakterisiert wird; zum andern bezeichnet der Begriff *Personen*, die mit Sozialer Arbeit in Kontakt sind oder kommen wollen oder sollen. In diesem Fall benutzen wir die gendersensible Schreibweise ‚Adressat_in' bzw. passen je nach Kontext die grammatikalische Form an.

Im Folgenden soll verdeutlicht werden, welche gesellschaftlichen Kontexte und sozialstaatlichen Rahmungen die soziale Position, ‚Adressat Sozialer Arbeit' zu sein, erzeugen. Mit diesem Zugang lässt sich zeigen, dass nicht der Subjektstatus an sich oder gar die Verhaltensweisen von Subjekten im Wesentlichen bestimmen, wie es zur Einordnung als ‚Adressat_in' kommt, sondern dass das Feld der Sozialen Arbeit als Terrain sozialer Praxen zu begreifen ist, in dem die Konstitution und Konstruktion von Adressat_innen als hochkomplexer Prozess erfolgt. Darum muss dieses Terrain in seinen sozialpolitisch-strukturellen Bedingungen genauer beleuchtet werden (Kap. 2). Danach klären wir anhand empirischer Einblicke in konkrete Praxen der Adressierung, wie der Prozess des ‚Adressat'-Werdens (Adressierung) analysiert werden kann und welche Folgen dies für die theoretische Konturierung des Adressatenbegriffs hat (Kap. 3). Schließlich gilt es, die Kategorie der Handlungsfähigkeit von Adressat_innen genauer zu diskutieren. Denn Soziale Arbeit verhandelt letztlich immer die im Rahmen gesellschaftlicher Normalitätsvorstellungen akzeptable Weise von Handlungsfähigkeit (und sie nimmt damit zugleich Einfluss auf die Definition dessen, was als akzeptabel gilt) (Kap. 4). Ein Resümee schließt den ersten begriffsbestimmenden Teil des Bandes ab (Kap. 5).

Lesetipp

Graßhoff, Gunther (2015): Adressatinnen und Adressaten der Sozialen Arbeit. Eine Einführung. Wiesbaden: Springer VS – Kapitel 4: Ebenen der Herstellung von Adressat_innen im Feld der Sozialen Arbeit, S. 69–96

2. Zur sozialpolitischen Konstituierung der Adressatenfigur

In diesem Kapitel soll untersucht werden, wie die Struktur des modernen Sozialstaats die Form und Funktion der Sozialen Arbeit rahmt und damit die Vorstellungen bestimmt, mit welchen Themen und welchen Personengruppen sich Soziale Arbeit zu beschäftigen hat. Soziale Arbeit ist unmittelbar damit verbunden, dass in einer modernen Gesellschaft das Zusammenleben und dessen Organisation nicht konfliktfrei verlaufen (können). Bevor- und Benachteiligungen, unterschiedliche ‚Berechtigungen' der Teilhabe an dem, was eine Gesellschaft produziert und ihren Mitgliedern zur Verfügung stellt (materielle Güter, Bildung, etc.), erzeugen in kollektivem Ausmaß Ungleichheiten. Diese ziehen unterschiedliche Handlungsspielräume nach sich, sich im Leben zurechtzufinden, biographische und alltagsweltliche Herausforderungen zu bewältigen, körperliche und geistige Dispositionen zu nutzen, kurz: eine subjektiv angemessene und tragfähige Weise der Lebensführung zu entwickeln. Menschen können dadurch in Schwierigkeiten geraten, auf die wiederum gesellschaftlich reagiert werden muss: Sowohl alltagssprachlich als auch in wissenschaftlichen Kontexten wird diesbezüglich von *sozialen Problemen* gesprochen. An ihnen zeigt sich, was in der modernen Gesellschaft als ‚normal', mithin als akzeptiert und anerkannt angesehen wird und welche Verhaltensweisen als abweichend, konfliktreich, ‚schwierig' bewertet werden und demzufolge eine helfende oder kontrollierende Intervention nach sich ziehen. Ein solcher Bedarf wird dann in Bezug auf soziale Integrationshilfen, Kontrollaufgaben und spezifische Entwicklungsbedarfe (Sozialisationshilfen) formuliert, die jeweils auf Normalitätsvorstellungen hinsichtlich der Lebensführung der Gesellschaftsmitglieder zurückzuführen sind.

Um die Konstruktion von Adressat_innen der Sozialen Arbeit im Kontext der sozialstaatlichen Rahmungen auf der Makroebene ausloten zu können, beginnen wir mit der Klärung dessen, was unter ‚sozialen Problemen' zu verstehen ist (Kap. 2.1). Der moderne Sozialstaat als ‚aktivierender Sozialstaat' forciert bestimmte Interpretationen individueller Verantwortlichkeiten und fordert von der Sozialen Arbeit deren Durchsetzung (Kap. 2.2). In einem dritten Schritt konkretisiert sich die Konturierung der Adressatenkategorie im Rahmen der aktuellen (Sozial-)Politik, indem wir zeigen, wie Soziale Arbeit aktiv an der Durchsetzung gesellschaftlich akzeptierter Lebensweisen teilnimmt, was auch mit dem Fachbegriff der Normalisierung ausgedrückt wird, und drei Beispiele dazu vorstellen (Kap. 2.3).

2.1 … im Kontext der sozialstaatlichen Bearbeitung sozialer Probleme

Ohne die Feststellung sozialer Probleme (das sind gesellschaftlich erzeugte Problemlagen und den damit verbundenen Herausforderungen in der Gestaltung der Lebensführung) und den Bezug auf den gesellschaftlichen Zusammenhalt kann nicht geklärt werden, mit wem und mit welchem Ziel sich Soziale Arbeit in weiten Bereichen zu beschäftigen hat, wer also zu Adressat_innen der Sozialen Arbeit wird. Vordergründig – auf einer ersten Ebene – sind es zunächst (a) die Betroffenen selbst, die ihr Problem benennen und gegebenenfalls Hilfe für die Bewältigung suchen, (b) Menschen aus der Umgebung wie Eltern, Vertreter_innen von Institutionen oder aber gesetzliche Festlegungen, die das Vorhandensein eines Problems anzeigen und den Bedarf einer Bearbeitung signalisieren. Der tieferliegende Bezugspunkt – sozusagen auf der zweiten Ebene – ist immer eine mehr oder weniger bewusste Vorstellung davon, was als richtig, normal, angepasst, also sozial unproblematisch, d. h. nicht veränderungsbedürftig anerkannt wird. Denn soziale Probleme, so der hier gesetzte theoretische Ausgangspunkt, sind eben keine Tatsachen, sondern sind zurückzuführen auf gesellschaftliche Übereinkünfte, auf machtvoll durchgesetzte gesellschaftliche Ordnungen, die auch immer wieder neu bestätigt, hergestellt und verändert werden müssen. „Ganz allgemein bezeichnet ein Problem die Wahrnehmung einer Diskrepanz zwischen einem angestrebten Ziel oder Wert, dem Soll-Zustand, und der tatsächlichen Situation, dem Ist-Zustand. [...] *Im Unterschied zu privaten und individuellen Problemen werden soziale Probleme als kollektiv interpretiert und über ihre Thematisierung eine kollektive Verantwortung bzw. eine politische oder gesellschaftliche Veränderung angemahnt*" (Groenemeyer 2015: 1499; Herv. d. V.). In dieser Definition stecken zwei wesentliche Aspekte sozialer Probleme, die für die Soziale Arbeit zentral werden. Zum einen geht es um eine Werteübereinkunft, einen irgendwie angesetzten Sollzustand (der allerdings häufig gar nicht explizit benannt werden muss, weil er als ‚selbstredend‘ gilt); zum andern wird das kollektivierende Moment hervorgehoben: Entweder betrifft das angesprochene Thema viele Menschen oder aber viele bewerten es als schwierig, es hat also eine gesellschaftliche Komponente. Mit dem Sollzustand, der Normsetzung, ist auch definiert, was als Abweichung gilt, als nicht ‚in Ordnung‘, also als ‚Problem‘. Da sich dies über die Zeit und unter verschiedenen gesellschaftlichen Machtverhältnissen verändert, lässt sich gut erkennen, dass jeweils geltende Übereinkünfte mit gesellschaftlichen Entwicklungen und vor allem auch mit Auseinandersetzungen um Ordnungsverhältnisse verbunden sind, in denen sich mit Reichweiten (Grenzen) und damit immer wieder mit neuen Definitionen dessen, was als ‚normal' gilt, auseinandergesetzt wird. Solche Auseinandersetzungen laufen häufig verdeckt ab, erhellen sich oft erst im historischen Rückblick. Zum Beispiel empfanden es in den 1950er Jahren nur wenige als problematisch, dass (bürgerlichen) Müttern der Zugang zum Erwerbsarbeitsmarkt tendenziell versperrt blieb und ihre Ehemänner über ihren Alltag bestimmten. Es galt eine Geschlechter*ordnung*, die zumindest in diesem Punkt heute kaum noch unwidersprochen vertreten werden könnte – vielmehr wäre heute die Entscheidungsmacht eines Ehemanns über die Erwerbsarbeitswünsche seiner Partnerin eher als *Problem* zu kennzeichnen. Allgemein gesprochen gibt es historisch sich verändernde ‚Berechtigungen' der Teilhabe an gesellschaftlichen Möglichkeiten. Aufgrund der wachsenden Binnendifferenzierung von modernen Gesellschaften sind diese selbst zunehmend heterogener geworden, was wiederum zu neuen spannungsvollen Auseinandersetzungen führt.

Diese Konfliktstruktur der Gesellschaft ist gewissermaßen die Geburtshelferin der Sozialen Arbeit. Sie entstand in ihrer modernen Form nicht zufällig mit und in Folge großer sozialer Auseinandersetzungen um die ‚soziale Frage', mit welcher vor allem die Armutsauswirkungen der Industrialisierung bezeichnet wurden. Die entstehende kommunale Sozialpolitik war bestrebt, die Lebenssituationen der Betroffenen aushaltbar und ihnen gleichzeitig mit der Zuschreibung der eigenen Verschuldung an ihren schwierigen Lebenslagen normative Vorgaben zu machen. „Es ging [...] nie nur um Hilfe, sondern um Hilfe und Kontrolle, um Unterstützung beim Überleben und in der Teilhabe an einer Gesellschaft, die von ‚den Anderen' kontrolliert war und um Anleitung, sich deren Interessen und Normen zu unterwerfen" (Müller 1995: 139). Die moralisch-normative Komponente von Hilfen, die auf eine gesellschaftlich jeweils akzeptable Form der Lebensführung abstellten, gehörte folglich immer schon zum Bestandteil sozialer Hilfen. Soziale Ungleichheit wird in modernen Gesellschaften somit mit Problematisierungen von Verhaltensweisen und Stigmatisierungen von solchen Personen verbunden, die tendenziell ausgeschlossen sind, sie wird personalisiert. Ob diese Personen dabei als ‚gefährlich', ‚unwillig', ‚krank' oder ‚Opfer' betrachtet werden, hat sich historisch mehrfach gewandelt und jeweils andere Begründungen der Bearbeitungskonzepte nach sich gezogen. Die Grundstruktur der Umwandlung von politischen Fragen in pädagogische oder sozialarbeiterische ist allerdings konstant geblieben.

Auch Lothar Böhnisch und Wolfgang Schröer (2012) sehen den Sozialstaat und damit seine Aufgaben für die Soziale Arbeit als Ergebnis von historisch veränderlichen Vergesellschaftungsprozessen und den darin eingelagerten Konflikten: Die Arbeitsteilung der Industriegesellschaft bringt vom Grundsatz her Formen sozialer Desintegration hervor. Die Gesellschaft sucht diesen in der Weise entgegenzuwirken, dass sie Institutionen und Professionen hervorbringt, die gesellschaftlich erzeugte Desintegrationserscheinungen (meistens an Personen) bearbeiten sollen. „Sie sind [...] das Ergebnis [...] erfolgreicher öffentlicher und politischer Problematisierung und setzen [...] damit eine bestimmte gesellschaftlich und politisch akzeptierte Definition von Kategorien sozialer Probleme voraus" (Groenemeyer 2010: 13). Es findet ein wechselseitiger Prozess von kollektiven diffusen Erwartungen und Problemempfindungen und der Institutionalisierung bestimmter Maßnahmen der Problembearbeitung statt, der letztlich auch verifiziert, was jeweils als soziales Problem gelten soll.

Welche definierten Probleme welchen Systemen der Bearbeitung zugeführt werden, ist wiederum ein gesellschaftlicher Aushandlungsprozess, der keineswegs konfliktfrei verläuft. So war z. B. die Trennung von Eheleuten früher ein Vergehen und damit eine Sache der Justiz – der ‚schuldige' Teil wurde verurteilt –, während es heute zwar juristisch nach wie vor die Scheidung gibt – aber nicht mehr als Vergehen, sondern als zivilrechtliche Regelung. Wenn es jedoch zu Spannungen kommt, bietet Soziale Arbeit Beratung an – es entstehen ‚Fälle'. Pointiert: Soziale Arbeit handelt eben nicht, wie alltagsweltlich angenommen, aufgrund gegebener Probleme, sondern aufgrund durchgesetzter Definitionen, was als Problem zu betrachten sei. Diejenigen, die von den verschiedenen Systemen der Problembearbeitung adressiert werden, unterliegen den jeweiligen Definitionen und müssen für sich selbst diese Definitionen übernehmen, wenn sie Dienste dieser Systeme in Anspruch nehmen möchten: Zum Beispiel muss ein unklares Leidensgefühl beispielsweise als Depression – also als individuelle Krankheit – definiert werden, damit es heute durch die Medizin behandelt werden kann. Das bedeutet, dass die Wahrnehmung der eigenen Bedürfnisse in Formen der jeweiligen Hilfearten übersetzt werden muss, damit Hilfebedarf und Angebot zusammenpassen. Und wie immer definiert die Versprachlichung gleichzeitig eine spezifische Sichtweise, konstruiert die Sache mit, über die gesprochen wird. Ein diffuses Unwohlsein wird mit bestimmten Benennungen in eine bestimmte Richtung interpretiert, bestimmte Aspekte erhalten darin Bedeutung, andere werden übergangen.

Nun ist die Feststellung dessen, was Bedürfnisse sind, ein hochkomplexer Prozess. Theorien über menschliche Bedürfnisse beschäftigen sich meistens mit der Frage, *was* menschliche Bedürfnisse sind. Die Sozialphilosophin Nancy Fraser versucht, genauer zu erforschen, *wie* die Rede über Bedürfnisse gesellschaftlich geformt wird, wie also letztlich spezifische Bedürfnisbestimmungen als legitimer Anspruch oder akzeptierte Problemanzeige in den öffentlichen Diskurs kommen. Sie hebt in ihrer Analyse der „Politik der Bedürfnisinterpretation" (Fraser 1994) auf den politischen Charakter normativer Entscheidungen ab, über die festgelegt wird, was als Problem gelten kann und wie es gesellschaftlich bearbeitet werden soll; solche Festlegungen sind den fachlichen Interventionen stets vorgelagert (ebd.: 249ff.). In ihrem Verständnis erscheint die auf Bedürfnisse bezogene Rede „als ein Kampfplatz, auf dem Gruppen mit ungleichen diskursiven (und nicht-diskursiven) Ressourcen konkurrieren, um ihre jeweiligen Interpretationen legitimer sozialer Bedürfnisse als hegemoniale Interpretationen zu etablieren" (ebd.: 256). *Bedürfnispolitik* erklärt sie als Zusammenhang von drei, analytisch zu unterscheidenden Momenten. Das *erste* Moment ist der Kampf darum, ein gegebenes Bedürfnis als politisches und damit öffentliches, gesellschaftlich relevantes Thema etablieren zu können (ebd.: 253). Dies hängt entscheidend davon ab, ob es eine Versprachlichung und damit einen gesellschaftlichen Raum erhalten kann. Das *zweite* Moment ist „der Kampf um die Macht, es (in bestimmter Weise) zu definieren und so auch festzulegen, wodurch es zu befriedigen ist" (ebd.: 254). In diesem Moment werden also ein bestimmter Zuschnitt des Bedürfnisses und auch die Mittel der Reaktion auf dieses festgelegt, wird entschieden, ob etwa Sanktionen oder Gratifikationen, Hilfen in materieller Form oder als Beratung für angebracht gehalten werden. Das *dritte* Moment ist „der Kampf um die Befriedigung des Bedürfnisses" selbst (ebd.). Das zeigt sich etwa an den Auseinandersetzungen um die Berechtigung und Höhe der Mittel, die Ausstattung der Kommunen, der Träger und der Betroffenen mit entsprechenden Möglichkeiten der Bedarfsbefriedigung.[4] In praxi laufen die drei Momente zusammen und sind die entscheidenden Faktoren dafür, wie aus Personen mit Bedürfnissen und in spezifischen Konflikten ‚Adressat_innen' der Sozialen Arbeit werden.

Zusammenfassend lässt sich festhalten: Der Adressatenkonstitution unterliegt folglich eine spezifische Interpretation von Bedürfnissen, eine spezifische normative Definition ihrer Legitimität und eine spezifische Deutung, mit welchen Mitteln sie adäquat beantwortet werden. Das sind machtvolle gesellschaftliche und politische Festlegungen, die sich historisch wandeln und immer gesellschaftlichen Auseinandersetzungen unterliegen. Und Soziale Arbeit ist eine wesentliche Akteurin dabei. Somit darf Sozialpolitik nicht dergestalt als etwas Geschlossenes begriffen werden, dass gewissermaßen eindimensional ‚objektivierbare' Interpretationen über soziale Sachverhalte allgemeingültig werden, denen sich alle zu unterwerfen hätten. Die Sichtweisen, was jeweils als soziale Probleme (bzw. berechtigte Bedürfnisse) verstanden wurde, waren und sind immer wieder gesellschaftlich umkämpft; soziale Bewegungen traten immer auch für andere Interpretationen der sozialen Wirklichkeit ein. Diese gesellschaftlichen Kämpfe werden mit unterschiedlichen Machtressourcen und auf der Basis unterschiedlicher Interessen und Normvorstellungen ausgetragen werden (Honneth 1992; Kunstreich 2000). Eine in diesem Sinn konfliktorientierte Sichtweise auf Gesellschaft schärft das Verständnis für die Konstruktion der Adressat_innen Sozialer Arbeit (Bitzan 2016c).

---

4 In der Regel werden geäußerte Bedürfnisse nicht unmittelbar befriedigt, sondern im Zuge von sozialpolitischen Auseinandersetzungen und Verhandlungen als ‚Bedarf' anerkannt oder verworfen.

In diesem gedanklichen Zugang wird Gesellschaft gefasst als Arena sozialer Kämpfe in der, wie Axel Honneth (1992) es herausarbeitet, „Kämpfe um Anerkennung" ausgetragen werden. In fortwährenden Auseinandersetzungen um Anerkennung werden Chancen (und Begrenzungen) ausgelotet dass Bedürfnisse und Anliegen sozialer Gruppen sich durchsetzen, d. h. gesellschaftlich als relevant anerkannt werden. Vor dem Hintergrund dieser Argumentation lässt sich auch die Konstitution von Problemen und dementsprechenden Problemgruppen der Sozialen Arbeit als Reflex auf herrschende Differenzordnungen verstehen. Ja – so unsere These – ‚Adressat' selbst ist in diesem Sinne ein machtvolles ‚Ordnungsformat' (Heite 2010: 187), weil damit die als legitim erachteten Ansprüchen von Personen und die als legitim erachteten Erwartungen an diese durch professionelle Handlungen autorisiert werden und als ‚selbstverständlich' geltend. Die Autorisierung erfolgt nicht zuletzt auch durch rechtliche Kodifizierungen – z. B. in den Sozialgesetzen, die jeweils auf dem Stand der gesellschaftlichen Auseinandersetzung festlegen, welche soziale Situationen als unzumutbar und damit kompensationsbedürftig zu definieren sind. Sie legen damit bestimmte Anspruchsrechte ebenso fest wie Verpflichtungen. Veränderungen des Rechts spiegeln Auseinandersetzungen um traditionelle Fürsorgegedanken, aktuelle sozialpolitische Erwartungen und emanzipatorische Ansprüche beispielsweise aus sozialen Bewegungen. Es würde – trotz der Relevanz dieser Form der Definition sozialer Probleme und Rechte – hier zu weit führen, den historischen Stand der rechtlichen Kodifizierung ausführlich darzustellen.[5]

Lesetipps

Groenemeyer, Axel (2015): Soziale Probleme. In: Otto/Thiersch (Hrsg.) (2015), S. 1499–1514
Bitzan, Maria (2016c): Das Soziale von den Lebenswelten her denken – zur Produktivität der Konfliktorientierung für die Soziale Arbeit. In: Anhorn et al. (Hrsg.) (2016): Politik der Verhältnisse – Politik des Verhaltens: Widersprüche der Gestaltung Sozialer Arbeit. Wiesbaden: Springer VS; i. E.

2.2 ... im Kontext des aktivierenden Sozialstaats

Der moderne Staat entwickelte seine Sozialpolitik also nicht ausschließlich bezogen auf materielle Verteilungsfragen, sondern auch auf die Regulierung von Lebensweisen – als komplexe Gesellschaftspolitik; in dieser Perspektive wird daher eine Verbindung hergestellt zwischen den Lebensweisen in sozialen Milieus, den sozialen Fragen und dem Funktionieren des Gesellschaftssys-

---

5   Hinrichs/Öndül (2016 i. E.)

tems. Die Sicherung und Ausbalancierung der gesellschaftlichen Integration in der Dimension der Systemintegration (das vorherrschende System, vorrangig die Wirtschaftsweise, muss funktionieren und die Menschen müssen entsprechend mitmachen) und in der Dimension der Sozialintegration (die Existenz der Menschen muss gesichert sein und bestimmte Basisansprüche an Bildung und Kultur erfüllt werden) wurden zur sozialstaatlichen Grundaufgabe des 20. Jahrhunderts (Böhnisch/Schröer 2012: 29f.). Aus dieser doppelten Bestimmung der Integrationsfunktion resultiert immer eine spezifische Konstitution von Adressat_innen der Sozialen Arbeit.

Im aktuell hegemonialen Wohlfahrtsregime des neoliberalen Sozialstaats wird, so Thomas Olk, diese Adressatenfigur unter zwei Dimensionen re-formiert: unter der Neudeutung sozialer Fragen (Empfänger von sozialen Leistungen werden als aktive und als zu aktivierende Subjekte konstruiert) und in materialen Verschiebungen zum aktivierenden Sozial- und Bildungsstaat, der das Primat des wirtschaftlichen Erfolges als einzigen zentralen Maßstab etabliert (Olk 2009). Der seit Beginn der 2000er Jahren nach und nach umgesetzte Paradigmenwechsel vom sogenannten ‚versorgenden‘ zum ‚aktivierenden‘ Sozialstaat hat konkrete Auswirkungen auf die Soziale Arbeit und beeinflusst die Konstruktion der Adressat_innen nachdrücklich. Die bisherige staatliche Aufgabe der Balance der Integrationsaufgaben wird nun den Individuen aufgetragen. Sie sollen selbst die Verantwortung und die Aktivitäten für ihre soziale Integration übernehmen.

„Die angebliche Notwendigkeit, das deutsche Sozialsystem nach neoliberalen Konzepten um- bzw. abzubauen, wird [...] mit vermeintlichen Sachzwängen gerechtfertigt" wie dem der Globalisierung und dem des demografischen Wandels (Butterwegge 2008: 143). Hinter diesen populären ‚Begründungen‘ macht Fabian Kessl (2013) jedoch zwei grundlegende Transformationsprozesse aus: Zum einen die politisch-ökonomische Transformation der letzten Dekaden, in der die gesellschaftlichen Machtverhältnisse sich zugunsten des globalisierten Kapitals verschieben, und zum anderen eine „diskursiv-kulturelle Transformationsbewegung, die sich (...) in der Durchsetzung einer (...) aktivierenden Sozialpolitik manifestiert" (Kessl 2013: 95). Beide Prozesse haben Folgen, die den Rahmen der Sozialpolitik grundlegend ändern und neue soziale Probleme hervorrufen sowie andere Bearbeitungsweisen einfordern. Für die Soziale Arbeit von Bedeutung ist insbesondere die Transformation des Verständnisses vom Sozialstaat. Die neue „Wohlfahrtsarchitektur" (Olk 2009) hat produktivistischen und aktivierenden Charakter, was bedeutet, dass alle Potentiale für die ökonomischen Abläufe und den sogenannten ‚Standortwettbewerb‘ aktiviert werden sollen: Employability wird zum zentralen Ziel aller Integrationsbemühungen, auch der Sozialen Arbeit. Die neue, auf Deregulierungen setzende Arbeitsmarktpolitik, die prekäre Arbeitsverhältnisse zugunsten der Unternehmensprofite erlaubt und gleichzeitig soziale Sicherungsrechte mit Verhaltensforderungen verknüpft (‚Fordern und Fördern‘), steht exemplarisch für eine neue Logik sozialer Dienste überhaupt, die sich quasi parallel zur bisherigen durchsetzt.

Dahinter steht als neu durchgesetztes Leitmotiv der Modus der ‚Aktivierung'. Im Unterschied zum bisherigen Selbstverständnis der staatlichen Sozialintegrationsaufgabe wird nun „nicht mehr die Erziehungs-, Unterstützungs-, Beratungs- und Hilfsbedürftigkeit von Nutzerinnen vorausgesetzt (...), sondern deren strukturell produzierte Passivität in der eigenen Lebensführung, die es daher – gegebenenfalls auch mit Zwang – in zielgerichtete Aktivität zu überführen gelte" (Kessl 2013: 97). Probleme entstehen nach dieser Lesart also eher dadurch, dass manche Bürger_innen ihrer Verpflichtung nach Selbstverantwortung nicht hinreichend nachkommen. Soziale Arbeit müsse dem durch eine Aktivierungspädagogik nachhelfen. Denn der aktivierende Sozialstaat baut auf zwei Prinzipien: mehr Markt (Absenkung von Transferzahlungen, in der Organisation der Sozialen Arbeit leistungsbezogene Entgelte, Managerialismus, Einbezug privatwirtschaftlicher Träger) und mehr Selbstverantwortung (mehr ehrenamtliches Engagement, Kooperationsbereitschaft als Voraussetzung für Hilfen, Meldepflichten, Individualisierung entstehender Problemlagen). Beide Prinzipien werden manchmal mit der Formel umschrieben: von ‚welfare' zu ‚workfare'. Nicht Märkte werden reguliert, um problematische soziale Folgen abzumindern, sondern Menschen werden reguliert, um sich einzupassen [→Material 1: Kennzeichen der investiven aktivierenden Sozialpolitik; → Material 2: Neue Lebensmuster im aktivierenden Sozialstaat].

Die Sichtung empirischer Studien zu diesen Veränderungen zeigt, dass etwa in der Kinder- und Jugendhilfe der Fokus auf strukturelle Absicherungen abgeschwächt wird und zunehmend mehr auf ein spezifisches Erziehungsverständnis abgehoben wird – und das lässt sich vermutlich verallgemeinern auf die Soziale Arbeit insgesamt (Kessl 2006: 221). So lautet Kessls These, dass wir es in der Sozialen Arbeit zunehmend mit der ‚Pädagogisierung' staatlicher Maßnahmen zu tun haben und damit ein Einwirken auf Verhalten, welches als ‚nicht richtig' im Sinne von ‚nicht verantwortungsvoll' identifiziert wird (ebd.: 223). An den neugestalteten Diskursen zu Prävention und subjektiver Lebensgestaltungsverantwortung (ebd.: 226) lässt sich der Perspektivenwechsel (hier exemplarisch in der Kinder- und Jugendhilfe) verdeutlichen: Trainings statt Bildungsgelegenheiten, frühzeitige Elternschule, um ‚richtige' Erziehung zu lernen. Letztlich resümiert er seine Studien mit der Erkenntnis, dass nicht mehr das unterstützungsbedürftige Kind, sondern das noch nicht zum eigenverantwortlichen Kalkül aktivierte Kind der neue Adressat der Kinder- und Jugendhilfe sei (ebd.: 228).

In eine ähnliche Richtung verweisen Diagnosen zur gegenwärtigen Lage der Jugendpolitik, was hier beispielhaft am Feld der Jugendsozialarbeit angesprochen werden soll. Einseitig fokussiert würde mit der neoliberalen Politik der Integrationsmodus Ausbildung/Arbeit; Probleme oder Handlungsbedarf werden von der Frage der Integration in den Arbeitsmarkt her begründet (Lindner 2015: 242). Damit werden andere Perspektiven (lebensweltlich-eigensinnige) aus dem Blick verloren. Untermauert wird diese Einschätzung mit dem Befund, dass der Anteil der Ausgaben für Jugendarbeit an den Kinder- und Jugendhilfeausgaben insgesamt kontinuierlich sinkt (ebd.: 244). Eine solche Jugendpolitik bezeichnet Lindner als „andauernde Missachtung Jugendlicher" (ebd.: 243). „Ein durchaus prosperierendes Jugendhilfesegment [ist] in der lukrativen Bewirtschaftung von ‚Jugendproblemen' vorrangig auf Disziplinierung, Prävention, konfrontative Pädagogik, Anti-Aggressivitätstraining etc. konzentriert. [...] Und dies gilt auf der anderen Seite für die besinnungs- bis hilflose Übernahme von Vorgaben funktionalistisch-arbeitsmarktorientierter Imperative durch etliche Jugendhilfeträger" (ebd.: 247). Beispielhaft wird für den Bereich des aktuellen Bildungsdiskurses aufgezeigt, dass das Bildungssystem sich einseitig an funktionalistischen Bedürfnissen (schnelle Abschlüsse, praktische Kompetenzbildung, die zur Berufsfähigkeit führt etc.) ausrichte und andere soziale Praxen, die für die Lebensbewältigung gerade der sogenannten Bildungsfernen von zentraler Bedeutung sind, nicht anerkannt würden (ebd.: 252; von Schwanenflügel/Walther 2015). Verallgemeinert lässt sich die neue Leitlinie der Sozialen Arbeit genereller formulieren als Aktivierung zur Selbstführung (primär für die Arbeitsmarktfähigkeit), die einhergeht mit einer sinkenden öffentlichen Verantwortung (Kessl 2006: 230). Olk (2009) betont allerdings auch, dass die Neuformierungen des Sozialen, mithin also auch der Sozialen Arbeit, sich nicht als ein stringenter, konsistenter Prozess realisieren, sondern gebrochen sind, also alte Formen neben neuen zu erkennen sind.

Die sozialstaatlichen (und insbesondere ökonomischen) Veränderungen wirken sich durchaus verunsichernd und entgrenzend auf Lebenslagen von potentiellen Adressat_innen aus. Im Alltag von vielen Bürger_innen steigen die Bewältigungsanforderungen: Sie müssen mit mehr Unsicherheiten umgehen, der Anforderung, schneller in den Arbeitsmarkt einzusteigen, gerecht werden, sich selbst ein Leben lang bilden, um zu beweisen, dass sie willige Teilnehmer_innen am Arbeitsmarkt sind. Vieles davon ist für viele unter prekäreren sozialen Bedingungen (insbesondere Kürzung der Transferleistungen, Niedriglohnsektor, Intensivierung und Entgrenzung von Arbeitsverhältnissen) zu leisten: Es entstehen Folgeprobleme (Überlastungen, Eltern-Kind-Stress, Beziehungsprobleme, halblegale Praktiken u.v.m.), die sie wiederum zu Adressat_innen Sozialer Arbeit machen.

Mit dem neuen Aktivierungsparadigma (wer keinen Erfolg hat, hat nicht genug getan) gewinnt als Kehrseite auch der alte Benachteiligungsdiskurs wieder an Resonanz. Am Beispiel des Übergangssystems Schule-Ausbildung-Beruf wird sehr deutlich, dass die Folgen der strukturellen Selektionsmechanismen des Schulsystems von den jungen Menschen als individuelle

Aufgabe zu bearbeiten sind. Verallgemeinert bedeutet dies, dass Passungs-schwierigkeiten des Systems auf die Betroffenen abgeschoben werden, weil diese mit ihren Wünschen und Lebenslagen nicht ‚hineinpassen'. Benachteili-gung wird so unter der Hand zu einer Frage der individuellen Hilfsbedürftig-keit bzw. eines Defizits, sie wird der Person als Merkmal angeheftet (Walther 2002). An diesem Beispiel lässt sich auch die Kehrseite dieses Mechanismus in der Rückwirkung auf das subjektive Bewusstsein von Adressat_innen zei-gen: Gerade wenn der Jugendstatus prekär ist, weil die gängige Weise der gesellschaftlichen Teilhabe nicht gelingt, versuchen die betroffenen Jugend-lichen häufig, die gesellschaftlichen Widersprüche (selektierendes Berufsbil-dungssystem, hierarchische Geschlechterordnung) abzuflachen. Jugendliche versuchen, solche Widersprüche intrapersonal aufzulösen, erachten sie als individuelle Schwierigkeiten, die sie selbst zu bewältigen haben. Benachtei-ligte wollen ‚normal' sein. Diese subjektiven Bewältigungsweisen wiederum bestätigen den Benachteiligungsdiskurs, der Widersprüche in persönliche Unfähigkeiten transformiert. Im aktivierenden Sozialstaat kommt zum Opfer-diskurs nun auch wieder der Schulddiskurs hinzu [→ Material 3: Benachtei-ligungsdiskurs].

Bis hierher haben die Ausführungen gezeigt, dass Soziale Arbeit in dieser Lo-gik als Übersetzerin und Transmissionsriemen in der Transformation der so-zialen Deutungen und Normalisierungen fungiert. Damit ist sie daran beteiligt, die aktivierende neoliberale Sozialpolitik in akzeptierte und nicht akzeptierte Lebensweisen zu übersetzen, diese von den strukturellen Bedingungen, die bestimmte Subjektivierungsweisen ermöglichen oder verhindern, abzulösen: Sie erzeugt veränderte Adressatenmuster und nötigt zu klären, was in traditio-nell eher kritischen Konzepten, wie etwa dem der Gemeinwesenarbeit (GWA), unter Aktivierung zu verstehen ist. Die Forderung, Adressat_innen verstärkt in den Blick zu nehmen, könnte mit der subjektivierenden Interpretation so-zialpolitischer Problemlagen verwechselt werden. Und die Forderung, mehr sozialräumlich und bürgereinbeziehend zu arbeiten, wie es die GWA seit jeher praktiziert, könnte ja ebenso ein Eingehen auf die Forderung nach Aktivie-rung der ‚Selbsthilfekräfte' des Gemeinwesens sein. Hier gilt es, immer wieder äußerst sorgfältig zu reflektieren, auf welche Diagnosen und Grundkonzepte sich die jeweiligen Ansätze stützen und vor allem, welche normativen Ziele sie verfolgen. Eine Soziale Arbeit ohne Ausweisung ihrer normativen Ziele muss sich dem Verdacht der Indienstnahme durch neoliberale Politik stellen. Auf diese Fragen kommen wir im sechsten Kapitel ausführlich zu sprechen.

Allerdings werden – wie erwähnt – entsprechende Gegenbewegungen miterzeugt. Wenn, wie oben dargestellt, Gesellschaft als Arena von Konflikten verstanden wird, gilt nie nur ein einziges Professions- und Deutungsmuster für die Soziale Arbeit. Es bleibt immer die Frage, welche Deutungen sich durch-setzen können. Soziale Arbeit ist dabei immer auch selbst Akteurin – sie kann

Grenzen thematisieren, politisieren, Begrenzungen zurückweisen, Handlungsspielräume entsprechend weit auslegen. Soziale Arbeit als „Grenzbearbeitung" zu denken (Kessl/Maurer 2010), ermöglicht eine solche herrschaftskritische Perspektive, indem bestehende Grenzen als Begrenzungen der Handlungsoptionen von (potentiellen) Nutzer_innen und Adressaten_innen, aber auch als Begrenzungen des Tuns von Fachkräften verstanden werden.

Lesetipp

Olk, Thomas (2009): Transformationen im deutschen Sozialstaatsmodell. Der „Sozialinvestitionsstaat" und seine Auswirkungen auf die Soziale Arbeit. In: Kessl, Fabian/Otto, Hans-Uwe: (Hrsg.) (2009): Soziale Arbeit ohne Wohlfahrtsstaat? Weinheim/München: Juventa, S. 23–34

2.3 ... im Kontext der Normalisierungsaufgaben der Sozialen Arbeit

Soziale Kämpfe um Anerkennung finden ihren gesellschaftlichen Ausdruck in sozialen Bewegungen (im Übrigen können daran auch Professionelle der Sozialen Arbeit mitwirken und sich für eine kritische Praxis inspirieren lassen), deren Anliegen auch in die gesellschaftliche Weiterentwicklung einfließen (können). Somit ist die sozialstaatliche Verfasstheit immer ein Ergebnis von Auseinandersetzungen um Anspruchsniveaus und Ausdeutungen von Bedürfnissen, nie ausschließlich eine lineare eindeutige ordnungspolitische Durchsetzung. Mit der (partiellen) Anerkennung und Befriedigung von Bedürfnissen bzw. Ansprüchen werden neue Ansprüche auf einer weiteren Ebene freigesetzt, die das Gegebene wiederum überschreiten. So entstehen immer wieder neue soziale Initiativen, die sich am je gegebenen Sozialstaat reiben und soziale Entwicklungsperspektiven über ihn hinaus entwickeln (Böhnisch/Schröer 2012). Integration als Programmatik und Prozess kann also in modernen Gesellschaften nie als abgeschlossen gelten.

Im Kontext der Sozialen Arbeit verweist diese Analyse sowohl auf die Bemühungen von Betroffenen, bestimmte Erfahrungen oder Sachverhalte als Themen der Sozialen Arbeit anerkannt zu bekommen – also Adressat_innengruppen neu zu konstruieren – als auch auf Bemühungen, nicht (mehr) als Adressat_innen behandelt zu werden, den Status ‚Adressat' loszuwerden, ihre Lebens- und Handlungsweisen als ‚normal' anerkannt zu wissen. Indem Soziale Arbeit mit ihren Interventionen, die auch als *Normalisierungshandeln* gefasst werden können, sozialstaatlich-sozialarbeiterische Problemstellungen bearbeitet, konkretisiert sich die Adressatenkategorie im Rahmen der aktuellen (Sozial-)Politik. Dabei hat sie durchaus Spielräume, selbst Definitionen von richtig und falsch, normal und abweichend, bearbeitungs- oder nicht bearbeitungsbedürftig (und in welcher Weise) zu setzen. Sie hat damit sowohl ordnungstragende (sozialstaatliche) Funktionalität als auch gleicherweise das Potential, diese Ordnungen zu verschieben. Allerdings kommt den Mitarbeitenden in den Institutionen und Organisationen der Sozialen Arbeit dieser konstruierte Charakter sozialer Normalisierung meist nicht mehr ins Bewusstsein; es wird übersehen, dass soziale Probleme als Verhandlungssache dynamisiert werden können, statt sie unhinterfragt als zu bearbeitenden Tatbestand vorauszusetzen.

Das bisher entfaltete Zusammenspiel von sozialstaatlichen Grenzziehungen bzw. -öffnungen in Bezug auf die Konstituierung von Zielgruppen der Sozialen Arbeit wird nun an drei Beispielen verdeutlicht. Ein viertes findet sich im Supplement [→Material 4: Adoptionsrecht in gleichgeschlechtlichen Lebenspartnerschaften]:

Beispiele

Mädchen und Jungen in den erzieherischen Hilfen – das Zustandekommen der Hilfen

Seit den ersten quantitativen Untersuchungen in den 1980er Jahren zur Verteilung von Mädchen und Jungen in den erzieherischen Hilfen haben sich bis heute die immer gleichen Befunde gehalten (Finkel 2000; von Langsdorf 2013): Der Anteil von Jungen und Mädchen in erzieherischen Hilfen zeigt erkennbare Unterschiede. Mädchen sind weniger präsent in Tagesgruppen, etwas häufiger als Jungen in Heimen, im Betreuten Jugendwohnen oder in Jugendschutzstellen. Das Eintrittsalter ist bei Jungen relativ gleichmäßig gestreut zwischen sechs und 18 Jahren, während bei Mädchen ein Schwerpunkt ab 15 Jahren erkennbar ist. Diese Zahlen passen zu dem Befund, dass Mädchen in 43 % der Fälle selbst die Erziehungshilfe initiierten, während bei Jungen die Eltern (54,9 %) oder Schule und Jugendamt (40 %) die Hilfen initiierten, Selbstmeldungen also nur in ca. 5 % der Fälle vorkamen (Finkel 2000: 33f.). Diese Befunde lassen darauf schließen, dass Problemlagen von Mädchen seltener von anderen Akteuren erkannt werden und Mädchen weit mehr auf Eigeninitiative angewiesen sind, die sie meist erst dann entfalten (können), wenn sie zum einen schon älter sind und zum andern, wenn Problemlagen sehr gravierend geworden sind, sodass eine Platzierung außerhalb der Herkunftsfamilie meistens unumgänglich ist und auch von ihnen gewünscht wird. Trotz enormer Wandlungen des Systems der erzieherischen Hilfen muss konstatiert werden, dass Konfliktlagen von Mädchen später erkannt werden, als es vielen Mädchen lieb wäre, dass Einrichtungen seltener die dafür passenden Angebote bereitstellen und dass Hilferufe von ihnen seltener gehört werden. Hier zeigt sich, dass es zu den herrschenden Normalitätsvorstellungen gehört, dass Mädchen familiäre Drucksituationen aushalten, dass Gewalt gegen sie oft erst in einem akuten Stadium erkannt und ihnen nicht hinreichend Gehör geschenkt wird. Die Ablaufmuster in der Adressatenkonstruktion übergehen solche Wünsche und festigen klassische Rollenvorstellungen, ohne dass dies explizit so benannt würde.

Statuswechsel als blinder Fleck zwischen Hilfewünschen und Emanzipationsprozessen

„Das junge Erwachsenenalter [gilt] mitunter als Prototyp einer Übergangskonstellation, in der sich eine gegenüber dem herkömmlichen Lebenslaufregime entgrenzte sozialisatorische Konstellation ausbildet. Ging man in der Sozialisationsforschung bisher überwiegend davon aus, dass in diesem ‚Nachjugendalter' die Identitätsfindung weitgehend abgeschlossen sei, wird heute deutlich, dass in dieser Lebensphase zwischen dem 20. und 30. Lebensjahr Identitätsfragen immer wieder virulent werden und dieser Prozess auch danach nicht abgeschlossen ist" (Köngeter et al. 2012: 263). Dieser verlängerten und entgrenzten Übergangsaufgabe wird das Jugendhilferecht bisher nicht gerecht. „So weisen Studien darauf hin, dass Adressat/inn/en der Heimerziehung diese Einrichtungen meist mit bereits 16-18 Jahren verlassen (müssen), während ihre Peers als Folge der verlängerten Übergangsphase im Schnitt deutlich länger zu Hause wohnen bleiben [...]. Leaving Care kann demnach als eine Statuspassage im Lebenslauf gesehen werden, in der ein beschleunigter Übergang ins Erwachsenenleben institutionalisiert und damit den jungen Erwachsenen aufoktroyiert wird" (ebd.: 264). Zahlen aus dem Projekt „Nach der stationären Erziehungshilfe – Care Leaver in Deutschland" der IGFH und der Universität Hildesheim verweisen darauf, „dass für eine Mehrheit der Jugendlichen und jungen Erwachsenen nach der Heimerziehung zumindest eine weitere Unterstützung im Übergang ins Erwachsenenleben angezeigt ist, aber unklar bleibt, welche Anschlussinstitution für diese Hilfe verantwortlich gemacht oder wie der Übergang gestaltet wird" (ebd.: 266). Weil im Lauf der Jugendhilfephase der Adressatenstatus ganz wesentlich gefestigt wird, bedeutet der abrupte Wechsel in den Status ‚Nicht-Adressat' eine enorme subjektive Herausforderung und zeigt im professionellen Vorgehen eine Vernachlässigung der konkreten Bedürftigkeit (auch wenn dieser Schritt für manche der Adressat_innen möglicherweise befreiend ist), die viel mit rechtlichen und finanziellen Steuerungen des Hilfesystems zu tun hat (ebd.: 273).

Grenzziehungen am Beispiel des aktuellen Umgangs mit Flüchtlingen

Die spezifischen Grenzziehungen lassen sich auch am aktuellen Umgang mit Geflüchteten explizieren: Soziale Arbeit mit Flüchtlingen stellt ein bedeutsames Arbeitsfeld für die Berufstätigen und die Organisationen der Sozialen Arbeit dar. Sie ist per definitionem für diejenigen ,zuständig', die lebend hier ankommen und (noch) nicht wieder abgeschoben sind. Dabei gelten für die Menschen unterschiedliche Stati, je nachdem, ob sie zu den Berechtigten zählen, die einen Asylantrag stellen dürfen oder nicht. Soziale Arbeit ist hier neben anderen Mitakteurin dabei, diese Definitionen, wer ,rechtmäßiger Flüchtling' sei, mitzutragen, umzusetzen, unhinterfragt akzeptierend weiter zu bearbeiten.[*] „Sie entscheidet mit darüber, wer AdressatIn der Sozialen Arbeit bleiben darf und wer in Länder abgeschoben wird, in denen dem Betroffenen in der Regel kaum noch zumutbare Lebensbedingungen und auch keine Hilfeleistungen durch die Soziale Arbeit zugänglich sind" (Scherr 2015: 18). Dass auch andere Definitionen von ,Flüchtling' möglich wären und somit auch andere Möglichkeiten der Hilfestellungen (auch für weitere Gruppen), ist in der Regel außerhalb des Diskursfeldes der Praxis.

---

[*] „So richten sich z. B. die für Flüchtlinge im Asylverfahren und unter den Bedingungen der Duldung zugänglichen Sozialleistungen nach wie vor nach dem Asylbewerberleistungsgesetz und liegen damit deutlich unter dem, was ,normalen' Sozialleistungsempfängern zugänglich ist; folgenreich ist dies u. a. für den Zugang zur gesundheitlichen Versorgung" (Scherr 2015: 18).

Zu den Normalisierungsaufgaben der Sozialen Arbeit gehört aber auch die Transformation ökonomisch unterlegter sozialstaatlicher Anforderungen im Bereich der Regelangebote. Im neoliberalen Sozial- und Bildungsstaat, der Chancengerechtigkeit propagiert (im Unterschied zum vorherigen Modell der Existenzsicherungs-Gerechtigkeit) findet eine deutlich erkennbare „Neujustierung des Verhältnisses zwischen öffentlich-pädagogischen Institutionen und dem privaten Raum Familie statt" (Fegter et al. 2015b: 6). Elternschaft steht nicht mehr nur bei der ,Krisenfamilie' in besonderer Aufmerksamkeit, wie es die Soziale Arbeit schon immer kannte [bürgerliche Frauen erklärten Frauen aus armen Verhältnissen, wie Familie ,geht'], sondern es wird implizit der „Anspruch an alle Eltern neu formuliert, Bildungs-, Erziehungs- und Betreuungsangebote so zu arrangieren, dass das Kind institutionell-öffentlich *und* privat-familial optimal gefördert wird" (ebd.: 4; Herv. i. O.). Das erfordert auf Elternseite ein hohes Maß an zeitlichen Ressourcen und zugleich benötigen sie die wiederkehrende Bestätigung ihrer Kompetenzen, weil für sie als Eltern nie sicher ist, ob sie vom ,richtigen Maß' nicht doch zu sehr abweichen (ebd.).[6] Dies erzeugt systematisch Unsicherheit, Beratungsbedarf und die Legitimation, dass öffentliche Erziehung ausgeweitet wird. Festzustellen ist in der Tat in der letzten Dekade ein massiver Ausbau im Elementar- und Grundschulbereich (seit dem Inkrafttreten des Tagesbetreuungsausbaugesetz [TAG] im Jahr 2004). Bei näherer Betrachtung zeigt sich, dass dies nicht einfach eine Delegation von Erziehungs- und Bildungsaufgaben an das öffentliche System bedeutet, sondern zugleich eine weitere Involvierung von Eltern, vorrangig Müttern, zur Mitsprache bei Elternvertretungen etc., aber vor allem auch als Inpflichtnahme, ihr Kind deutlich zu fördern. Je nach vorhandenen Ressourcen sind Eltern in ganz unterschiedlicher Weise fähig, diesen Forderungen nachzukommen, was wiederum zu neuen prekären Verhandlungen von familiären Lebensformen und -lagen führt und Adressierungsanlässe von Eltern erweitert (ebd.: 5). Dieser relativ neu ausgebaute Bereich der Kinder- und Jugendhilfe setzt vordergründig also nicht an individuellen Problemdefinitionen oder sozialen Problemkennzeichnungen an, sondern er bezieht sich auf die optimale Einbindung und Förderung schon des kleinen Kindes im Sinne der Bildungs- und späteren Arbeitsmarktintegration. Somit findet hier auf der einen Seite durchaus eine Demokratisierung von Betreuung, Bildung und Erziehung statt durch eine verbreiterte Zugänglichkeit zu Chancen und Angeboten. Auf der anderen Seite – darauf macht Winkler (2015: 83) aufmerksam – bestehe der „faktische Hintersinn" in der Einpassung in die Funktionalitäten der kapitalistischen Produktionsweise. Dadurch werden kleine Kinder (und damit auch deren Erziehungspersonen) zu Adressat_innen eines neuen Regelangebots (im Sinne der Hilfe zur Selbstoptimierung); andererseits aber werden Erziehungsverantwortliche, die sich dem widersetzen, als Problemfälle adressiert.

Zusammenfassung

Eine genauere Bestimmung der Adressat_innen Sozialer Arbeit erfordert, nach den Dimensionen ihrer Handlungsfähigkeit im Zusammenhang mit den durch die sozialarbeiterischen Interventionen angesprochenen Problemdefinitionen und den darin impliziten Anerkennungen oder Negationen sozialer Lebenssituationen zu suchen. Denn allein „die Schwere der Probleme, die eigene Deutung der Problemlage oder die ‚objektive' soziale Situation von Menschen führt nicht zwangsläufig dazu, dass ‚Menschen' zu ‚Adressaten' werden" (Graßhoff 2008; S. 403). Erst im Zusammenspiel von Begrenzungen der Ressourcen für subjektives Bewältigungshandeln (Lebenslage) und der (fachlichen wie politischen) Anerkennung dieser Situationen als

---

6 Susann Fegter et al. (2015b: 6) betonen, dass „pädagogische Institutionen auf der Vorderbühne" eben nicht nur Unterstützung und Beratung einfach anbieten, sondern „auf der Hinterbühne [...] immer auch Bedarfe erst herstellen, elterliche Defizite (ob gewollt oder ungewollt) als solche markieren und Zugriffe auf Familien legitimieren".

Unterstützungsbedarf werden ‚Adressaten‘ zu solchen. Gleichzeitig stellt Sozialpolitik auch eine „spezifische Form der Führung von Menschen, eine ‚Regierung des Sozialen‘" (Kessl 2013: 26) dar. Umgesetzt wird dies in den unterschiedlichen Handlungsfeldern der Sozialen Arbeit in deutlich differenzierten Mischungsverhältnissen von Erziehung, Bildung, Hilfe und Beratung. Jenseits ihrer Verschiedenheit eint sie die gesellschaftliche Aufgabenstellung der Sozialintegration aktueller und heranwachsender Generationen und sie verfolgen als Zielstellung die gesellschaftliche Normalisierung individuellen und gruppenspezifischen Handelns. In der aktuellen Form des neoliberalen ‚aktivierenden‘ Sozialstaats wird die Adressatenfigur neu präformiert, indem die soziale Integration im Wesentlichen durch die Adressat_innen selbst hergestellt werden muss – wofür sie aktiviert werden müssen. Eine ‚Politik des Verhaltens‘ gegenüber einer ‚Politik der Verhältnisse‘ forciert die Durchsetzung individualisierender Problembeschreibungen und verhaltensbezogener Handlungsmuster der Sozialen Arbeit.

3. Wie werden Adressat_innen zu Adressat_innen? Adressierung als relationaler Prozess

Im vorausgehenden Kapitel wurden auf der strukturellen Ebene (Makro-ebene) die grundlegenden theoretischen Merkmale der Adressatenkategorie hinsichtlich ihrer Konstitutions*bedingungen* und *-prozesse* erläutert. In diesem Kapitel wenden wir uns der Frage zu, wie Adressierungsprozesse im Konkreten erfolgen und ziehen dafür empirisches Material heran. Damit wird der Frage nachgegangen, wie sich das im vorherigen Kapitel dargestellte Ordnungssystem im Handeln der Sozialen Arbeit niederschlägt und größtenteils reproduziert. Da „sozialpädagogische Zugänge zum ‚Adressaten' [...] ihn immer schon zum Zweck einer bestimmten Art der Bearbeitung konstruieren" (Müller 2008: 392), soll in diesem Kapitel herausgearbeitet werden, dass und wie im professionellen Kontext Adressat_innen der Sozialen Arbeit hervorgebracht werden. Dieser Zugang wendet sich gegen im Alltag der Sozialen Arbeit kursierende Vorstellungen festgelegter Eigenschaften, wonach Adressat_innen in je spezifischen Handlungskonstellationen aus sich heraus halt so ‚sind', wie sie sind, etwas ‚können' oder eben auch ‚nicht können' (Graßhoff 2015: 69ff.).

Zunächst klären wir, was unter ‚Adressierung' verstanden wird (3.1). Wir fügen hier zwei Fallbeispiele an, in denen in exemplarischer Weise die mögliche Spannbreite von Adressierungspraxen (hier in der Schulsozialarbeit) nachvollziehbar wird; im weiteren Argumentationsgang kommen wir immer wieder darauf zurück.

Dann werden Interaktionen zwischen Professionellen und Betroffenen betrachtet, um den relationalen Charakter der Konstruktion von Adressat_innen nachvollziehen zu können. Denn erst in der Folge mehrerer Adressierungen entstehen stabilere Bilder von Adressat_innen, die auch überpersonal wirken und wiederum soziale Ordnungen bestätigen und damit festigen, oder aber in Frage stellen und auf Veränderung drängen (3.2).

In welcher Weise die Konstituierung von Adressat_innen erfolgt, liegt jedoch nicht allein im individuellen Ermessen von Fachkräften, sondern erfolgt in einem rahmenden Gefüge von gesellschaftlichen Normen und sozialpolitischen Erfordernissen, die wiederum in Organisationen der Sozialen Arbeit übersetzt werden. Auf der Mesoebene kommt daher der Funktionslogik und der Macht der Institutionen eine erhebliche Rolle zu (3.3).

Abschließend werden die zentralen Gedanken noch einmal gebündelt (3.4).

3.1. Zum Begriff der Adressierung

Im fachspezifischen Diskurs ist ‚Adressierung' ein bislang kaum theoretisiertes Konzept; der Begriff wird in empirischen Arbeiten eher als erfahrungsbezogene Prozesskategorie verwendet.[7] Zumeist bleibt dabei der relationale Charakter der Adressierung unscharf, was zu einer Lesart verleitet, als sei Adressierung ein einseitig von Organisationen und Professionellen ausgehender Vorgang und die Adressat_innen nur Objekte der Konstruktionen. Dieses Verständnis blendet jedoch die Frage nach der Handlungsfähigkeit von Adressat_innen aus. Nur wenige theoretische Ansätze versuchen, den Wechselprozess von Adressatenkonstruktionen als Teil von Adressierungen zu analysieren. Bekannt sind Ansätze aus der Geschlechterforschung (Gildemeister 2008) und der Migrations- bzw. Rassismusforschung (Räthzel 2000), in der die fortwährende Herstellung von machtvollen Kategorisierungen in der Interaktion (Performativität) beschrieben wird.

Geschlechtertheorien beschäftigen sich damit, dass Geschlecht nicht als eine Wesenskategorie des Menschen aufgefasst werden kann, wie wir im Alltagsbewusstsein oft meinen, sondern – zumindest in seiner sozialen Ausgeprägtheit – als etwas Konstruiertes. Die Theorie legt offen: Geschlecht ist eine soziale Konstruktion (Gildemeister 2008), d. h. es wird gesellschaftlich hergestellt in einem Wechselverhältnis von Zuschreibungen, Erwartungen, Selbstdefinitionen und interaktiven Handlungen. Auf der Strukturebene werden Personen als Frauen und Männer z. B. in bestimmte Rollen positioniert, auf der Handlungsebene verifiziert sich dies durch Prozesse gegenseitiger Adressierungen, Selbstdarstellungen und Readressierungen. Das Konzept des Doing Gender (so der Fachbegriff für den Prozess auf der Interaktionsebene) geht auf West und Zimmerman zurück. Es verweist darauf, dass Geschlechter verschieden sind, weil sie unterschieden werden, d. h. als verschieden betrachtet werden. Geschlecht wird folglich begriffen als ein ‚Tun' (West/Zimmermann 1987: 131f.), als die (inter-)aktive Her- und Darstellung und damit als ein Merkmal sozialer Situationen, das in Interaktionen routinisiert und methodisch hervorgebracht wird – indem wir uns adressieren als Mann oder Frau. Doing Gender bedeutet, sich so zu verhalten, wie es für das jeweili-

---

7   Beispielsweise wird bei Thomas Wagner (2013) der Adressierungsbegriff prominent im Titel des Buches (Entbürgerlichung durch Adressierung?) verwendet, aber nicht theoretisch geklärt.

ge Geschlecht in der jeweiligen Situation als sozial und normativ angemessen gilt. Eine Frau stellt etwa durch ihre Kleidung und Styling sicher, von anderen als ‚normale' Frau wahrgenommen zu werden. Oder ein anderes Beispiel: Für einen Mann bedeutet Doing Gender, dass er beispielweise einer Frau ein schweres Paket abnimmt. Für die betreffende Frau bedeutet es, dass sie zulässt, dass der Mann ihr das Paket abnimmt (Uni Duisburg Gender-Portal). Mit dieser Adressierungspraxis entgehen andere geschlechtliche Identitäten und nicht normativ dominante Praktiken von Geschlecht (z. B. homosexuelle Lebensweisen, z. B. intersexuelle Identitäten) der Wahrnehmung bzw. sie verlangt von Personen aus diesem Bereich, sich der dualistischen Ordnung Mann-Frau anzupassen.

Eine weitere Annäherung an die Thematik der Adressierung gewinnen wir aus Überlegungen zur Produktion und Funktion von Differenz in der Gesellschaft. Dabei geht es um Differenzen, die zu Ungleichheit und Diskriminierung führen. Menschen werden als Angehörige bestimmter Gruppierungen adressiert, als seien dies ‚natürliche' Gegebenheiten. Mit Helma Lutz und Norbert Wenning (2001: 21) aber müssen Differenzen als „Resultate sozialer Konstruktionen" verstanden werden, die sich in körperorientierte Differenzlinien (Geschlecht, Sexualität, ‚Rasse'/Hautfarbe, Ethnizität, Gesundheit und Alter), in (sozial-)räumliche Differenzlinien (Klasse, Nation/Staat, Ethnizität, Sesshaftigkeit/Herkunft, Kultur, Nord-Süd/Ost-West) und in ökonomisch orientierte Differenzlinien (Klasse, Besitz, Nord-Süd/Ost-West, gesellschaftlicher Entwicklungsstand) einteilen lassen. Diese Differenzlinien fungieren als soziale Ordnungskategorien, entlang derer Individuen sozial positioniert werden bzw. sich selber entlang dieser Kategorien positionieren.

Neben Geschlecht sind Konstruktionen von ethnischen Eigenheiten, die sich in Rassismus niederschlagen, ein wesentlicher gesellschaftlicher Ordnungs- und Diskriminierungsfaktor. Rassismus bezeichnet die Ideologie, Menschen in angeblich biologisch-definierte ‚Rassen' einzuteilen und diese in einer Hierarchie anzuordnen. Nach Stuart Hall (2000: 7) ist Rassismus eine soziale Praxis, in der körperliche Merkmale (‚Hautfarbe', ‚Augenform', etc.) zur Klassifizierung von Menschen verwendet werden. Auch Paul Mecheril (2003) definiert Rassismus als ein Konstrukt, um Menschen als äußerlich und sozial verschieden zu identifizieren. Zielscheibe des Rassismus sind „Körper und Identität" eines Individuums, das dabei jedoch stets als Teil eines Kollektivs konstruiert wird (ebd.: 68). Ebenso wie Hall weist Mecheril auf den kulturellen Rassismus hin, der „religiöse, linguale, habituelle Merkmale nun nicht mehr in den Zusammenhang genotypischer Differenzen, sondern in den der ‚kulturellen Identität'" stellt (ebd.: 69). So wird ein ‚Nicht-Wir' konstruiert, indem Denkweisen, Einstellungen etc. der konstruierten ‚Anderen' als negativ, die ‚eigenen' hingegen als positiv gewertet werden.

Maisha Eggers (2005) legte ein Konzept zur machtkritischen Analyse der Konstruktionsprozesse von Differenz vor, mit dem rassistische Konstruktionen ebenso wie andere hierarchische Konstruktionen verstanden werden können. Es zeigt, wie die entsprechenden Adressierungsprozesse funktionieren und somit machtvolle Dominanz abgesichert und legitimiert wird. Sie unterscheidet vier grundlegende und miteinander verschränkte Handlungsebenen, die zur Herausbildung einer ‚rassifizierenden oder klassifizierenden Ordnung' führen:

- *Markierungspraxis*: Aus einer hegemonialen Perspektive heraus werden Personen und Gruppen mit unterordnenden Kategorien belegt. Die „Hauptaussage besteht in der Artikulation ihrer Differenz in Relation zu der hegemonialen Gruppe. In einer dichotomischen Anordnung werden ihnen Eigenschaften zugeschrieben, die in Opposition zu den (vermeintlichen) Eigenschaften der benennenden Gruppe stehen" (Eggers 2005: 56).

- *Naturalisierungspraxis*: Die konstruierten Eigenschaften werden durch die Praxis der Differenzierung als naturhaft gedeutet. Sie werden den markierten Anderen als unüberwindbarer Teil der Natur zugeschrieben und verabsolutiert. Dieser Zuschreibungsprozess wird von mit Autorität ausgestatteten Sprecher_innen als Allgemeinwissen verbreitet und erzeugt somit institutionell abgesicherte Wissenskomplexe.

- *Positionierungspraxis*: Durch die Praxis der Hierarchisierung und der Bestimmung der Position des ‚Anderen' als komplementär zu der eigenen werden die so markierten Subjekte in eine untergeordnete Position gestellt.

- *Ausgrenzungspraxis:* Die tatsächlichen Ausschlussrealitäten können jetzt ‚logisch' mit einem Hinweis auf die Natur der untergeordneten Positionen und auf der Grundlage einer natürlich erscheinenden hierarchischen Ordnung erklärt und vor allem legitimiert werden. Das hegemoniale Zentrum kann somit unbenannt und unmarkiert bleiben und funktioniert dann sogar als eine neutrale Instanz.

Eggers betrachtet das Ergebnis dieser vier Handlungsebenen (Praxen) als Herausbildung eines rassistischen Wissenskomplexes.

In grundlegender Absicht beschäftigen sich Sabine Reh und Norbert Ricken (2012) sowie Ricken (2013) im Hinblick auf die menschliche Kommunikation und Entwicklung mit dem Stellenwert von Adressierungen.[8] Ricken (2013) erläutert die zentrale Bedeutung von Adressierungspraktiken im Rahmen von subjekt- und anerkennungstheoretischen Überlegungen. Danach muss die menschliche Entwicklung „sowohl als ein relationaler Prozess begriffen wer-

---

8 Dabei klären sie, dass wechselseitige Adressierungen im sozialen Handeln immer stattfinden und stattfinden müssen. Das bedeutet auch, dass Soziale Arbeit stets Adressierungen vornimmt; es kommt aber darauf an, wie und welche.

den (...), in dem der Selbst- und Anderenbezug als ineinander mehrfach verschränkt zu denken sind, als auch als ein figuratives Geschehen anzusehen ist, das sich nicht zu einer dieser beiden Seiten auflösen und in linear anordenbare Faktoren, in Ursachen und Wirkungen zerlegen lässt" (ebd.: 78). Die Verschränkung von Selbst- und Fremdkonstitution besagt also, dass sich Subjekte erst in wechselseitig verschränkten Adressierungsprozessen als je konkrete Subjekte konstituieren. Auf konkretes Handeln rückbezogen bedeutet dies, die Praktiken von Akteur_innen genauestens zu betrachten und sie als „sets of doings and sayings" (ebd.: 82), d. h. als wirklich auch körperlich ausgeführte Aktivitäten zu verstehen (nicht nur als Orientierungen oder Leitbilder). Über Adressierungen rückt in dieser Perspektive also nicht nur ein spezifischer Teil von Kommunikation in den Blick, sondern eine *grundsätzliche* Struktur: Es kommt darauf an, „wie man von wem vor wem als wer angesprochen bzw. explizit oder implizit adressiert wird und zu wem man dadurch von wem und vor wem gemacht wird" (ebd.: 92). Damit lässt sich die praktische Verfasstheit der jeweiligen „Ordnung der Anerkennbarkeit" (ebd.) – die derzeit gültigen Normalitätsvorstellungen – erschließen. Weil die Adressierten reagieren müssen, werden in Adressierungen spezifische Ordnungen realisiert und sichtbar. Dieses ‚Ordnungsgeschehen' wird vom Autor in vier Aspekten ausdifferenziert (ebd.: 94f.), die wir erläuternd auf die Soziale Arbeit beziehen:

- *Selektion und Reaktion*: Mit Adressierung (und im Sinne eines kooperativen Aktes mit dem Sich-Angesprochen-Fühlen der Betroffenen) werden Angesprochene ausgewählt (und andere eben nicht). Wenn es in der Sozialen Arbeit beispielsweise um ‚Eltern' geht, werden in der Regel Mütter angesprochen (und fühlen sich auch angesprochen), Väter dagegen werden kaum oder nicht adressiert, obwohl die Professionellen sich diesen Ausschluss möglicherweise gar nicht überlegt haben.

- *Definition und Normation*: Adressierungen etablieren als gültig behauptete Ordnungen. Die darin gesetzten Normen lassen sich auch als Indikatoren der Ordnung der Anerkennbarkeit lesen. Wenn also allgemein von Erziehungsfragen gesprochen wird, fühlen sich Mütter adressiert und reagieren, obwohl keine explizite Benennung stattfinden muss – es ist allgemein ‚üblich', dass Mütter gemeint sind. Will man das verändern, ist es notwendig, explizit Väter anzusprechen. Erst dann wird beispielsweise auch die Erziehungstätigkeit von Vätern anerkennungsfähig.

- *Position und Relation*: Innerhalb dieser durch Adressierung angerufenen Ordnung finden auch Positionszuweisungen statt, als Ins-Verhältnis-Setzen – und zwar im Hinblick darauf, als wen man sich selbst positioniert und als wen man den anderen versteht. Wenn also eine Sozialarbeiterin Erziehungsfragen mit Müttern anspricht, sorgt sie dafür, dass ihre professionelle Stellung erkennbar wird, sie positioniert sich als Expertin, ihre (zumeist weiblichen) Gegenüber als Adressatinnen.

- *Valuation*: Über die Setzung der Ordnung und der Positionierung hinaus geht mit der Adressierung auch eine Wertzuschreibung einher, die wiederum ordnungsbestätigend oder gegebenenfalls auch Entwicklungsmöglichkeiten andeutend geschehen kann. Die Sozialarbeiterin sorgt dafür, dass ihre Positionierung nicht nur als Fachlichkeit, sondern auch als Überlegenheit erkannt wird. Auch hier gilt: soll die Ordnung durchbrochen werden, muss dies explizit werden.

Das ‚Relationale‘ im Adressatenbegriff betont also, dass die Konstituierung von Adressat_innen kein einseitiger Prozess der Formung durch das Professionssystem der Sozialen Arbeit ist, sondern als ein interaktives Wechselspiel der gegenseitigen Formung (Adressierung und Readressierung) – wenngleich unter unterschiedlichen Machtmöglichkeiten – zu verstehen ist.

In der Sozialen Arbeit gibt es zu der Perspektive, was Betroffene aus den Angeboten und Zuschreibungen ‚für sich machen‘, erst in der jüngeren Forschung einige Arbeiten. Eine prominente Forschungsrichtung ist die Nutzerforschung (Oelerich/Schaarschuch 2005a). Der Ansatz geht von der Dienstleistungsförmigkeit der modernen Sozialarbeit aus und grenzt diese gleichzeitig ab von einem ökonomischen Modell, indem die Differenz zwischen ‚sozialen‘ und ‚marktförmigen‘ Dienstleistungen nachgewiesen wird. Der Clou dieses Ansatzes besteht vor allem darin, das Zustandekommen der jeweiligen Hilfeleistungen als Koproduktion zwischen Professionellen und Adressat_innen in der Weise zu pointieren, dass sie dem Part der „Nutzer" (so ihre Begriffswahl) die größere Bedeutung zumessen, d. h. die Professionellen werden als Koproduzent_innen verstanden. Das Gelingen einer Hilfeleistung hängt also davon ab, was Nutzer_innen damit machen. Dabei kommen nicht selten auch Sinndeutungen zum Vorschein, in denen diese ganz andere Gelingensbedingungen formulieren, als diejenigen, die von Professionellen betont werden. Damit werden die „praktischen Auseinandersetzungen der Menschen mit den institutionell-professionellen Arrangements in den Fokus der Aufmerksamkeit" gerückt (ebd.: 86). Wie die hier vertretene Adressatentheorie geht auch die Nutzerforschung davon aus, dass Adressat_innen weder ‚Opfer‘ sozialpolitischer Zuschreibungen und Regulationen sind, noch dem institutionalisierten Hilfesystem unproblematisch ihre Eigensicht entgegensetzen können, sondern in der aktiven Auseinandersetzung mit sozialstaatlichen und sozialarbeiterischen Regulierungsweisen sich konstituieren und konstituiert werden.

Der relationale Charakter von Adressierungsprozessen wird in den beiden folgenden Fallbeispielen anschaulich nachvollziehbar. Sie sind aus dem Kontext der Schulsozialarbeit gewählt, somit aus einem Feld, das tendenziell durchaus offene Gestaltungsmöglichkeiten der professionellen Interaktion zulässt (ausführlich vergleichend in: Bauer/Bolay 2013). Sie sensibilisieren für mögliche *Spannweiten in Adressierungspraxen*, die hier zwischen dem Modus einer machtvollen Einordnung in die Organisationslogik der Schule und dem der aneignungsfördernden Orientierung an biographischen Belangen von Adressat_innen besteht.

Beispiele

Das Beispiel #*Kevin*#* entstammt einer Evaluationsstudie zur Schulsozialarbeit an berufsbildenden Schulen (Bauer et al. 2005). Dort führten Schulsozialarbeiter_innen Aufnahmegespräche mit den neu an die Schulen kommenden Jugendlichen durch. Die folgenden Passagen sind dem Erstgespräch mit dem 17-jährigen Kevin, der in das Berufsvorbereitungsjahr (BVJ) kommt, entnommen. Es wird von der Schulsozialarbeiterin folgendermaßen begonnen: *„Also ich mach jetzt mit dir [...] son Aufnahmegespräch Kevin. Und zwar aus dem Grund [...] weil [...] öh ich n bisschen mehr von dir wissen will. Grade [...] wo du jetz was du bis jetzt gemacht hast, was du dir hier vorstellst im BVJ und [...] wie's vielleicht danach für dich weiter geht. Einfach um zu kucken, dass das alles hier auch gut für dich über die Bühne geht. Sagst du mir vielleicht einfach nochmal was du bis jetzt gemacht hast vorm BVJ? Also wie dein Schulabschluss war, aus welcher Schule du kommst [...], wies in der Schule vorher lief und warum du auch zu uns gekommen bist."* – Die Schulsozialarbeiterin will also Sinn und Zweck des Gesprächs begründen, ohne gleichzeitig zu formell zu erscheinen, darum bleibt sie vage (*„son Aufnahmegespräch"*). Als Begründung und Zielsetzung des Gesprächs rekurriert sie dann zunächst darauf, dass sie *„n' bisschen mehr von dir wissen will."* Damit werden zwei Aspekte thematisiert: Die Schulsozialarbeiterin signalisiert hier zum einen, dass es schon eine bestimmte Art des Vorwissens über den Jugendlichen gibt. Ein ,bisschen' unterstreicht zum anderen den ungeklärten Status des Gesprächs, da hiermit ein impliziter Widerspruch erzeugt wird: So will die Schulsozialarbeiterin zwar mehr wissen von dem Jugendlichen, aber eben nur ein bisschen. Diese potentielle Offenheit wird mit dem Verweis darauf, dass es hier um die aktuellen schulbezogenen Vorstellungen und die damit verbundenen Zukunftsperspektiven geht, zunehmend mit einer klaren Zielsetzung versehen, die den weiteren Gesprächsverlauf eingrenzt. Mit der Frage nach den Gründen, die den Jungen ins Berufsvorbereitungsjahr geführt haben, wird nun ein klarer Fokus gesetzt: Kevin wird endgültig als Schüler adressiert und zwar eines Teilangebots an einer Berufsschule, dessen Besuch sich nicht selbstläufig ergibt, sondern als erklärungsbedürftig deklariert wird. Der Schüler nimmt diese Schülerfokussierung auf: *„Na als letztes war ich in der [...] Regelschule. Hab die mitmach- äh (husten) achte Klasse Abgangszeugnis verlassen und* *bin [...] in die Berufsschule also BVJ gegangen, weil [...] sch- äh viel mit Bau und sowas und das und das gefällt."* Mit dieser Art der Auskunft versucht der Schüler einen ordnungsgemäßen Lebenslauf zu präsentieren und seine Schritte als selbst gewählt und auch als ‚normal' darzustellen. Mit ihrer anschließenden Frage konterkariert die Schulsozialarbeiterin aber die von dem Jugendlichen vorgenommene Normalisierung des Verlassens der Schule und betont das Erklärungsbedürftige dieses Vorgangs. Damit wird an dieser Stelle des Gesprächs ein deutlicher Rechtfertigungsdruck für den Jugendlichen erzeugt: *„Gut. Und warum bist du dann auf deiner Schule schon in der achten Klasse raus? Fiel dir da das Lernen schwer oder?"* Damit ist nun – wie der weitere Verlauf des Gespräches zeigt – der Charakter dieser Begegnung endgültig festgelegt. Es geht zum einen darum, zu klären, was zum bisherigen als problematisch betrachteten Verlauf der Schulkarriere beigetragen hat, welche Rolle vor allem auch das (Fehl-)Verhalten des Jugendlichen dabei spielte und wie dies zum anderen im Rahmen des Berufsvorbereitungsjahres doch noch zu einer positiven Entwicklung geführt werden kann. Die genaue Betrachtung des Gesprächs zeigt also, wie sich im Vollzug der konkreten Interaktion eine Arbeitsbeziehung zwischen der Schulsozialarbeiterin und dem Jugendlichen etabliert, in der die Schulsozialarbeiterin ihre Rolle und ihr Selbstverständnis an der Gewährleistung eines schulischen Erfolgs des Jugendlichen und dessen Einmünden in eine qualifizierte Berufstätigkeit ausrichtet. Von dem Jugendlichen selbst gewählte und für ihn vielleicht zentralere (Lebens-)Themen finden in diesem Rahmen keinen Platz (mehr).

* Wenn in Fallbeispielen Namen eingeführt werden, haben wir sie mit #...# gekennzeichnet, weil wir den Konstruktionscharakter erkennbar halten möchten und weil im weiteren Verlauf immer wieder auf diese Beispiele zurückgegriffen wird.

Im Fallbeispiel des 15-jährigen Hauptschülers #Gen# dagegen setzt die Fachkraft genau an solchen biographisch relevanten Themen an und ermöglicht dem Jugendlichen darüber die produktive Aneignung von Schulsozialarbeit. Gen trifft auf einen Schulsozialarbeiter, der in einem spezifischen Setting teils in der Schule, teils im Jugendhaus desselben Sozialraums (Bolay/Gutbrod/ Ahmed 2010) tätig ist, und zu dem er immer wiederkehrend intensivere Kontakte an beiden Orten hat. Die Analyse des knapp zweistündigen, sehr offen gehaltenen Interviews lässt drei Faktoren erkennen, die aus der Perspektive des Jugendlichen im Hinblick auf die Bewältigung seines Schüler-Seins wie für seine personale Entwicklung zentral sind: Er erfährt ihn als verlässlichen Handlungspartner, der ihn in einer schwierigen schulischen Herausforderung konsequent (*„er hat sich tagelang mit mir hingesetzt"*) und kritisch unter-

3. Wie werden Adressat_innen zu Adressat_innen?

stützt („*hat mir erklärt, wie was ist*"), er unterstützt ihn in seiner Berufswahl („*er ist der Einzige [...], der sich extra Zeit lässt [...] und redet mit den Leuten und so*") und ist aus der Perspektive des Jugendlichen eine für ihn dauerhaft verfügbare Anlaufstelle im professionellen Kontext des Jugendhauses, der sich nun auch in die Schule hinein verlängert („*Er ist schon ein paar Jahre im Jugendhaus. Er arbeitet im Jugendhaus, sein ganzes Leben, kann man sagen*"). Vor dem Hintergrund der familiären Situation des Jugendlichen – seine Eltern leben getrennt, sein Vater in Mittelamerika – und angesichts der Erfahrung, im Schulsozialarbeiter ein kalkulierbar präsentes und sich mit ihm intensiv auseinandersetzendes erwachsenes männliches Gegenüber vorzufinden, ordnet er ihn in spezifischer Weise seinem familiären Nahkontext zu: „*Er ist der einzige größere Mensch, dem ich vertraue [...] Ich nenn ihn immer Onkel.*" Dieser Jugendliche wird nicht, wie dies bei #Kevin# der Fall ist, entlang der Funktionsrolle des Schüler-Seins adressiert, sondern als Jugendlicher mit jugendkulturellen Kompetenzen. Die gemeinsame Bearbeitung zentraler Lebensthemen ermöglicht ihm schließlich einen weniger konflikthaften, für ihn produktiveren Zugang zu den schulischen Anforderungen: „*Es ist jetzt anders. Ich bin inzwischen anders*" (ausführlich: Flad/Bolay: 2006).

Wir fassen zusammen: Die theoretischen Überlegungen zum relationalen Charakter von Adressierungen, die in den Fallbeispielen veranschaulicht wurden, erhellen, wie in einem interaktiven Wechselverhältnis Subjekte zu etwas ‚werden', was dann in weiteren Interaktionen wiederum vorausgesetzt wird [→ Material 5: Labeling Approach]. Adressierung ist demnach eine Grundstruktur der menschlichen Kommunikation und somit der Vergesellschaftung [→ Material 6: Kategorien als notwendige Ordnungssysteme]. Auch Adressierungsprozesse in der Sozialen Arbeit folgen diesem Muster: Das Prozessergebnis ist dabei, Adressat_innen zu konstituieren, also in einem bestimmten Status zu ‚erzeugen'. Die Beispiele zeigen aber auch, dass es sich dabei durchaus um gestaltbare Prozesse handelt, die sehr viel mit der professionellen Haltung, mit dem institutionellen Setting und der Koaktion der Betroffenen zu tun haben. Dies verfolgen wir nun etwas genauer.

3.2 Praktiken der Adressierung – Konstruktionen zwischen ‚Machtüberhang' der Professionellen und ‚Eigensinn' von Adressat_innen

Dieses Teilkapitel befasst sich mit den komplexen Prozessen der Konstituierung von Adressat_innen in konkreten sozialpädagogischen Arbeitsgefügen, konzentriert sich also vorrangig auf die *interaktionale* Ebene. Wir rekonstruieren zunächst Adressierungspraxen von Professionellen. Hier verfügen wir mittlerweile über Forschungsergebnisse, die zentrale Mechanismen der Adressierung erschließen. Ergebnisse verschiedener Studien weisen, wie Heinz Messmer in einem Überblick über (auch internationale) Forschungen resümiert, „eine beachtliche Schnittmenge regelmäßig wiederkehrender Problemlagen auf" (Messmer 2013: 320): Personen werden in institutionell relevanten Hinsichten definiert, klassifiziert und mit institutionellen Zielsetzungen kompatibel gemacht; es erscheinen wiederkehrende „Mechanismen der Klientifizierung" (ebd.), durch die Personen in Hilfesettings ‚inkludiert' werden (3.2.1). Im Anschluss daran richten wir das Augenmerk auf solche Erkenntnisse, die das eigensinnige Handeln von Adressat_innen im selben Zusammenhang ausleuchten (3.2.2). Dieser Kapitelaufbau wird der leichteren Lesbarkeit wegen gewählt; wir sind uns jedoch der Problematik bewusst, dass diese Präsentationsweise einem Verständnis von Adressierung Vorschub leisten könnte, in dem Adressat_innen als autonome ‚Gegenpole' zu den professionellen Handlungsweisen gedacht werden und betonen noch einmal, dass Adressierungen in einem in sich vielfältig verschränkten Wechselverhältnis entstehen (vgl. 3.1).

Im Überblick der empirischen Arbeiten ebenso wie auch in unseren Darstellungen überwiegen Beispiele, in denen Adressierungspraxen im Sinne von Defizitkonstruktionen oder gar Stigmatisierungen erkennbar sind. Menschliche Kommunikation – und damit auch gesellschaftliche Ordnungen – kommt nie ohne Kategorisierungen aus, allerdings muss Soziale Arbeit damit sehr bewusst umgehen. Forschung in diesem Zusammenhang hat damit eine aufklärerische Funktion, leistet Kritik an der unhinterfragten selbstverständlichen Normalisierungsarbeit in der Alltagspraxis. Sie zielt damit jedoch keineswegs darauf, Soziale Arbeit generell in Frage zu stellen, sondern will das Bewusstsein für mächtige Definitionsprozesse schärfen und auf Spielräume und Veränderungsnotwendigkeiten hinweisen. U. a mit dem Fallbeispiel #*Gen*# wird die enorme Spannbreite von Adressierungen ins Bewusstsein gerufen – und damit auch die Möglichkeit von Handlungsspielräumen in der Perspektive einer kritisch-parteilichen ‚Adressatenorientierung', wie sie im zweiten Teil des Buches ausgearbeitet ist.

3.2.1 Adressierungsweisen durch Professionelle

Um den Stellenwert von Adressierungspraxen durch Professionelle für die Konstituierung von Adressat_innen zu veranschaulichen, greifen wir hier exemplarisch drei konstituierende Muster heraus: Wir beleuchten die zentrale Rolle von geronnenen Vorstellungen oder ,Bildern' über Adressat_innen für das professionelle Handeln, konkretisieren dann anhand von Ergebnissen über Hilfeanfänge im Rahmen der Kinder- und Jugendhilfe, wie handlungspraktisch Adressat_innen zu solchen (gemacht) werden und schließen diese Passage ab mit Ergebnissen, die aus Untersuchungen über die Beendigung von Hilfen stammen, also gewissermaßen die Seite der De-Adressierung ins Spiel bringen. Dabei konzentrieren sich die Forschungen und somit auch unsere Beispiele auf Schlüsselstellen im professionellen Prozess und beleuchten selbstredend nicht das sozialpädagogische Handeln als Ganzes.

Wie ,Bilder' über Adressat_innen diese ,hervorbringen'

Nina Thieme (2013b) erforschte Deutungsmuster von Professionellen der Kinder- und Jugendhilfe über ihre Adressat_innen. Obgleich keine theoretische oder praktische Erkenntnistätigkeit ohne Kategorienbildung auskommen kann, fand sie vor allem negative Kategorisierungen, die den Heranwachsenden sowie ihren Familien „als stabile gegebene Wesensmerkmale zugeschrieben werden" (Thieme 2013a: 200). Auf die Interviewfrage, was für ihn ein idealer Adressat sei, antwortete ein Professioneller: *„Ich glaub, dass ideale Adressaten unsere Arbeit nicht brauchen […] Wir beschäftigen uns eigentlich nur mit nicht-idealen Adressaten, die auffällig sind, die aus schwierigen Familien kommen, die nicht-angepasste, nicht-ideale Verhaltensweisen haben, das ist halt unsere Arbeit"* (ebd.: 197). Es werden also „nur diejenigen Anteile der Person fokussiert, die für eine Bearbeitung durch die Soziale Arbeit als zentral erscheinen. […] Dabei treten weitere Seins-Möglichkeiten der Anderen oft in den Hintergrund" (ebd.: 198ff.). Der gleiche Ablauf zeigt sich im Beispiel #*Kevin*#, der sehr schnell auf sein – defizitäres – Schülersein eingeengt wurde.

Das Zitat verdeutlicht ebenso, dass mit dem dominanten Defizitblick zugleich auch die Familien und somit unvermeidlich auch das Aufwachsen der Kinder in ihren Familien als problematisch markiert werden (ebd.; Thieme 2013b: 146ff.). Dabei wird Soziale Arbeit am Leitbild einer ,guten' Familie, und das ist die bürgerliche Familie, ausgerichtet. Damit verbunden sind bestimmte Vorstellungen von ,guter Erziehung', deren Ergebnis niemals ,problematische' Kinder sein könnten – also steht bei ,schwierigen Kindern' die Erziehungsfähigkeit zur Diskussion. Eine Forschungsgruppe, die sich ebenfalls ausführlich mit Familienbildern in der Sozialen Arbeit beschäftigt (Bauer et al. 2015), stellt darüber hinaus fest, dass Professionelle einen engen Zusammenhang zwischen Erziehungskompetenz und Milieu herstellen. Bei Familien aus nichtbürgerlichen Milieus wird relativ schnell deren Erziehungskompetenz angezweifelt. Zum einen zeigt sich dies an Fällen, in denen allein schon der migrantische Hintergrund Verdachtsmomente gegen die Erziehungsfähigkeit abruft, oder auch das soziale Herkunftsmilieu von betroffenen Familien sozialpädagogische Interventionen auslöst (Bauer/Wiezorek 2009: 180). Dieselbe Haltung zeigt sich auch im Umkehrschluss: In einem bundesweit beachteten Fall wurde eine Kindesvernachlässigung über Jahre nicht ernst genommen, weil das elterliche Erziehungsverhalten als gute Erziehungsfähigkeit gedeutet wurde, festgemacht an äußeren Indizien wie etwa freundliches gemeinsames Spielen auf dem Spielplatz (ebd.: 183).

Zu sehen ist an diesen Beispielen: Zum einen werden Bilder guter Elternschaft/guter Familie letztlich an bestimmten Vorstellungen des Stils und der Ausstattung festgemacht und gegebenenfalls entsprechende Verdachtsmomente daraus abgeleitet. Zum andern werden Probleme von Kindern auf fehlende ‚gute‘ Erziehung zurückgeführt, was diese nicht als eigenständig handelnde Subjekte wahrnimmt und zudem andere Gründe für das mögliche Scheitern von ‚guter Elternschaft‘ ausblendet. Immer jedoch wird in diesem Deutungsmuster die Problemgenese als individuelles Versagen von Adressat_innen gedeutet (ebd.: 188).

Adressierung im Gefüge von Hilfeanfängen

Generell kommt *Erstgesprächen* eine wichtige Rolle für das weitere Prozessieren von professioneller Hilfe zu, denn in den ersten Kontakten soll *kommunikativ* ermittelt werden, was das Problem bzw. was der Bedarf ist. So haben Erstgespräche in der Regel die Funktion, vielfältige Informationen über die den Hilfe- bzw. Interventionsbedarf auslösenden Faktoren zu erheben, sie dienen dem Aufbau einer vertrauensvollen Beziehung als Grundlage für die weitere Zusammenarbeit, übernehmen aber auch eine Schlüsselfunktion dahingehend, dass über die Angemessenheit der Zuweisung zu der jeweiligen Institution entschieden wird. Erstgespräche nehmen damit eine klare Weichenstellung hinsichtlich der weiteren Bearbeitung des Falls und der daran anschließenden Interaktionen vor, haben also eine zentrale Stellung im Prozess der Adressatenkonstitution. Dies lässt sich etwa an Untersuchungen zu Hilfeplangesprächen zeigen, in denen Muster der prozessualen Beachtung bzw. Nichtbeachtung der Eigendeutungen der Hilfesuchenden herausgearbeitet werden (Messmer/Hitzler 2007; → Material 7: Hilfeplangespräch). Ebenso lässt sich dieser Vorgang auch an den Fallbeispielen #*Kevin*# und #*Gen*# aus dem Kontext der Schulsozialarbeit nachvollziehen: Im ersteren zeigt sich, wie innerhalb kurzer Gesprächssequenzen die Fokussierung und Formierung auf Schule und Schüler-Sein geschieht und implizit eine Defizitbeschreibung als Ausgangspunkt der weiteren Arbeit hergestellt und durchgesetzt wird. Die Messgrößen für die auf diese Weise implizit vorgenommenen Kategorisierungen bilden der erfolgreiche Abschluss der Schule und eine sich daran anschließende Berufsausbildung, docken also unmittelbar an der schulischen Funktionslogik an. Die Ausrichtung an dieser Zielsetzung wird den Jugendlichen gewissermaßen als selbstverständlich unterstellt, ohne dass deren Motivation oder auch deren Befürchtungen und Ängste stärker in den Blick genommen würden. Der Jugendliche wird durch die Art der Gesprächsführung, die bestimmte Aspekte von ihm aufgreift, andere umdeutet oder ignoriert, dahin ‚bearbeitet‘, sich dem Charakter des Gesprächs anzupassen und präsentiert sich schlussendlich in gewünschter Weise als zur Einsicht fähiger Schulversager. Im Fall #Gen# dagegen orientiert sich die Adressierung daran, es mit einem Jugendlichen zu tun zu haben, der sich seit längerem mit schwierigen Bewältigungsaufgaben konfrontiert sieht, sich im jugendkulturellen Gegenentwurf des Rappers ‚Gehör‘ verschafft und den schulischen Belangen distanziert gegenüber steht. Gerade dadurch, dass seine Lebensthemen von der Fachkraft als relevant begriffen und gemeinsam bearbeitet werden, gelingt es dem Jugendlichen schließlich, einen pragmatischen Zu- und Umgang mit Schule aufzubauen. – Im ersten Fall ist eindeutig das Bild eines Schülers, der sich bislang als schulisch defizitär erwiesen hat, in den Vordergrund gerückt; im zweiten Fall wird dagegen ein Jugendlicher mit seinen verschiedenen Ausdrucksweisen und Herausforderungen gesehen. Was beide Fälle verbindet ist der Umstand, dass die Schule als machtvoller Ordnungsrahmen nicht suspendiert werden kann.

De-Adressierung

Mit De-Adressierung werden Prozesse bezeichnet, in denen ehemalige Adressat_innen aufgrund der Beendigung von Hilfen nun als ‚Nicht-Mehr-Adressat_innen‘ angesprochen werden. In ihnen lassen sich spiegelbildlich Prozesse der Konstituierung erkennen. Heinz Messmer und Sarah Hitzler (2008) untersuchten beispielhaft solche Prozesse der Deadressierung im Rahmen der Beendigung von erzieherischen Hilfen. In diesem sozialpädagogischen Kontext setzt die Beendigung von Hilfen den Nachweis voraus, dass „eine Person [...] nicht mehr länger Klient ist“ (ebd.: 169) – die Betroffenen sollen nicht länger adressiert werden und keine Ansprüche auf weitere Hilfen mehr erheben. Häufig wird dies ausgelöst durch den Eintritt der Volljährigkeit. Messmer und Hitzler können nachzeichnen, wie sich in den Beendigungsgesprächen eine „Prozessumkehr der Defizitorientierung, der Klientifizierung manifestiert“ (ebd.: 175). Sie stellen in solchen Gesprächen zudem andere Kommunikationsformen als bei Beginn der Hilfen fest: Die Klient_innen werden eher als ‚Personen‘ (Format des ‚Reden mit‘) und weniger als ‚Fälle‘ (Format des ‚Reden über‘) adressiert („... is ja Dein Hilfeplangespräch – du bist ja schon volljährig...“; ebd.) und „über die kommunikative Form ihrer Adressierung als ein selbstständiges und mündiges Gegenüber generiert“ (ebd.: 182). Eigenständigkeit und Eigenverantwortung (bzw. Erwartungskonformität!) gelten dabei als Wertorientierung der Hilfebeendigung, die im Modus von ‚damals‘ (Hilfebeginn) und ‚jetzt‘ (Hilfeende) stark gemacht wird – teilweise auch entgegen den Selbsteinschätzungen der Betroffenen. Diese Situationen sind als struktureller Konflikt zu interpretieren (ebd.: 179), wenn die Klient_innen (was laut Messmer und Hitzler meistens der Fall sei) eine Fortsetzung der Hilfe wünschen (noch nicht allein gelassen werden möchten), sie also ihre Identität als Klient_innen beschwören. Da die Beendigung in der Regel nicht verhandelbar ist, wird höchstens ein Kompromiss über einen Übergang konzediert: *„[...] nicht sofort, wollen das gut vorbereiten [...]. Aber: die Hilfe wird beendet werden hier"* (ebd.: 180). Messmer und Hitzler resümieren ihre Befunde: „Zwar erweisen sich die Klienten im Hinblick auf den Umgang mit den Rhetoriken der Generierung eines Hilfebedarfs häufig selbst schon ‚quasi-professionell‘, gleichwohl hängt der Ausgang dieses Interessenkonflikts allein an der [...] Kompromissbereitschaft der Professionellen" (ebd.: 181).

3.2.2 Eigenwillige und eigensinnige Aneignung

Ergebnisse von Adressierungsprozesse müssen trotz der Bestimmungsmacht der professionellen Akteure dennoch als wechselseitige Prozesswirkungen verstanden werden, in denen die konkrete – äußerst vielfältige – Praxis, wie Adressat_innen mit den ihnen angebotenen Definitionen umgehen, zu berücksichtigen ist, ohne zu vergessen, dass sie in einem übergreifenden gesellschaftlichen Rahmen stattfindet, in dem die Groblinien von Dazugehören bzw. Problematisiertwerden bereits gezogen sind (Kap. 2). Für diese Perspektive stellt die neuere sozialpädagogische Adressat_innen- und Akteursforschung (vgl. Graßhoff 2012) einschließlich der Nutzerforschung (Kap. 3.1) einen wichtigen Bezugspunkt dar. Hier wird eindrücklich darauf verwiesen, dass Adressat_innen Sozialer Arbeit „in ihren Sinn- und Handlungsorientierungen, in ihrem Selbst- und Weltbezug durch die lebensweltlichen Rahmen, die lebensgeschichtlichen Erfahrungen und biographischen Selbstthematisierungen geleitet sind" (Hanses 2013: 99). Erst das durch die Adressat_innen geleistete Aneignungshandeln konstituiert letztlich die individuelle ‚Gültigkeit‘ von professionellen Interventionen und ermöglicht ihnen, ihren eigenen Sinn in den Maßnahmen zu finden, oder aber widerständig zu handeln. Sicherlich ist dabei die Frage, wie Adressat_innen ihren Eigensinn in die Konstruktionsprozesse einbringen (können), von Bedeutung: Ob es sich bei den Hilfen oder Angeboten um solche handelt, die von ihnen eingefordert werden (z. B. Jugendlichen kämpfen für einen Raum) oder um Pflichten, sich diesen zu öffnen (z. B. Annahme einer erzieherischen Hilfe, um Fremdplatzierung zu vermeiden). Gleichwohl werden bei allen Typen Selbstzuschreibungs- und spezifische Passungsprozesse virulent, die erst die Adressatenformierung vollenden. Aus der Breite der Ergebnisse der Forschung zu den Selbstsichten von Adressat_innen (Graßhoff 2013; Bitzan et al. 2006; Oelerich/Schaarschuch 2005a) kann zusammengefasst werden, dass die Betroffenen dann für sich Gewinne aus den Hilfen ziehen, wenn sie ihre eigenen Deutungen und die der Professionellen zumindest ansatzweise in Übereinstimmung bringen (können). Je mehr Möglichkeiten der Selbstdefinition in und der partizipativen Ausgestaltung von Hilfen sie finden, desto größer ist die Chance für gelungene Passungen (Möglichkeiten und Zugänge dazu werden im zweiten Teil des Buches erörtert).[9]

Hier gehen wir beispielhaft auf drei Aspekte ein, in denen Eigensinnigkeiten im Handeln von Adressat_innen zum Vorschein kommen, durch die keine eindeutige Passung hergestellt wurde. Es sind dies: Zugewinne an Handlungsfähigkeit durch spezifische Selbstdefinitionen, widerständiges Handeln als (Über-)Lebensstrategie sowie offensive Umdeutungsstrategien als Möglichkeiten der opponenten Selbstermächtigung.

Zugewinne an Handlungsfähigkeit durch spezifische Selbstdefinitionen

In der Nutzerforschung, die sich dafür interessiert, wie die Nutzenden die Passungen zwischen Fremd- und Selbstdefinitionen bewältigen, lassen sich (gefunden vornehmlich im Feld der erzieherischen Hilfen) zwei Strategietypen der Auseinandersetzung mit Angeboten der Professionellen differenzieren: Die Nutzungsstrategie der Vermeidung, welche unerwünschte Anforderungen zu umgehen versucht und nur auf die ‚passenderen' Anforderungen reagiert, und die Nutzungsstrategie der Kooperation, in der die angebotsbegleitenden Regelungen und Vorgaben akzeptiert werden, um ein auch selbst angestrebtes Ziel zu erreichen (Oelerich/Schaarschuch 2013: 93f.). Der konkrete Nutzen wird dabei in drei Dimensionen erfasst: materiale Dimension (geldliche Zuwendungen, Wohnraum, Tipps), personale Dimension (Beziehung, Anerkennung, Sicherheit) und die Infrastrukturdimension (Möglichkeit, etwas potentiell nutzen zu können). Mit diesen Unterteilungen können Strategien der Annahme oder Verweigerung von Adressatenkonstruktionen präzisiert werden. Erkennbar wird etwa, dass Betroffene eine Definition als ‚defizitär' in Kauf nehmen, wenn sie deutlich sehen, dass sie dadurch etwas ‚gewinnen', z. B. Hilfen zu einem besseren Wohnraum. Somit besteht kein binäres Akzeptanz- oder Unterwerfungsverhältnis, sondern eine Mischung aus Annahme und Verweigerung.

---

9 Ein Forschungsprojekt zur Wirkung der Hilfen zur Erziehung, das quantitative und qualitative Methoden der Datenerhebung kombinierte, bestätigt die Bedeutung von Beteiligung. Es „konnte nachgewiesen werden, dass Jugendhilfe wirkt, wenn sie die Beteiligung junger Menschen stärkt und wenn sie professionelles Handeln ermöglicht, denn fachliche Zielorientierungen und Professionalität ermöglichende Rahmenbedingungen sind entscheidende Voraussetzungen für gelingende Hilfeprozesse" (Albus et al. 2010: 9).

Auch andere Untersuchungen fragen nach der Art und Weise, wie sich Adressat_innen bezüglich der ihnen entgegengebrachten Konstruktionen positionieren. In einer gesprächsanalytischen Auswertung untersuchten Elisabeth Cedersund und Roger Säljö (1994) die Eingangssprāche zwischen Sozialarbeiter_innen und Adressat_innen in Serviceagenturen einer staatlichen Wohlfahrtsorganisation, in denen Informationen gegeben werden und über den Hilfebedarf und die daraus resultierenden Ansprüche entschieden wird. Dabei zeigen sich in den Eingangserläuterungen der Adressat_innen zwei spezifische Muster: Sie erzählen ihre Vorgeschichte zum einen so, dass sie zur Institution passen, d. h., den Hilfebedarf plausibel machen, zum anderen betonen sie, dass sie für ihre jeweiligen Probleme nicht zur Verantwortung gezogen werden können, sondern gewissermaßen ‚schuldlos' in diese Situation hinein geraten sind. Hier zeigt sich die interaktive Herstellung einer Passung zwischen dem institutionellen Charakter der Hilfen und den damit verbundenen Anliegen und dem, was von Seiten der Adressat_innen ins Spiel gebracht wird.

Eine andere Variante des eigensinnigen Umgangs mit Zuschreibungen lässt sich aus einer Untersuchung von Ute Schad (2000) ableiten. Mit dem Ziel, Möglichkeiten der Verknüpfung von interkulturellen und geschlechtssensiblen pädagogischen Ansätzen auszuloten, wurde untersucht, wie Jugendliche mit Zuschreibungen und Selbstzuschreibungen umgehen und diese im pädagogischen Setting ‚einsetzen'. „Im Zusammenhang mit Machtinteressen und der Konstruktion von Ethnizität zwischen und innerhalb der Geschlechter wird der „Ethnizitätsjoker" identifiziert, den sowohl (mehrheitsangehörige, deutsche) Mädchen als auch Jungen (von ethnischen Minderheiten) anwenden, u. a um Überlegenheitsansprüche auszudrücken" (Schad 2007: 196ff.). Die Jugendlichen wissen sehr wohl um die ihnen entgegengebrachten Zuschreibungen und damit verbundenen Problematisierungen und benutzen diese untereinander und gegenüber den pädagogischen Fachkräften, um jeweils Statusvorteile für sich zu generieren. Keineswegs sind sie einfach Opfer dieser Zuschreibungen.

Widerständiges Handeln

Andere Strategien stellen ein gelingendes Verhältnis zwischen Sozialer Arbeit und den Adressat_innen stärker auf die Probe. Störungen oder auch stille Formen der latenten Gesprächs- und damit Konstruktionsverweigerung wie Rückzug, knappe lakonische Antworten etc. gefährden durchaus den weiteren Vollzug der Passungen; die Möglichkeiten, sich offensiv gegen die Adressierungen zu wenden, sind jedoch begrenzt.

An einem Fallbeispiel aus einer Ganztagsschulkonstellation zeigt Martina Richter (2010), wie Frau Holzer, die Mutter zweier ‚auffälliger' Schüler, nicht bereit war, die Infragestellung ihrer Erziehungsfähigkeit durch die schulischen

Akteure zu akzeptieren: Sie wird wegen ihrer Söhne angesprochen, von denen der eine sich der schulischen Autorität widersetzt und der andere ein Sprachförderangebot bräuchte. Sie spürt sehr genau, dass die Herausforderungen, vor denen sich die Lehrkräfte befinden, ihr zugeschoben werden sollen als Zuschreibung unzureichender Erziehungsfähigkeit. „Die Rekonstruktion des Gesprächs [mit der Forscherin; d.V.] verdeutlicht, dass Frau Holzer aktiv Widerständigkeit gegen diesen als paternalistisch erlebten Zugriff durch Professionelle und damit gegen deren Versuche einer ‚Erziehung von Eltern bzw. Müttern' an den Tag legt" (ebd.: 26). Frau Holzer weist diese Zuschreibung vehement zurück und spricht den Fachkräften, die ja nicht einmal in der Lage seien, ihr aufmüpfiges Kind in Schranken zu weisen, die Kompetenz ab, sie als Erziehende zu beurteilen. Nicht zuletzt allerdings bringt sie diese Zurückweisung in ein Dilemma, denn sie weiß genau, dass die notwendige Anerkennung, die ihre Söhne und sie brauchen, nur über das mächtige Schulsystem erfolgt, über das Gelingen des ‚gemeinsamen' Bildungserfolges (ebd.: 30).

Hier ist zu erkennen, dass Adressat_innen auch den Adressatenstatus in Frage stellen oder verweigern können. Ihr Dilemma liegt dann darin, dass sie für ihre Selbstsichten nicht mit Anerkennung rechnen können und dass sie riskieren, sich womöglich selbst aus Hilfeleistungen auszuschließen; was sie letztlich doch darauf verweist, Kompromisse einzugehen.

Offensive Umdeutungsstrategien

Eine dritte Strategie eigenmächtigen Umgangs besteht weniger im Versuch, sich Adressierungen zu entziehen oder ihnen offensiv zu widersprechen, sondern in der kreativen und vor allem provokativen Übernahme von professionellen Zuschreibungen. Als ein Beispiel lässt sich der aktuelle Jugenddiskurs heranziehen: Melanie Groß (2010) weist darauf hin, dass dieser zunehmend jugendliche Artikulationsweisen als Problem in den Blick rückt. Jugend wird derzeit als Gefahr und in Gefährdung thematisiert (etwa ‚Komasaufen', Gewalt männlicher Jugendlicher, Jugendarbeitslosigkeit). Die Aufgabe der Sozialen Arbeit wird entsprechend bestimmt: sie soll die Gesellschaft vor diesen Jugendlichen schützen (ebd.: 39) und die Jugendlichen vor ihren selbst verursachten Gefährdungen schützen. Groß hebt nun darauf ab, dass junge Menschen solche gesellschaftlichen Deutungsmuster sowie reale Ausgrenzungsgefahren („das Gespenst der Überflüssigkeit"; ebd.) in ihrer Identitätsbildung verarbeiten müssen. Als mögliche Strategien arbeitet Groß zwei Möglichkeiten heraus: Entweder weitere Differenzierungen resp. Unterscheidungslinien einzusetzen (‚die aus Schule xy sind schlimmer', ‚die aus Stadtteil YZ sind anders') oder aber erfahrene Stigmatisierungen in das eigene Selbst zu integrieren (ebd.: 42); das Merkmal des ausgegrenzt Werdens wird zum Markenzeichen in der Selbstbezeichnung als ‚die Überflüssigen'.

Ähnliche Prozesse der identitätsstiftenden Abgrenzungen oder/und der selbstermächtigenden Integration von Stigmatisierung können aus der Gemeinwesenarbeit berichtet werden. Erwachsene Frauen aus sogenannten Sozialen Brennpunkten begannen, sich offensiv als ‚arme Frauen' zu bezeichnen und dementsprechend kollektiv aufzutreten (Heinritz/Thiele 1979; Bitzan/Klöck 1993: 285). Sie konterkarieren mit dieser Umdeutungsstrategie die erfahrenen Stigmatisierungen und beziehen in dieser Selbstbezeichnung offensiv Position, aus der heraus sie (wieder) Forderungen stellen können.

Solche Strategien sind also als Selbstkonstruktionen zu deuten, mit denen sich Adressat_innen einen möglicherweise durchaus ambivalenten Weg der Anerkennung jenseits des Mainstreams öffnen wollen, sich damit selbst ermächtigen und als relevante Akteure setzen. Soziale Arbeit täte gut daran, solche Prozesse, in denen chancengeminderte Individuen eine Position in der Gesellschaft suchen und zugleich die gesellschaftlichen Verhältnisse kritisch verarbeiten, als bedeutungsvoll aufzugreifen (Groß 2010: 45).

Zusammenfassend lässt sich festhalten, dass die hier beispielhaft dargestellten empirischen Ergebnisse zu Adressierungspraxen das Prozesshafte in der Gestaltung der Adressatenfigur belegt. In den drei Blickwinkeln auf die professionellen Deutungen ist zu erkennen, wie durch Interaktionen in professionellen Situationen Adressat_innen dadurch konstituiert werden, dass sie in bestimmter typischer Weise adressiert werden – sei es, um ihren Adressatenstatus zu etablieren oder um ihn zu beenden. Soll eine Hilfe ‚gelingen', muss zunächst dieser Prozess der Adressierung gelingen, d. h., die Adressat_innen müssen in die Konstruktion soweit ‚einwilligen', kooperieren, dass der Hilfeprozess fortgesetzt werden kann. Dies kann manchmal sehr fördernd und handlungserweiternd für die Betroffenen sein, wenn sie erleben (können), dass auf ihre Bedürfnisse reagiert wird. Oft überwiegt aber ein beschämendes, einschüchterndes und einseitig anpassendes Moment, das den Adressat_innen ein eng definiertes Einfädeln in die Hilfen abverlangt. Die empirischen Befunde zeigen zudem, dass die Bilder, die Professionelle leiten, nicht unbedingt die konkrete Realität der Betroffenen spiegeln, sondern von standardisierten (oft impliziten) Leitbildern bestimmt sind. Gleichzeitig funktionieren Zuschreibungen nur in einem Wechselprozess mit den Adressat_innen selbst, die mit unterschiedlichen Strategien diese aufnehmen, verarbeiten oder zurückweisen. Offenheit im Fallverstehen und in den Definitionen der zu bearbeitenden Probleme erhöht die Chance zu einem gemeinsamen Verständnis darüber, was das jeweilige Adressat_in-Sein ausmacht. Dabei kann aber Zustimmung auch ein strategischer Umgang mit dem gesamten Hilfesetting bedeuten, das ihnen möglicherweise trotz beschämender Zuschreibungen ‚etwas bringt', und sie somit auch fragile Kompromisse eingehen lässt. Wir zeigten ebenfalls Befunde von widerständigen Strategien, die jedoch nur begrenzte Reichweiten haben. Hieran wird nicht zuletzt auch die Bedeutung der übergreifenden

Strukturen, der institutionellen und organisationalen Handlungslogiken deutlich, die für die Konstituierung von Adressat_innen auch jenseits des Handelns einzelner Professioneller relevant sind.

Lesetipps

Maar, Katja (2008): ‚Sich die Sozialarbeiter einfach zu Nutze machen?' – Zur Nutzung sozialer Dienstleistungen. In: Neue Praxis Heft 3/2008, S. 296–307

Melter, Claus (2005): „Also das gefällt mir nicht, wie der da jetzt über die Deutschen spricht" Wie und weshalb PädagogInnen in der ambulanten Kinder- und Jugendhilfe es vermeiden, mit Immigrantenjugendlichen über deren Rassismuserfahrungen und Zugehörigkeitsfragen zu sprechen. Ein Beispiel. In: Hamburger, Franz/Badawia, Terek/Hummrich, Merle (Hrsg.) (2005): Migration und Bildung. Über das Verhältnis von Anerkennung und Zumutung in der Einwanderungsgesellschaft. Wiesbaden: Springer VS, S. 25–39

Oelerich, Gertrud/Schaarschuch, Andreas (2005b): Der Nutzen Sozialer Arbeit. In: Dies. (Hrsg.) (2005a): Soziale Dienstleistungen aus Nutzersicht. Zum Gebrauchswert sozialer Arbeit. München: Reinhardt, S. 80–98

3.3 Struktur und Organisation des Hilfesystems als Faktoren der Adressierung

Die sozialen Aktionen der interaktiven Herstellung von Adressat_innen sind immer eingebunden in die Logiken und Selbstverständnisse der Institutionen und Organisationen der jeweiligen Bereiche der Sozialen Arbeit – werden von diesen quasi geprägt wie sie zugleich diese auch prägen. Dabei sind auch auf diesen Ebenen gewisse Spielräume auszumachen. So können durchaus auch in Ämtern oder großen Trägereinrichtungen ambitionierte Zuständige sein, die ein echtes Interesse beispielsweise an nichtstigmatisierenden Interaktionsformen und Zugangsmöglichkeiten zu Betroffenen haben. Das unterminiert aber nicht die Tatsache von mehr oder weniger mächtigen Institutionen, die in der Mehrzahl ihre Handlungslogiken gemäß der sozialpolitisch erwünschten Normalitätsvorstellungen ausrichten (und dies über den Hebel der Finanzierungen auch immer legitimieren).

So interessiert uns im Folgenden die Mesoebene: Welche institutionellen Professions- und Deutungsmuster bilden den Transmissionsriemen zwischen den sozialstaatlichen kategorialen Definitionen und den konkreten professionellen Adressierungspraktiken? Wir leuchten diese Fragen in vier Dimensionen aus: Professionelle handeln nicht im luftleeren Raum, sondern sind organisational eingebunden; der Zugang zum Status ‚Adressat' kann für manche Gruppen erschwert oder verweigert werden; Professionelle haben Deutungs- und Handlungsspielräume, die auch mit den Trägerstrukturen verbunden sind; die primär kommunale Struktur der Sozialen Arbeit beeinflusst die Bedarfsfeststellung und die Angebotsstruktur und konfiguriert auf diese Weise Adressierungen.

Professionelle handeln entlang institutioneller Logiken

In den oben bereits ausgeführten Beispielen wurde deutlich, dass es sehr darauf ankommt, in welchen institutionellen Kontexten die Kontaktaufnahme mit den Adressat_innen erfolgt. In Hilfeplangesprächen etwa ist eine Defizitkonstruktion vonnöten, damit eine erzieherische Hilfe legitimiert werden kann; Bedarf muss also individualisiert kommuniziert werden, damit eine individuelle Hilfestellung als Maßnahme plausibel erscheint. Im Fallbeispiel #Kevin# präsentiert sich die Schulsozialarbeiterin als Vertreterin der schulischen Organisationslogik: sie negiert die für Schulsozialarbeit konstitutive Differenz zwischen Angeboten und Handlungsmöglichkeiten der Schulsozialarbeit und denen der Schule (Bolay 2011), indem sie sich als Exekutorin für schulische Maßstäbe ins Gespräch bringt. Damit wird der mögliche Hilfebedarf des Jugendlichen in erster Linie mit den verfügbaren Ressourcen der Organisation Berufsschule in Einklang gebracht. Die subjektiven Sichtweisen der Jugendlichen auf ‚ihre‘ Probleme oder auch der lebensgeschichtliche Eigensinn ihrer bisherigen Entwicklung finden in solchen Ausführungen kaum Platz. Angesichts der institutionellen Formierungsmacht verfügen Adressat_innen über vergleichsweise wenig Mittel, ihre Eigensichten ins Spiel zu bringen.

Sabine Ader und Christian Schrapper (2004: 55f.) rekonstruierten in Fallanalysen, wie aus „Kindern in Schwierigkeiten" „schwierige Kinder" und wie aus „schwierigen Kindern" „schwierige Fälle" werden. „Schwierige Lebenssituationen [werden] erst durch die Definitionen und Intervention des Hilfesystems zu ‚schwierigen Fällen'" (ebd.: 53). Die Bewertung dessen, was als schwierig gilt, „hängt an den personellen und institutionellen Vorstellungen darüber, wann das ‚normale Maß' überschritten ist" (ebd.: 54), es sind keine objektivierbaren Faktoren festzumachen. Mit diesem Befund wird kenntlich, dass im institutionellen Fallverlauf die sich zuspitzende Definition der Adressat_innen erfolgt: Zum einen beeinflussen die Fachkräfte mit ihren Wahrnehmungen die für den weiteren Verlauf gültigen Definitionen und zum andern steht das Fallverstehen in enger Verbindung zu den Organisationen, in denen die Mitarbeiter_innen tätig sind (ebd.: 54).

Verweigerung des Status als Adressat_in

Ein anderer Aspekt der institutionellen Adressatenkonstruktion manifestiert sich darin, welche Angebote überhaupt gemacht werden bzw. für bestimmte Gruppen erreichbar sind. Dies lässt sich beispielhaft an der Frage, wie die Kinder- und Jugendhilfe Konfliktlagen von Mädchen begegnet, zeigen, mit der

Nicole von Langsdorff (2014) Fallverläufe von Mädchen in erzieherischen Hilfen rekonstruiert. Sie fand Formen des „erschwerten", des „zusätzlich noch behinderten" und des „verzögerten" Zugangs für Mädchen in die Hilfen, und zwar aus verschiedenen, meist zusammen kommenden Gründen: Viele Familien versuchen, eine Fassade der ‚Normalität' aufrechtzuerhalten (ebd.: 274). Denn Mädchen, die oft eine starke Familienorientiertheit aufweisen, stabilisieren nach innen das familiäre Gleichgewicht, sodass die Familie nach außen funktionsfähig erscheint. Was familienintern geschieht, welche ‚Kosten' Mädchen dafür zahlen, erkennt die Kinder- und Jugendhilfe oft nicht bzw. fühlt sich fachlich oder materiell überfordert und hält ‚still' – bis zur nächsten Eskalation. Viele Mädchen durchlaufen ‚Pendelbewegungen' zwischen Familie, Kinder- und Jugendhilfe und Psychiatrie, ohne eine kontinuierliche Unterstützung zu erhalten. Oft müssen sie erst selbst mit hohem Aufwand Ressourcen mobilisieren, um doch einen Zugang zu Hilfen zu bekommen. „Im Fall von Hilfen zur Erziehung stellt die Anspruchsinhaberschaft der Eltern [nach dem SGB VIII hat nicht das Kind ein Recht auf erzieherische Hilfe, sondern die Eltern für das Kind; d.V.] eine Barriere dar, vor allem für Mädchen, die innerhalb der Familie Gewalt erleben" (ebd.: 277). Es findet also tendenziell eine Verweigerung des Adressatinnenstatus statt, obwohl die Mädchen selbst einen Bedarf geltend machen. Mit diesem Beispiel möchten wir auch noch einmal betonen, dass Adressierungen nicht grundsätzlich einen negativen Bezug für die Betroffenen haben müssen, sondern mit dem Zugang zu einschlägigen Hilfen auch die Chance der Erweiterung ihrer Handlungsmöglichkeiten verbunden sein kann.

Spielräume für professionelle Deutungen

Die Herausarbeitung institutionenabhängiger Deutungs- und Formierungsrichtungen der Adressierungsprozesse muss allerdings auch die institutions- und handlungsfeldinternen Spielräume in Rechnung stellen. In der Regel sind sozialpädagogische Situationen in ihrer Komplexität nicht hinreichend erfasst, wenn nur punktuell die Handlungskonstellation zwischen zwei Personen, nämlich Professionelle und Adressat_in, betrachtet wird. Denn ein ‚Fall' besteht aus einem Gefüge von sich unterscheidenden Diagnosen der beteiligten Professionellen (Müller 2008: 400). Erst die Summe der Adressierungen, also die Abfolge von Adressierung und Readressierung, erzeugt die Ausgangslage des weiteren Fallverlaufs. Bezogen auf das Fallbeispiel #Kevin# könnte dies Folgendes bedeuten: Auch Lehrer_innen können daran beteiligt sein, Kevin (oder andere Schüler_innen) als problembehaftet zu adressieren, die Schulsozialarbeiterin wiederum kooperiert mit diesen Lehrer_innen und will ihre Professionalität beweisen, indem sie Kevin einen guten Vorschlag für seine Schülerlaufbahn macht. Im Fallbeispiel #Gen# dagegen gelang es dem Schulsozialarbeiter mit seinem Bezug auf die Jugendarbeit, an den jugendkulturellen Interessen des Heranwachsenden anzusetzen. Die vergleichende Fallinterpretation zeigt, dass Handlungsspielräume unterhalb der immer notwendigen institutionellen Passung existieren, die in ihrem Gesamtgefüge Adressatenkonstruktionen relativieren, verschieben oder fokussieren können.

Neben der institutionsinternen Variationsbreite von Adressierungsmöglichkeiten besteht eine weitere Differenzierung in der Interpretation derselben Zielgruppe durch Mitarbeiter_innen unterschiedlicher Träger, also *Handlungs- bzw. Deutungsspielräume zwischen Institutionen*. In einer österreichischen Studie (Kruzsay/Gombots 2010) wurde untersucht, ob als problematisch geltende männliche Jugendliche desselben Sozialraums von Professionellen aus zwei unterschiedlichen Einrichtungen der Sozialen Arbeit unterschiedlich definiert werden. Das Ergebnis zeigt, dass dies in der Tat so ist. In der einen Fallgruppe wurden die „Klienten und Klientinnen als hochgradig defizitär dargestellt. Möglich wird das mittels ihrer Beschreibung als homogene defiziente Gruppe" (ebd.: 163): *„So ist die ‚Allgemeinbildung ganz unterstes Niveau‘, ‚ausdrücken können sie sich überhaupt nicht..., haben kaum Vokabular‘, sie werden als tendenziell brutal gezeichnet"* (ebd.). Hinter den Deutungen machen die Forschenden „hegemoniale Normalitätsvorstellungen" aus, die beinhalten, „dass a) es pädagogische Konzepte für die Eltern braucht, um Freizeit mit Kindern zu gestalten, b) diese nur bei ‚gebildeten‘ Eltern aufzufinden sind und c) die Kinder (...) mit der Gestaltung ihrer Freizeit überfordert sind" (ebd.: 164). In der anderen Fallgruppe wird von stereotypisierenden Darstellungen der Personen Abstand genommen und eher auf verhältnisbezogene Charakterisierungen zurückgegriffen wie etwa *„geringe materielle Ressourcen, dadurch wenige Möglichkeiten der Durchsetzung eigener Interessen z. B. im öffentlichen Raum"* (ebd.: 165). In dieser Sichtweise wird weniger das delinquente Verhalten beklagt, sondern fast lethargisch eher eine Art ‚Normalität‘ konstatiert: *„Wie soll ich die beschreiben? [...] Na ja, das sind halt Jugendliche, die sich im Park treffen [...]"* (ebd.). Die Forscher_innen kamen zu dem Schluss, dass diese unterschiedlichen Sichtweisen auf die gleiche Gruppe vorrangig von der organisatorischen Struktur der Einrichtungen abhingen: Projektfinanzierte, ständig unter Legitimationsdruck stehende Sozialarbeiter_innen neigen dem ersten Typus zu, Professionelle in gesicherten (amtlichen) Strukturen eher dem zweiten. Beide Gruppen unterschieden sich jedoch nur in der Variation von deskriptiven (Defizit-)Deutungen; die Perspektive einer gruppenbezogenen Aufwertung durch strukturelle Maßnahmen wurde schlicht übersehen.

In der Differenz zwischen organisatorischer Vorstrukturierung und interaktiven Aushandlungsstrategien erhalten professionelle Orientierungen und das fachliche Selbstverständnis der Akteure (also auch der sozialpädagogischen Organisationen) eine wichtige Bedeutung. Die Möglichkeit, Handlungsspielräume zu erkennen und auch geltend zu machen, hängt stark davon ab, welchem fachlich-beruflichen Selbstverständnis die Professionellen folgen (Dewe/Otto 2015). Verschiedene professionstheoretische Abhandlungen zeigen, dass die fachlichen Deutungsmuster, insbesondere die je spezifischen Sichtweisen von Adressat_innen, die gewählten beruflichen Handlungsstrategien beeinflussen (Heiner 2012; Kunstreich/Lindenberg 2012) [→ Material 8: Professionsmuster].

Der Einfluss des kommunalen Hilfssystems auf Adressierungspraxen

Eine weitere Dimension der institutionellen Adressatenkonstituierung bezieht sich auf die (kommunale) Struktur der sozialen Infrastruktur: Welche Hilfen werden installiert, was soll es geben, was wird finanziert? Wo also wird Bedarf konkret angemahnt und wie wird er institutionell beantwortet? Dabei beinhalten je spezifische Strukturiertheiten auch Potentiale oder Einengungen der Adressatenformierung: Eine Beratungsstelle z. B. wird aufgesucht von Menschen, die Beratungsbedarf haben, also ,ein Problem'. Eine offene Anlaufstelle braucht eine spezifische Problemdefinition nicht, dennoch kann hier Beratung stattfinden. Somit ist es nicht beliebig, in welcher Weise Angebote benannt und organisiert sind. Vielmehr zeigt sich darin, dass die kommunale Organisation der Sozialen Dienste die Adressatenstruktur (mit)bestimmt – und bei Veränderungen auch diese verändert. Ein aktuelles Beispiel aus der kommunalen Kinder- und Jugendhilfepolitik kann diese Überlegung erhellen; ein weiteres Beispiel, das sich auf bundespolitische Vorgaben bezieht, findet sich im Supplement [→ Material 9: Frühe Hilfen].

Beispiel

Die Jugendhilfestruktur im Landkreis X wird bisher im Wesentlichen von Freien Trägern in dezentralen Jugendhilfestationen geprägt – abgesehen von der je gemeindlichen offenen Jugendarbeit. In den Jugendhilfestationen werden Angebote der erzieherischen Hilfen sozialraumorientiert angeboten, soziale Gruppenarbeit (mit Einzelfallabrechnung) vor Ort gewährleistet und dieses mit gemeinwesenbezogenen Anlaufstellen und Angeboten verbunden, die es den Bewohner_innen im Sozialraum auch ermöglichen, einfach ,mal so' dabei zu sein oder an offenen Treffangeboten teilzunehmen. Sie sind als Adressat_innen sehr offen bestimmt. Nun beschließt der Landkreis eine Neustrukturierung: Drei große multiprofessionell ausgestattete Familienberatungszentren (FBZ), die auch den verbindlichen Zugang zum Jugendamt bilden, sollen die Beratung vor Ort ersetzen und die soziale Gruppenarbeit (als erzieherische Hilfeleistung) soll durch Gruppenaktivitäten an Schulen ersetzt werden. Dabei „handelt es sich nicht mehr um Einzelfallleistungen gem. § 29 SGB VIII, sondern um eine Projektförderung nach LKJHG § 13 (5). [...] Die Ganztagsschulen sollen als zukünftige Lebensorte durch (diese zusätzlichen) sozialpädagogischen Kapazitäten ertüchtigt werden, einen Großteil der pädagogischen Herausforderungen, die sich aus dem Ganztagsbetrieb ergeben, flexibel zu bewältigen."* Der Landkreis begründet das Vorgehen mit dem Heranrücken der Jugendhilfe an die Schule. „Die Jugendhilfe reagiert damit auch auf die zunehmende Inanspruchnahme von Ganztagesbetreuung in Schule und Kindertageseinrichtungen und den damit einhergehenden zusätzlichen Beratungsbedarf von Eltern, Lehrern und Erziehern." Damit verbunden ist der Abbau anderer Angebote, die dezentral in verschiedenen Stadtteilen erfolgen. Des Weiteren entfällt dadurch die Refinanzierung von acht Vollkraftstellen bei den Freien Trägern (die Mitarbeiter_innen haben die Möglichkeit, zum Landkreis in die Beratungszentren zu wechseln).

---

* Die Zitate entstammen einer Verwaltungsvorlage, die aus Gründen der Anonymisierung nicht im Quellenverzeichnis aufgeführt wird.

Deutlich wird an dieser veränderten Infrastruktur dreierlei: Zum *einen* werden jugendliche Adressat_innen nun noch stärker als bisher verkürzt nur in ihrer Rolle als Schüler_innen gesehen. In Verbindung mit dem übergreifenden Ziel der Stärkung von „Schulen und Betreuungseinrichtungen bei ihren immer umfänglicheren Aufgaben (Ganztagsbetreuung, Inklusion)" entschlüsselt sich das Ziel der Selbstbefähigung der Kinder als Ziel des ‚selbstverantwortlichen' Absolvierens des Schulalltags. Zugespitzt ließe sich interpretieren: Es geht nicht so sehr um die Komplexität ihrer Lebenslagen als Kinder, sondern es geht um den reibungslosen Ablauf in der Schule. Zum *zweiten* wird aus einer Anspruchsleistung (Soziale Gruppenarbeit: SGA) eine Angebotsleistung (es besteht kein Rechtsanspruch mehr), bei der zu fragen ist, ob durch die nun an den Schulen situierten Angeboten alle bedürftigen Kinder bzw. Jugendlichen in den Blick kommen (nicht alle gehen in die Regelschule)? Zum *dritten* wird hier eine Möglichkeit reduziert, Angebote vor Ort, im Stadtteil zu erleben und ‚einfach mal so' vorbeizuschauen, gegebenenfalls Beratung zwischen Tür und Angel (Knab 2008) wahrzunehmen, ohne eben als Adressat_in in einem problembezogenen Sinn definiert zu werden. Die Freiheit der Nutzer_innen, selbst zu entscheiden, in welcher Definition sie in Kontakt mit den Professionellen kommen, wird hier zugunsten klarer Adressatenkonstruktionen eingeschränkt.

Mit diesen Analysen kommt eine hintergründigere Ebene des Umbaus der Jugendhilfestruktur im Landkreis X zum Vorschein: Es geht – auch – um managerielle Konzentrationsprozesse, um Spar-Effekte. In den Vorlagen wird darum auch von „einem dadurch ermöglichten wirtschaftlicheren Umgang beim Einsatz von Transferleistungen" gesprochen. „Erwartet wird, dass der verstärkte und verbindliche Einsatz von Beratungsleistungen (...) andere

Einzelfallhilfen im Rahmen der Hilfen zur Erziehung nicht mehr notwendig macht. Hier ist neben den zeitlich ‚quer' zur Ganztagsschule liegenden Gruppenangeboten der Jugendhilfe insbesondere an die zugehenden sozialpädagogische Familien- und Betreuungshilfen zu denken." Diejenigen, die ein klares Anliegen haben und/oder als Auffällige durch Schule oder andere Akteure gemeldet werden, werden ‚versorgt'; andere, die kein vorgefertigtes Problem haben, sind weiter entfernt, geraten nicht mehr ins Blickfeld einer jetzt eng gefassten Adressatenwahrnehmung.

Lesetipps

Ader, Sabine/Schrapper, Christian (2004): Wie aus schwierigen Kindern schwierige Fälle werden. In: Schrapper, Christian (Hrsg.) (2004): Sozialpädagogische Forschungspraxis. Positionen, Projekte, Perspektiven. Weinheim/München: Juventa, S. 51–62

Karl, Ute (2015): Praktiken der Ein- und Ausschließung im Jobcenter/U25. Zur Rekonstruktion von Rationalitäten als Beitrag zur kritischen Institutionenforschung. In: Kommission Sozialpädagogik (Hrsg.) (2015), S. 157–172

3.4 Adressierung – eine Zusammenfassung

Soziale Arbeit muss immer Bedarfe definieren, wenn sie ihre Angebote legitimieren und darstellen will – selbst in offenen Angeboten wie beispielsweise der Jugendarbeit muss dargestellt werden, dass es einen Bedarf gibt. Die Konstituierungsprozesse von Adressat_innen sind somit als miteinander verwobene Effekte von Prozessen auf der Makroebene der sozialstrukturellen Ordnungen, auf der Mesoebene der Institutionen und Organisationslogiken und auf der Mikroebene der interaktiven Ko-Produktion zwischen Professionellen und Adressat_innen zu interpretieren. In diesem dritten Kapitel wurden diese Prozesse im Konkreten beispielhaft entschlüsselt und zugänglich gemacht.

In einem ersten Schritt wurde Adressierung als relationale Praxis theoretisch unterfüttert. Danach konnte exemplarisch anhand empirisch belegter Befunde gezeigt werden, dass Professionelle in der Definition von Adressat_innen fast durchweg eine Defizitperspektive einnehmen und diese auch kommunikativ soweit zur Geltung bringen, dass Adressat_innen in der Regel nicht die Macht haben, ihre eigenen Definitionen dagegen zu setzen. Die Professionellen operieren häufig mit gesellschaftlich dominanten Leitbildern von ‚guter' Erziehung, ‚guter' Familie, ‚gutem' Verhalten, ohne genauer die subjektiven Konstellationen der Adressat_innen zu würdigen. Dieselben Mechanismen ließen sich auch in Prozessen der Deadressierung auffinden. Diese Konstruktionen korrespondieren mit den gesellschaftlichen Mustern der Individualisierung von Problemlagen und schieben den Betroffenen nicht nur die Verursachung, sondern häufig auch latent oder sogar offen Schuld an ihrer Lage zu. Diese wiederum nehmen diese Deutungen häufig an, weil sie sich nicht als ‚Opfer' von Verhältnissen, sondern als selbstbestimmt definieren wollen. Sie entwickeln durchaus unterschiedliche Strategien, wie sie auf die professionellen Deutungsprozesse Einfluss nehmen können. Die beispielhaft aufgezeigten Muster variieren zwischen Selbstkonstruktionen der Passung zu den angebotenen Definitionen, indem sich daraus ein wie auch immer gearteter Nutzen ergibt, Widerständigkeiten und Ablehnungen von Deutungen, die als Zumutungen begriffen werden und (teilweise wenig erfolgreichen) Versuchen, eigene Sichtweisen ins Spiel zu bringen und zum dritten offensiven Umdeutungsstrategien, mit denen die Adressierten die Zuschreibungen provokativ annehmen, aber umwenden in Selbstbeschreibungen, mit denen sie versuchen, sich kollektiv einen ermächtigenden Status zu erkämpfen. Dies kann als kritische Verarbeitungen von beschämenden Konstruktionsprozessen gedeutet werden und beinhaltet am deutlichsten Ansatzpunkte für gemeinsames Handeln (auch mit Professionellen) jenseits der dominanten Problemmuster.[10] Anschließend beleuchteten wir den Aspekt der Rolle von Profession und Organisation in Adressierungsprozessen. Fachkräfte können zwar durchaus Entscheidungen darüber treffen, welchen Professionsmustern sie folgen wollen und dementsprechend Spielräume bei ihren Deutungsprozessen wahrnehmen, aber sie bleiben dennoch eingebunden in die Handlungs- und vor allem Finanzierungslogiken ihrer jeweiligen Organisation. Schließlich verwiesen wir auf die Relevanz der kommunalen Ebene, weil dort in der fachlich-politischen Bedarfsfeststellung und der Art und Weise der Hilfegestaltung starker Einfluss auf die Adressatenkonstitution genommen wird.

Wir haben im bisherigen Argumentationsgang gezeigt, dass aber keineswegs jegliche Adressierung als Stigmatisierung und somit Negativerfahrung für die Adressat_innen missverstanden werden darf: die Professionellen haben Spielräume, den Adressat_innen Elemente der Konstruktion selbst in die Hand zu geben. Hilfen *können* Adressat_innen durchaus darin unterstützen, konflikthaft erlebte Erfahrungen zu artikulieren und dadurch auch zur Erweiterung von Handlungsmöglichkeiten beitragen. Der springende Punkt ist dabei, ob es gelingt, jenseits der stigmatisierenden Grundkonstellation ein Setting bereitzustellen, in dem Adressat_innen Ansprüche, eigensinnige Deutungen und Lösungsideen geltend machen können, ohne sich wiederum einseitigen oder entfremdenden Definitionen unterwerfen zu müssen. Gelingt

---

10 Ein anschauliches Beispiel findet sich in Frank Früchtel et al. (2013: 21ff.): Eine selbstbewusste Gruppe von Punks, die in der öffentlichen und kommunalpolitischen Wahrnehmung als störend empfunden werden, gelingt es, zusammen mit Streetworkern über eine Strategie der Entanonymisierung sich als ernstzunehmende Bürger_innen einer Stadt einzubringen und ihre Belange als einen Fall von kommunaler Jugendpolitik zu positionieren.

hier ein anerkennender Wechselprozess, können Adressat_innen die Angebote für sich fruchtbar machen (mehr dazu im sechsten und siebten Kapitel).

In der bisherigen Begründung der *Relationalität des Adressatenbegriffs* wurde immer wieder auf Sichtweisen von Adressat_innen Bezug genommen, ohne die darin enthaltenen Fragen nach der Eigenständigkeit und den Eigendeutungen von Adressat_innen, nach ihrer Subjektstellung und ihrer Handlungsfähigkeit näher geklärt zu haben. Damit beschäftigt sich das folgende Kapitel genauer.

4. Adressatenbegriff und subjektive Handlungsfähigkeit

Ein analytischer Blick auf die historisch dominanten Professionalisierungs-
muster zeigt zunächst das Muster der ‚Pathologisierung' im Wohlfahrtsstaat
der Bundesrepublik Deutschland; hinzu kommt nun im Rahmen des Wandels
hin zum aktivierenden Sozialstaat das Muster der ‚Responsibilisierung': Individuen werden für ihre Situation, für ihre Probleme sowie für deren Bearbeitung und Lösung primärverantwortlich gemacht (Lutz 2011). In der
ersten Variante wird der Umstand, dass Adressat_innen der Sozialen Arbeit
Unterstützung in der Erziehung, Hilfe, Beratung oder Bildung (oder eine Kom-
bination daraus) benötigen, dahingehend ausgedeutet, ihnen eine eigenständige Aktionsfähigkeit weitgehend abzusprechen oder sie allenfalls als sehr
begrenzt handlungsfähig einzustufen. In der zweiten Variante wird dagegen
davon ausgegangen, dass die unterstellte prinzipiell vorhandene Handlungsfähigkeit willentlich nicht praktisch realisiert wird, die Soziale Arbeit daher
zur Aktivierung verhelfen soll. Adressat_innen sind danach wahlweise ‚Opfer'
strukturell vorgegebener Rahmenbedingungen, passiv den gesellschaftlichen
Verhältnissen ausgeliefert oder selbst schuld an ihrer Situation – oder schlicht
inkompetent. Folglich sollen sie im Rahmen der differenzierten personenbezogenen Dienstleistungen die ihnen zugedachte Unterstützung in Bildung, Beratung, Erziehung und Hilfe erhalten, um sich (wieder) zu verselbstständigen;
sie bekommen, wie es eine der gängigen Standardformeln ausdrückt: ‚Hilfe
zur Selbsthilfe'. Die (latente) Zuschreibung einer problemauslösenden Passivität der Adressat_innen, die auch in dem Anspruch der Aktivierung zum Ausdruck kommt, wird allein schon durch alltägliche Erfahrungen in der Praxis
konterkariert: Diese handeln von vielfältig ausdifferenzierten Handlungsweisen der Adressaten, die sie durchaus auch als „eigensinnige und eigenwillige
Akteure ihrer Lebenspraxis" (Scherr 2013: 229) ausweisen (vgl. Kap. 3.3).
Selbstverständlich teilt keine der sozialpädagogischen Referenztheorien eine
solche simplifizierende Sicht auf Adressat_innen der Sozialen Arbeit: Wenn
in der Theorie der Lebensweltorientierung (Thiersch 1992) ‚Respekt vor der
Alltagskompetenz' eingefordert, in der Theorie der Lebensbewältigung (Böhnisch 2012) in differenzierter Weise ‚Bewältigungsmuster' thematisiert, im
subjekt- und bildungstheoretischen Zugang von Winkler die ‚sukzessive sich
erweiternden Fähigkeiten' in den Vordergrund gerückt werden und schließlich in der dienstleistungstheoretischen Konzeptualisierung der Sozialen

Arbeit (Olk/Otto 2003) die ‚Koproduktion der Adressat_innen' theoriesyste-matisch eine zentrale Bedeutung erlangt, dann werden in diesen Theorien ‚Adressat_innen' prinzipiell als handlungsfähige Subjekte verstanden. Jedoch wird zugleich darauf verwiesen, dass der Aufbau von Handlungsfähigkeit sehr voraussetzungsvoll ist und diese – kontextspezifisch bedingt – teils nur sehr eingeschränkt, brüchig oder widerspenstig-sperrig zur Verfügung stehen kann. Theorie wie Praxis der Sozialen Arbeit benötigen daher Wissen darü-ber, welche Selbstsichten und Eigentheorien von Adressat_innen in der Zu-sammenarbeit mit ihnen ins Spiel gebracht werden, auf welche individuellen oder gruppenspezifischen Ressourcen und Kompetenzen zur Bewältigung des Alltags im Hilfeprozess zurückgegriffen werden kann, aber auch, wie sich Pro-zesse der sozialen Destabilisierung entwickeln (Hanses 2003).

Im zweiten Kapitel wurde die spezifische Bezogenheit der Adressatenka-tegorie auf die innerhalb der Wohlfahrtspolitik agierende, institutionalisier-te Soziale Arbeit herausgearbeitet. Im Adressatenbegriff manifestiert sich, so wurde argumentiert, ein sozialpolitisch kontextualisiertes und spezifisch präfiguriertes Verhältnis zwischen Sozialpolitik, Organisationen der Sozia-len Arbeit mit ihren Handlungsprogrammen, den Professionellen sowie den ‚Betroffenen'. Denn so platt es klingen mag: Nur wenn ein Hilfe- oder Ange-botsbedarf institutionell festgestellt und dann von den diversen Zielgruppen angenommen und gegebenenfalls aktiv mitgestaltet wird, konstituiert sich das, was als Adressat_innen der Sozialen Arbeit gekennzeichnet wird. Um einen relationalen Adressatenbegriff zu entfalten, reicht es jedoch nicht aus, ihn allein an die sozialpolitisch geformten Institutionalisierungen Sozialer Arbeit rückzubinden. Dies hätte zur Folge, dass die institutionell-professio-nelle Perspektive sozialer Hilfen zu sehr in den Vordergrund gerückt und so der Blick auf die Handlungsfähigkeit von Adressat_innen vernachlässigt oder ganz aufgegeben würde. Hans Günther Homfeld, Wolfgang Schröer und Cor-nelia Schweppe (2008b) formulieren daher zurecht Einwände gegen solche Konzeptionen, die in der Bestimmung der Adressatenkategorie den sozial-staatlichen Institutionalisierungsprozessen das Primat einräumen, daher die Adressat_innen verkürzend lediglich als Zielgruppen Sozialer Dienste begrei-fen und in der Folge die „damit grundlegend verbundene Perspektive einer systematischen Begründung der Handlungsoptionen der betroffenen Akteure [...] kaum differenziert entwickelt" haben (ebd.: 7).

Aus diesen Gründen lag im dritten Kapitel der Fokus der Argumentation auf dem Komplex, der sich als ‚Adressierungspraxen' bezeichnen lässt. Hier hat sich auch gezeigt, dass Adressierungen keineswegs eine einlinige Inter-aktionsform darstellen, in der die Professionellen vor dem Hintergrund ihrer institutionell abgestützten Handlungsprogramme Hilfe gewähren oder aufnö-tigen. Anhand des empirischen Materials ließ sich dagegen zeigen, wie kom-plex vermittelt solche Handlungen ablaufen und wie sehr die ‚Adressierten' selbst dann noch darin (mit)agieren, wenn sie angebotene Hilfen annehmen, unterlaufen, umdefinieren oder gänzlich ablehnen. Erst in der Zusammen-schau der Argumentation im zweiten und dritten Kapitel entfaltet sich das, was wir als die ‚sozialpädagogische Disposition' der Adressatenfigur bezeichnen wollen.

Im diesem vierten Kapitel orientieren sich die weiteren Überlegungen an der Frage, ob und inwieweit Adressat_innen Sozialer Arbeit als eigensinnige Akteure zu begreifen sind und welche Rolle das Gefüge der Sozialen Arbeit im Hinblick auf ihre Handlungsfähigkeit einnimmt. Ziel dieses Kapitels ist es, die Relationalität der Adressatenkategorie weiter zu vertiefen und abzurunden im Rückgriff auf die aktuelle Debatte um Handlungsfähigkeit bzw. Agency (4.1) und durch die Einführung eines nicht-essentialistischen Subjektbegriffs (4.2).

4.1 Agency

Wenden wir uns nun genauer der Perspektive der Ausbildung bzw. Wiederherstellung von Handlungsfähigkeit zu. Unter dem Oberbegriff ‚Agency' – der in der deutschsprachigen Literatur zumeist als ‚Handlungsfähigkeit' übersetzt wird – hat sich in den letzten Jahren in den Sozialwissenschaften eine ausdifferenzierte und manchmal durchaus auch verwirrende Diskussionslandschaft entfaltet. Diese Komplexität resultiert daraus, dass mit diesem Begriff vor dem Hintergrund unterschiedlichster Theorien, unterschiedlicher Fragestellungen und mit unterschiedlichen Konzeptualisierungen gearbeitet wird (Helfferich 2012). Was allerdings alle Agency-Konzepte als Gemeinsamkeit teilen, ist die Frage danach, „wer oder was über welche Art von Handlungsmächtigkeit verfügt oder diese zugeschrieben bekommt bzw. als welchen oder wessen Einwirkungen geschuldet etwas zu erklären ist" (ebd.: 10). Wir greifen damit die in den Sozialwissenschaften vielfältig und kontrovers diskutierte Frage nach dem Verhältnis von Struktur und Handeln auf, die uns schon im dritten Kapitel immer wieder begegnet ist. Denn „die Frage, wie das Verhältnis sozialer Strukturen und Prozesse zur Fähigkeit von individuellen und kollektiven Akteuren, eigensinnig, selbstbestimmt und kreativ zu handeln, theoretisch angemessen zu konzeptualisieren ist, stellt zweifellos eine Kernfrage sozialwissenschaftlicher Theorien dar" (Scherr 2012: 99). Sichtet man einschlägige Literatur (Ritsert 2009: 15ff.; Hradil 1992), dann besteht Einigkeit dahingehend, dass sie weder in Richtung eines Strukturdeterminismus, also als Dominanz objektiv gegebener gesellschaftlicher Strukturen, zu beantworten ist, noch in Richtung der Annahme, das Handeln von Individuen oder Gruppen entfalte sich jenseits sozialer Bestimmungsmomente und sei damit als ‚autonom' zu bewerten. Diese dualistische Sichtweise, hie ‚Objektivismus', dort ‚Subjektivismus', hat der französische Soziologe Pierre Bourdieu (1993) daher als Rückfall in ein sich binär gegenüber stehendes Theorieverständnis kritisiert. „An die Stelle der Scheinalternative determiniert oder selbstbestimmt" gehe es daher darum, so betont auch Albert Scherr (2013: 231f.), „zu bestimmen, wie individuelle und kollektive Handlungsfähigkeit sozial ermöglicht, begrenzt und formiert wird." Aus diesem Grund ist es theoretisch angemessener, *zugleich* von der sozialen Ermöglichung *und* der sozialen Begrenzung der Selbstbestimmungs- und Handlungsfähigkeit von Individuen auszugehen und anzunehmen, dass die Selbstbestimmungs- und Handlungsfähigkeit, die Individuen sich selbst und Anderen zuschreiben, Prozesse der sozialen Formierung von Subjektivität in Sozialisationsprozessen voraussetzt" (Scherr 2012: 100; Herv. d.V.). Bedeutsam ist hier ein spezifisches Verständnis von ‚Formierung': es ist keineswegs gleichbedeutend mit ‚Prägung', sondern betont den Aspekt eines sich über den gesamten Lebenslauf hinziehenden Bildungsprozesses, der hochgradig sozial vermittelt ist (Keupp et al. 1999).

Ein relationales Verständnis von Agency

Folgen wir den Ausführungen von Scherr (2012) weiter, dann können drei Aspekte von Agency analytisch unterschieden werden, die sich für die weitere Klärung eines relationalen Begriffsverständnisses als zentral erweisen: Zum *ersten* ist Agency keine vorab gegebene subjektive Fähigkeit, sondern ‚sozial eingebettet', zum *zweiten* ist sie hochgradig ‚prozesshaft' und zum *dritten* ist das Moment ihrer Zukunftsgerichtetheit oder ‚Projektivität' bedeutsam.

Kommen wir zunächst zum Aspekt der *‚sozialen Einbettung'* von Agency, der durchaus nicht in allen einschlägigen Konzepten geteilt wird. So stellt auch Florian Eßer (2009: 9ff.) eine Tendenz zu substantialistischen Konzepten fest, die den Subjekt-Akteuren per se Handlungsfähigkeit zuschreiben (Ontologisierung von Agency) und in der Folge *„agency* als Gegenbegriff zu *structure"* konzipieren (ebd.: 13; Herv. i. O.). Auch netzwerktheoretische Analysen von Agency argumentieren gegen die Vorstellung, Handlungsfähigkeit sei eine vorab verfügbare Eigenschaft oder Fähigkeit von Individuen, die sich gewissermaßen ‚besitzen und mehren' ließe. Anstatt eine bestimmte Seinsdimension „als erklärende Größe des Sozialen heranzuziehen, werden die *Beziehungen* zwischen den Menschen untersucht" (Hoffmann 2012: 156; Herv. d.V.); damit rücken konkrete soziale Praktiken in den Vordergrund (Raithelhuber 2012: 144). Agency „ist nun nicht mehr eine feste Eigenschaft, die einem Individuum zugeschrieben werden kann und über die es mehr oder weniger konstant verfügen kann. Agency ist vielmehr, da Relationen sich ständig ändern, etwas stets neu Hervorzubringendes" (Helfferich 2012: 24). So verwendet die Autorin in diesem Text auch die Begriffsvariante der „Handlungsmächtigkeit", um zu verdeutlichen, dass sich Agency in sozialen, machtdurchsetzten Gefügen herausbildet. In der Bestimmung von Handlungsfähigkeit legen netzwerktheoretische Konzepte daher das Augenmerk primär auf die Beziehungsgefüge von Menschen, in denen sich Handlungsfähigkeit konstituiert. Dies lässt sich gut mit dem Begriff der ‚Figuration', wie ihn Norbert Elias (1971) verwendet, auf den Punkt bringen: Aus soziologischer Perspektive existieren Menschen nicht jenseits ihrer sozialen Gefüge, sondern immer nur als Menschen in gesellschaftlich vermittelten Verhältnissen. Der theoretische Blickwinkel richtet sich daher auf die sozialkontextuell gerahmten menschlichen Handlungen (Scherr 2013: 235). Die soziale Einbettung von Agency kennzeichnet Helfferich als *„relationale Agency-Ordnung"* (Helfferich 2012: 15; Herv. i. O.). Eine relationale Perspektive setzt also keine feststehenden Eigenschaften von Akteuren voraus, sondern betont, „dass soziale Strukturen und Prozesse aus Relationen bestehen sowie dass die Beschaffenheit, Funktion oder Bedeutung der Elemente nicht vorgängig und unabhängig von den Relationen ist, in denen sie situiert sind" (Scherr 2012: 102). Die Produktivität dieses Zugangs liegt also darin, dass Agency nicht als eine vorab verfügbare subjektive Eigenschaft von Individuen aufgefasst wird, sondern dass „die Ermöglichung und Aktualisierung einer sozial nicht determinierten Handlungsfähigkeit selbst als ein Moment sozialer Strukturen und Prozesse" konzipiert wird (ebd.: 103). Mit anderen Worten: Relationale Agency-Theorien richten ihr Erkenntnisinteresse auf das soziale Bedingungsgefüge und die Konstitutionsprozesse von Handlungsfähigkeit, und zwar in individueller wie kollektiver Hinsicht. Wir verstehen individuelle wie kollektive Agency mithin als ein Element sozialer Praxis und Agency ist nur im Rahmen einer Analyse sozialer Praxen theoretisch wie empirisch einzuholen.

Kommen wir nun zum zweiten Aspekt: Agency ist keineswegs statisch, sondern in dynamisch sich verändernden Gesellschaften durch *Prozesshaftigkeit* gekennzeichnet. So sind etwa die Strukturen von sozialen Netzwerken, in die Akteure (in unserem Fall Adressat_innen der Sozialen Arbeit) eingebettet sind, nicht als dauerhaft stabil zu verstehen, sondern sie bilden und verändern sich über Impulse, die aus der sozialen Umgebung auf Netzwerke einwirken sowie durch (be-)wertende Vorgänge der Kommunikation und Interaktion der Akteure innerhalb dieser Beziehungsgefüge, d. h. „als Verbindung von Erfahrungen aus der Vergangenheit mit Zukunftsperspektiven und [durch die] Bewertung von Handlungsalternativen in der Gegenwart" (Hoffmann 2012: 173f.). Die Prozesshaftigkeit von Agency wird insbesondere dann deutlich, wenn es um Fragen der Gestaltbarkeit von ‚Umweltbedingungen' geht. Hier ist es sinnvoll, die von Scherr herangezogene Definition von Agency von Mustafa Emirbayer und Jeff Goodwin (1994) einzuführen: Agency ist demnach „die Fähigkeit sozial eingebetteter Akteure, sich kulturelle Kategorien sowie Handlungsbedingungen auf der Grundlage persönlicher und kollektiver Ideale, Interessen und Überzeugungen anzueignen, sie zu reproduzieren sowie potenziell zu verändern" (zit. in Scherr 2012: 108). Diese Fassung von Agency macht also darauf aufmerksam, dass Handlungsfähigkeit kollektiven wie subjektiven Bewertungsprozessen unterliegt und sich in Routinen stabilisiert, aber eben auch mit Erfahrungen der Ohnmacht oder Resignation einhergehen kann (Hoffmann 2012: 174).

Wir kommen damit zum dritten wesentlichen Aspekt von Agency, der sich als *Projektivität'* kennzeichnen lässt, nämlich sich in gegebenen Rahmenbedingungen sinnhaft handelnd mit zukünftigen Entwicklungen auseinandersetzen zu können: Sei es in der Veränderung der eigenen Lebensführung, sei es in der Veränderung der gesellschaftlichen Umweltbedingungen. Handlungsfähigkeit erhält damit eine zeitliche Dimension: Relevant wird dabei erstens, was Individuen biographisch akkumuliert und gewissermaßen stabil verinnerlicht haben, zweitens die Fähigkeit, projektiv Alternativen zum Gegebenen zu denken und drittens die Möglichkeit, Vergangenheit und Zukunft in ihren routinierten Bezügen wie in ihrer Veränderbarkeit zu erkennen (Scherr 2012: 109). Diese Betonung der Temporalität von Agency erhält für die Bestimmung eines relationalen Adressatenbegriffs eine enorme Bedeutung: Denn dies verweist auf die soziallagenspezifischen, lebensweltlichen und biographischen Bedingungen, unter denen Adressat_innen der Sozialen Arbeit Handlungsfähigkeit ausbilden (konnten) und darauf, welche ,Muster' von Agency ihnen jeweils sozial zugänglich wurden (und was ihnen verwehrt blieb). Mit der Betonung der Relevanz, die die je spezifischen sozialen und personalen Bedingungen für die Ausbildung von Handlungsfähigkeit haben, grenzt sich ein relationales Verständnis von Agency gegen solche politisch-programmatischen Vorstellungen ab, die den Gesellschaftsmitgliedern eine umstandslos gegebene Handlungsfähigkeit unterstellen, weshalb entweder soziale Hilfen nicht nötig oder aber nur in Form sogenannter ,aktivierender Hilfen' zulässig seien. Denn „blendet man die sozialen Voraussetzungen der Entstehung und Aufrechterhaltung eigenverantwortlicher Handlungsfähigkeit aus, dann liegt eine Argumentation nahe, die von [der] Kritik an wohlfahrtsstaatlich erzeugten Abhängigkeiten zu einer Politik des Abbaus sozialstaatlicher Leistungen führt, die dann als Förderung individueller Eigenverantwortlichkeit legitimiert wird" (Scherr 2013: 238f.). Scherr insistiert deshalb zurecht darauf, *„Agency als eine graduierte Qualität"* zu verstehen und damit theoretisch wie empirisch aufzuschließen, „welches Ausmaß von eigensinniger Handlungsfähigkeit für jeweilige soziale Konstellationen kennzeichnend ist" (Scherr 2012: 113; Herv. i. O.). Schließlich wird damit deutlich, dass in diesem Verständnis von Agency der Frage eine hohe Bedeutung zugemessen wird, ob die Bedingungen der alltäglichen Lebensführung jegliche Zeit und Energie der Adressat_innen binden, oder es erlauben, über das Gegebene hinausdenken zu können (Jurczyk 2009), denn erst dann ließe sich von „Handlungsmächtigkeit" (Helfferich 2012) sprechen.

Bewältigung

Auch bewältigungstheoretische Überlegungen (Böhnisch 2005; 2012) sind ertragreich, um die Frage nach Handlungsfähigkeit weiter auszuleuchten. Den Ausgangspunkt dieses Konzeptes bildet eine spezifische Funktionszuschreibung an die Soziale Arbeit, die etwas sperrig als „gesellschaftliche Reaktion

auf die Bewältigungstatsache" (Böhnisch 2005: 1119) bezeichnet wird.[11]
Was ist damit gemeint? In der hochflexiblen modernen kapitalistischen Gesellschaft mit ihrer durch Globalisierungsprozesse unter Druck gesetzten
Wohlfahrtsstruktur werden immer wiederkehrende Probleme der sozialen
Desintegration zur Herausforderung für die Individuen.[12] Im Anschluss an
individualisierungstheoretische Modernisierungstheorien verweist Böhnisch
darauf, dass die lange Zeit relativ stabilen, Halt und Orientierung gebenden
Milieustrukturen aufbrechen. Die Subjekte seien nun ‚freigesetzt' und müssten
den steigenden Desintegrationsdruck individuell bewältigen: Dies vermittle
sich in biographischen Integrations- und Integritätskrisen. ‚Lebensbewältigung' fokussiert in diesem Zusammenhang das psychosoziale Streben nach
Handlungsfähigkeit. Böhnisch differenziert vier psychische Grunddimensio-
nen aus: Das Bedürfnis nach ‚Selbstwert', nach ‚sozialer Eingebundenheit und
Anerkennung', nach ‚sozialer Orientierung' und nach ‚Selbstwirksamkeit'. Diese Impulse, deren Äußerungsform und Intensität von der sozialen Lebenslage
der einzelnen beeinflusst wird, streben nach „unbedingter Verwirklichung
[...], auch dann, wenn sie sie im gegebenen gesellschaftlichen Rahmen nicht
finden" können (Böhnisch/Schröer 2008; S. 50f.). Mit dieser Argumentation
wird es möglich, eine Verbindung zu bilden zwischen den jeweiligen sozialen,
materialen und normativen Lebenswelten und den je individuell verfügbaren Mustern der Bewältigung. Im Gegensatz zu psychologischen Copingthe-
orien kann damit die individuelle Lebensbewältigung an die gesellschaftliche
Entwicklung rückgebunden werden (Mack 2008). Handlungspraktisch wird
daher zentral, ob und wie kritische Lebensumstände (z. B. Armut, Arbeits-
losigkeit, alleinerziehend zu sein) sozialpolitisch so anerkannt werden, dass
damit Ansprüche auf sozialstaatliche Leistungen generierbar sind. Denn der
Grad der sozialpolitischen Akzeptanz gegenüber individuellen wie kollektiven Integrationsanforderungen hat – wie im zweiten Kapitel deutlich wurde
– einen wesentlichen Einfluss auf die subjektiven Möglichkeiten des Bewäl-
tigungshandelns: Sind neue, erweiterte Handlungsoptionen erkenn- und
erreichbar oder bleibt es beim Status quo einer eingeschränkten Handlungsfähigkeit oder erzwingen die Rahmenbedingungen regressive Formen der
Handlungsfähigkeit, die zwar ad hoc den Wunsch nach Selbstwirksamkeit er-
füllen, langfristig aber selbst- und fremdzerstörend wirken können.

Normenaufrechterhaltung, Rollenerfüllung und Normendurchbrechung,
selbstschädigendes Anerkennungsstreben sowie inkonsequente subjektive
Handlungsstrategien sind daher als Ausdruck der konflikthaften Überlappung

11 Böhnisch bezieht sich hier auf das Diktum von Siegfried Bernfeld (1925: 49), der Erziehung als die „Summe der Reaktionen auf die Entwicklungstatsache" des Menschen defi-
nierte.
12 Auch die kritische Psychologie von Klaus Holzkamp (2015) stellt Handlungsfähigkeit unter entfremdenden gesellschaftlichen Bedingungen in den Mittelpunkt und analysiert
regressive und erweiternde Formen von Handlungsfähigkeit als sozial abhängige Größe.

(Überschneidung und Entgegensetzung) zwischen gesellschaftlicher Rolle (die in sich widersprüchlicher wird) sowie sozialpolitischen Erwartungen und Impulsen der Handlungsfähigkeit zu entschlüsseln. Diese Konstellation bezeichnen Böhnisch und Schröer in einer neueren Veröffentlichung als „Bewältigungslage" (2013: 45; 48ff.). Zu den je spezifischen Bewältigungslagen der Adressat_innen erhält Soziale Arbeit Zugang über die vier Modi der *Sprache*, der (Arbeits-)*Beziehung*, der *Zeit* und des *Raums* (ebd.; Herv. i. O.): „Insgesamt lässt sich [...] das Konstrukt der Bewältigungslage – als Brückenkonzept zwischen Lebenslage und Lebensbewältigung – vierfach dimensionieren:

- In der Dimension des *Ausdrucks* (als der Chance wie der Verwehrung, seine innere Befindlichkeit thematisieren zu können und nicht abspalten zu müssen).
- In der Dimension der *Anerkennung* (als der Chance wie der Verwehrung, sozial integriert zu sein).
- In der Dimension der *Abhängigkeit* (als der Chance wie der Verwehrung, selbstbestimmt handeln zu können).
- In der Dimension der *Aneignung* (als der Chance wie der Verwehrung, sich in seine sozialräumliche Umwelt personal wie sozial erweiternd einbringen zu können) (ebd.: 46; Herv. i. O.).

Angebote der Sozialen Arbeit können als Kontexte für Bewältigungshandeln betrachtet werden, sofern sie sich für die Adressat_innen als zugänglich erweisen: Sie erleichtern die Entwicklung akzeptierter Formen von Handlungsfähigkeit, wenn sie „Bewältigungsumwelten" darstellen, „in denen sich multiple Gelegenheits- und Anregungsstrukturen zur Selbstwertschöpfung, Erlangung von Anerkennung und Entwicklung sozial gerichteter Selbstwirksamkeit [...] herausbilden können" (Böhnisch/Schröer 2008: 51). Ganz entscheidend wird damit die Frage, ob und wie es im Rahmen sozialpädagogischer Dienstleistungen gelingt, die Handlungsfähigkeit von Nutzer_innen nicht zu unterminieren, sie wenigstens zu stabilisieren, im guten Falle aber an deren Erweiterung mitzuwirken.

Mit dem hier dargelegten relationalen Verständnis von Agency, das die Einbettung der handelnden Individuen in größere Gebilde (Netzwerke, Gruppen) hervorhebt, wird der eminente Stellenwert von Angeboten der Sozialen Arbeit erkennbar, denn sobald diese selbst zu einem Bestandteil von adressatenrelevanten Handlungskonstellationen (Figurationen) werden, nimmt Soziale Arbeit bewusst oder unreflektiert Einfluss auf die Handlungsfähigkeit von Adressat_innen.

Die Betonung des Relationalen im Sinne einer dialektischen Verwobenheit von Struktur und Handeln darf jedoch keineswegs missverstanden werden im Sinne einer unproblematisch gegebenen Gleichgewichtigkeit der Deutungspotentiale, die die Professionellen und die Adressat_innen in Anschlag bringen können. Vielmehr sind Problemdeutungen und Bedarfsfeststellungen machtvolle gesellschaftliche Stellgrößen (Dollinger 2011; vgl. Kapitel zwei und drei), sodass in die Konstitution der Sozialfigur ‚Adressat' immer schon professionelle wie alltagstheoretische Deutungen einfließen, die auch in die biographischen Selbstdeutungen und kontextuellen Erfahrungen von Adressat_innen präformierend hineinreichen. Aus diesen Überlegungen heraus liegt der Schluss nahe, Nutzer_innen der Sozialen Arbeit tendenziell eher als ‚schwache Akteure' mit einem begrenzten Potential an Handlungsmächtigkeit zu konzipieren (Kessl/Klein 2010: 77ff.).[13] Allerdings wäre es falsch, diese relative Begrenztheit zu verabsolutieren und festzuschreiben. Unsere Ausführungen zu einem relationalen Agency-Verständnis begründen die Notwendigkeit, „den Blick auf die Adressat_innen maximal zu öffnen und damit solche Formen der Handlungsermächtigung herauszuarbeiten, welche die Akteur_innen im sozialen Umfeld auch jenseits der sozialen Dienste mobilisieren können" (Graßhoff et al. 2015: 15). Welches faktische Potential an Handlungsfähigkeit Adressat_innen haben, wird damit zu einer ganz praktischen Frage in der Praxis Sozialer Arbeit wie auch zu einer handlungsleitenden Orientierung für empirische Forschungen zu diesem Thema.

> ## Lesetipp
>
> Helfferich, Cornelia (2012): Einleitung: Von roten Heringen, Gräben und Brücken. Versuch einer Kartierung von Agency-Konzepten. In: Bethmann et al. (Hrsg.) (2012), S. 9–39

4.2 Subjekt – Subjektivierung – Biographie

Im Folgenden diskutieren wir, welches Subjektverständnis einem relationalen Adressatenbegriff angemessen ist; denn ‚Handlungsfähigkeit' und ‚Subjekt' bilden gewissermaßen zwei Seiten einer Medaille (zum Überblick: Held 2015).

Angesichts der aktuellen Dominanz von neoliberalen Aktivierungsstrategien in der Praxis der Sozialen Arbeit (vgl. Kap. 2.2) kritisiert Kessl (2008; 2013: 81ff.), dass in den vorliegenden theoretischen Konturierungen zum Adressaten- wie Nutzerbegriff subjektkritische Einwände negiert würden und ein ungeklärter, quasi-ontologischer Subjektbegriff zugrunde gelegt werde. Die fehlende genauere Auseinandersetzung mit subjektkritischen Einwänden sei umso überraschender, als „subjektzentrierte Motive als Teil von

---

13 Um Missverständnisse zu vermeiden: Der Begriff des ‚schwachen Akteurs' markiert den strukturbedingten Umstand, dass Adressat_innen der Sozialen Arbeit gegenüber den Definitionsüberhang von Organisation und Professionellen über geringere Machtmöglichkeiten verfügen, ihren eigenen Belangen Gehör zu verschaffen. Keineswegs ist dies als Aussage zu verstehen, Adressat_innen seien quasi naturwüchsig ‚schwache Subjekte'.

handlungskonzeptionellen Reformprogrammen (adressaten-, kunden- und nutzerorientierte Ansätze) und jüngst auch als Teil neuer methodologischer Bestimmungsversuche (Adressaten-, Konsumenten- und Nutzerforschung) zunehmend an Einfluss gewonnen" hätten (Kessl 2013: 82). Darin liege die Gefahr, dass die analytische Distanz zu den aktivierungsprogrammatischen Semantiken verloren gehe und mit der ‚Adressatenorientierung' – wenngleich nicht intendiert – Anschluss an die neoliberale Figur des sich selbst entwerfenden und steuernden Individuums erfolge, das dann sowohl für die Genese eventueller Hilfebedürftigkeit wie auch für Erfolg oder Misserfolg eventuell erhaltener Hilfen alleinverantwortlich werde. Im Anschluss an die Arbeiten von Michel Foucault wird daher die Perspektive stark gemacht, von den sozialen Praktiken der ‚Formierung' der Subjekte, den ‚Subjektivierungsweisen', auszugehen und sich in deren Aufschlüsselung von machtanalytischen Zugängen leiten zu lassen. „Der konstitutive Ausgangspunkt einer radikal-relationalen Analyseperspektive sind", so Kessl, „die konfliktiven, ambivalenten, heterogenen und miteinander verstrickten sozialen Praktiken, die zwischen Akteuren und Akteuren und ‚Dingen' (Bruno Latour) in ihrer permanenten (Re)Produktion erschlossen werden" (2008: 266).

Macht

Beleuchten wir den Subjektbegriff im Kontext der Klärung der Adressatenkategorie näher – ausgehend von dem Verständnis der konflikthaften sozialen Praktiken als Formierung des Subjekts –, dann ist es sinnvoll, knapp den *Macht*begriff, wie er im Rekurs auf die Theorien von Hannah Arendt und Michel Foucault weiterentwickelt wurde, einzuführen (Kessl 2013: 69ff.). Drei Aspekte sind dabei leitend: Zum *ersten* wird Macht nicht an einen spezifischen ‚Ursprung' (etwa subjektive Potentiale oder objektive Ursachen) gekoppelt, sondern Macht zeigt sich in sozialen Praxen; Macht ist prozessual. Folglich werden ‚Machtfigurationen' in den Vordergrund gerückt (Renn 2012), in denen aufgrund unterschiedlicher institutioneller Positionen und Kompetenzen durchaus ungleiche Potentiale und Verbindungen der daran beteiligten Akteure bestehen (können). Daraus folgt *zweitens*, dass kollektive wie individuelle Akteure in diesen Figurationen über ‚Macht' verfügen und sie in sozialen Auseinandersetzungen in Anschlag bringen. Zu betonen ist, dass angesichts gesellschaftlicher Differenzierungen und Ungleichheiten von asymmetrischen Machtbeziehungen ausgegangen werden muss, deren konkrete Gestaltungen nur empirisch rekonstruiert werden können. Zum *dritten* ist zwischen Macht und Herrschaft zu unterscheiden. Letztere ist als ‚geronnene Macht' zu verstehen, also als historisch herausgebildetes und schon verfestigtes (allerdings auch veränderbares) Kräfteverhältnis.

Dieser machttheoretische Zugang erlaubt weitere Präzisierungen in einem relationalen Adressatenbegriff. In den Ausführungen zum Agencyverständnis wurde bereits die Relevanz der institutionalisierten Sozialen Arbeit als eines gewichtigen Moments in der Erweiterung oder Verhinderung von Handlungsfähigkeit der Adressat_innen herausgearbeitet. Statt in einem binären Verständnis von sich gegenüberstehenden Sachverhalten – hie Soziale Arbeit, dort ihre Adressat_innen – auszugehen, haben wir deren Verwobenheit oder Relationalität herausgearbeitet. Aus machttheoretischer Perspektive bedeutet dies, Soziale Arbeit als spezifisches, historisch veränderliches Kräfteverhältnis zu begreifen, das einen bedeutenden Einfluss auf die Subjektbildungsprozesse der Adressat_innen ausübt. Denn „wohlfahrtsstaatliche Instanzen repräsentieren", so Kessl (2013: 67), „die Institutionalisierung der organisierten Prozesse der Subjektivierung: Soziale Sicherungs- und Dienstleistungsangebote zielen im wohlfahrtsstaatlichen Kontext auf bestimmte Formen und Inhalte, wie Menschen ihr Leben führen." Im dritten Kapitel wurden empirische Befunde zu Adressierungspraxen dargestellt, in denen die je konkreten Machtdynamiken zur Konstituierung von Adressat_innen beleuchtet wurden.

Biographie

Die Ausbildung von Subjektivität und Handlungsfähigkeit geschieht keineswegs nur in aktuellen Handlungssettings, sondern speist sich wesentlich auch aus lebensgeschichtlich akkumuliertem Erfahrungsmaterial. Biographie ‚dramatisiert' sich in der Gegenwart, in der Individuen in abnehmendem Maße in Traditionen und klare gesellschaftliche Institutionalisierungsprozesse eingebettet sind. Grundlegende gesellschaftliche Hierarchien überlagern und durchdringen sich mit neuen Ungleichheiten und Widersprüchen. Die gegebenen Herausforderungen sind oft so widersprüchlich, dass die Möglichkeit zu konsistenten Übereinstimmungen zwischen gesellschaftlichen Erwartungen und subjektiven Kohärenzen systematisch abnimmt (Bitzan et al. 2006b: 260); Biographie wird zur „Leistung der AkteurInnen, [...] Selbstkonsistenz in der Zeit hervorzubringen" (Hanses 2003: 21). So sind in erzählter Lebensgeschichte Lebenskonstruktionen zu erkennen, „welche wesentlich die weiteren Handlungsausrichtungen und Sinnkonstruktionen der Erzählenden" konstituieren (ebd.: 22). Dieses Streben nach Selbstkonsistenz und Handlungsfähigkeit ist ein „prozessuales Konstrukt: sich jeweils neu der biografischen Plattform versichern, von der aus man das Vergangene relativieren und sich für das zukünftig Erreichbare positionieren kann. Diese ‚Plattform' ist dabei nicht als Entwicklungsstufe [...] zu denken, sondern als beweglicher biographischer ‚Zwischenstand'" (Böhnisch/Schröer 2008: 53). Die Selbstkonstruktionsleistungen der Subjekte sind sozial strukturiert, sie vollziehen sich nicht jenseits der sozialen Kategorien wie Geschlecht und Klasse, der Erfahrungen mit der sozialen Lebenswelt, der kulturellen und spezifisch zeitgeschichtlichen Kontexte. Diese „Temporalisierung" bzw. Zeitgebundenheit (Alheit/Dausien 2000: 274) des eigenen Erfahrungszusammenhangs ist den Subjekten eher selten reflexiv verfügbar, bildet aber ein „spezifisches ‚Hintergrundwissen', das auch den bedrohlichen Eindruck von Konsistenz- und Kohärenzverlust unserer Erfahrung noch auffängt" (ebd.: 275; Herv. i. O.) und dadurch den Subjekten die prinzipielle Möglichkeit bietet, Anstöße aus dem gesellschaftlichen Umfeld in eigener Weise zu nutzen – für dieses Potential führen Peter Alheit und Bettina Dausien den Begriff der „Biographizität" (ebd.: 277) ein. Erfahrungen der Sozialwelt sind sozusagen unbewusste Ressourcen eines „praktischen Sinns" (Bourdieu 1993: 147), um sich in gesellschaftlichen Feldern bewegen zu können.

In die biographische Selbstkonstruktion von Adressat_innen fließen selbstredend auch Erfahrungen mit Institutionen der Sozialen Arbeit ein und präfigurieren weitere Erfahrungen mit ihnen. Statt der Annahme einer vorsozial gegebenen Authentizität des Subjekts zu folgen, werden im Biographiebegriff Prozesse thematisiert, wie Individuen ihre Subjektivität gestalten – situativ, widersprüchlich, als praktische Bewältigung. Soziale Arbeit fügt über ihre Deutungen, Angebote und Zuweisungen Elemente in diesen Subjektivierungsprozess ein, die bei gelingender Resonanz zur Produktion erweiternder sozialer Erfahrungen und Handlungsfähigkeit führen können. Sie kann aber ebenso beitragen zu Selbststigmatisierungen und Dramatisierungen, wenn Hilfen etwa mit Beschämungen und Repressalien verbunden sind (Bolay 1998; Hamberger 2008). Adressat_innen tragen also immer je spezifische biographische Selbstkonstruktionen mit sich, die in der Wechselwirkung von (direkten oder vermittelten) Erfahrungen mit der Sozialen Arbeit und dem eigenen Bewältigungshandeln entstanden sind. ‚Biographie' erweist sich damit als sinnvolles Konzept, „um die Dichotomie Individuum/ Institution aufzuheben. Es ist die *gegenseitige Konstituierung institutioneller Prozesse, professioneller Praxis und Aneignungsoptionen der Adressat_innen*", die durch die Biographie-Perspektive in den Blick rückt. „Ihre außerordentliche Relevanz liegt darin, dass sie in ihrer Doppelheit als *sozialer Konstruktion* und gleichzeitig *narrativer Rekonstruktion* immer Akteursperspektive, soziale sowie institutionelle Strukturierung enthält" (Hanses 2003: 36f.; Herv. i. O.).

Relationales Subjektverständnis

In einen kritischen Adressatenbegriff muss also konsequent ein Subjektverständnis eingehen, das Subjekt, Subjektivität und Subjektivierungsprozesse relational und damit grundlegend widerspruchsbehaftet versteht (Bolay/ Trieb 1988): Verwoben in gesellschaftlichen Formierungen mit machtvollen Konstruktionen und Vorgaben, wird die Subjektkonstituierung der Akteure als konflikthafter, keineswegs immer geradlinig verlaufender Prozess verstanden, in dem das Ringen um Anerkennung und Selbstwirksamkeit zu je spezifischen individuellen oder kollektiven Handlungspraktiken führt. Individuierung und Vergesellschaftung sind also Momente *eines* gesellschaftlichen Prozesses. Diese prinzipielle Konflikthaltigkeit der Subjektkonstitution in der bürgerlichen Gesellschaft verdeutlichen ebenso anerkennungstheoretische (Honneth 1992) wie entfremdungstheoretische Überlegungen (Jaeggi 2005), die die Beschränkung wie die voraussetzungsvollen gesellschaftlichen Möglichkeiten differenzierbarer Grade von Handlungsautonomie herausarbeiten. Mit diesem Verständnis wird die oben angesprochene Kritik am Konzept eines jeder Sozialität vorgängig-autonomen Subjekts wieder aufgegriffen (Zima 2000; Schroer 2001), ohne jedoch die Perspektive eines zu Selbstbewusstsein und Selbstbestimmung fähigen Subjekts aufzugeben (vgl. Schrödter 2015). Demnach ist Subjektivität „ein bestimmbares und graduierbares Potenzial menschlichen Erlebens, Denkens und Handelns [...], dessen Entwicklung und Realisierung von angebbaren sozialen Voraussetzungen und Bedingungen abhängig ist" (Scherr 2008: 139ff.). Ein *kritisches Adressatenverständnis* analysiert mithin die sozialen Bedingungen der Subjektbildung, stellt dabei deren Verwobenheit mit Strukturen sozialer Ungleichheit in Rechnung und reflektiert die Beteiligung der Sozialen Arbeit an deren Produktion und Reproduktion (Kessl 2008: 263). Letztlich ist dann die Frage relevant, „wie Veränderung möglich ist und wie in benachteiligenden Lebenslagen Individuen als Akteure ihre Lebensverhältnisse beeinflussen können" (Karl 2008: 60).

Lesetipp

Hanses, Andreas (2013): Das Subjekt in der sozialpädagogischen AdressatInnen- und NutzerInnenforschung – zur Ambiguität eines komplexen Sachverhalts. In: Graßhoff (Hrsg.) (2013), S. 99–117

5. Adressatenbegriff als relationale Kategorie – Zusammenfassung von Teil I

Das Ziel der Ausführungen im ersten Teil bestand darin, die Adressatenkategorie aus ihrer theoretischen Unterbestimmung herauszuholen und eine dem aktuellen fachlichen Diskussionsstand angemessene Klärung vorzunehmen. In der Nutzung von Angeboten der Sozialen Arbeit entfalten sich sukzessive Prozesse der Formierung und die damit verbundenen Subjektivierungsweisen der Adressat_innen erwiesen sich als vielschichtige Prozesse der Selbstkonstitution, in denen Zuschreibungen und Aneignungen vielfach ineinander verschränkt sind; wir haben dafür den Begriff des Relationalen eingeführt. Die systematische Klärung der relationalen Bestimmung der Adressatenkategorie musste demnach theoretische Elemente zusammenbringen aus Analysen der institutionell-sozialpolitischen Strukturiertheit der Sozialen Arbeit wie aus Überlegungen zum Subjektverständnis, d. h. vor allem zur Frage der Handlungsfähigkeit von Adressat_innen. Dies wurde sukzessive in drei Schritten entfaltet:

Zur Analyse der Adressatenkategorie in der Sozialen Arbeit scheint es zunächst einmal naheliegend, sich über eine Untersuchung von konkreten Adressierungspraxen, ohne die eine institutionell-professionell strukturierte Interaktion mit Adressat_innen nicht möglich wäre, anzunähern. Unter dem Begriff der ‚Adressierung' werden die auf der Mesoebene verlaufenden institutionellen Prozesse sowie auf der Mikroebene die Handlungsweisen der Professionellen rekonstruierbar, über die das ‚Adressat_in-Werden' verläuft. Hier stehen einzelne Personen oder Gruppen im Fokus der Analyse: Welche Bedarfe oder welche spezifischen Verhaltensmuster dieser Akteure führen zum Kontakt mit Angeboten der Sozialen Arbeit und in welchem institutionellen und professionellen Handlungsrahmen werden diese aufgegriffen und ausgehandelt; kurz; aufgrund welcher Einflussfaktoren werden in konkreten Prozessen der Hilfeerbringung Adressat_innen zu solchen konstituiert. Dieser Zugang wurde im *dritten* Kapitel ausführlich vorgestellt und der darin liegende theoretische wie empirische Ertrag gesichert. Auf diese Weise konnte der detaillierte Konstitutionsprozess der Adressatenfigur theoretisch ausdifferenziert und das Verständnis ihrer relationalen Verfasstheit vertieft werden.

Die Diskussion der dort verhandelten empirischen Studien zur Frage der Adressierungspraktiken hat allerdings immer wieder verdeutlicht, dass es nicht genügt, allein diese Ebene der Adressatenkonstitution auszuleuchten. Vielmehr bedarf es der Rekonstruktion solcher allgemeiner geltenden Formierungsaspekte, die diesen handlungspraktischen Prozessen vorgeschaltet sind und sie unhintergehbar rahmen. Vor jeder interaktionalen Bestimmung der Adressatenkategorie muss die gesellschaftliche Frage analysiert werden, welche Gruppen unter welchen Bedingungen und zu welchem Zeitpunkt als hilfe- oder unterstützungsbedürftig markiert werden und damit erst in den Geltungsbereich der Sozialen Arbeit gelangen. Mit diesem Ansatz kann darauf aufmerksam gemacht werden, dass schon vor jeder konkreten personalen Adressierung allgemeinere Konstruktionen von (potentiellen) Adressat_innen entstehen, die dann im konkreten Kontakt von Personen mit der professionellen Praxis zur Geltung kommen und den Handlungsrahmen entsprechend prä-formieren. Dem hier eingeschlagenen theoretischen Zugang zur Adressatenkategorie geht es daher vorab um die Analyse der gesellschaftlichen Rahmenkonstellation und dann in zweiter Linie um die unstrittig hochrelevante Ebene der konkreten Adressierungspraxen. Nicht Personen, sondern komplexe Prozesse der Adressaten-Konstitution stehen im Vordergrund der Analyse. Genau das bezeichnet das Relationale. Aufgrund dieser Überlegungen wurde daher im *zweiten* Kapitel zunächst auf der Makroebene nachgezeichnet, dass und wie die Struktur des modernen Sozialstaats die Form und Funktion der Sozialen Arbeit rahmt: Der zentrale Fokus sozialpolitischen Handelns besteht in der Markierung und Bearbeitung ‚sozialer Probleme' und Aufgaben; dies hat zur Folge, dass in dieser Perspektive auch diejenigen Themenstellungen und Personengruppen bestimmt werden, mit denen sich Soziale Arbeit zu beschäftigen hat. In theoretischer Hinsicht hat daher die Konstitution der Sozialfigur ‚Adressat' eine doppelte Grundlegung: Es ist Aufgabe des modernen Sozialstaats, die Bearbeitung sozialer Probleme im Horizont der System- und Sozialintegration zu bewerkstelligen und diese zur ‚Bearbeitung' an spezifische, historisch ausdifferenzierte gesellschaftliche Teilbereiche (Subsysteme) zu übertragen – in unserem Falle dem der Sozialen Arbeit.

Die im Verlaufe dieser analytischen Schritte sich immer wieder stellende Frage nach der Akteursstellung der Adressat_innen, anders formuliert: die nach ihrer Handlungsfähigkeit, wurde im *vierten* Kapitel näher betrachtet. Im Ergebnis zeigt sich, dass in theoretischer Hinsicht von einem relationalen Subjektverständnis auszugehen ist, in dem Subjektbildung nicht als ausschließlich individueller Vorgang konzipiert ist, sondern vielmehr nur als hochgradig gesellschaftlich verwobener zureichend bestimmt werden muss. Damit konnte die Frage der Handlungsfähigkeit von Adressat_innen dahingehend geklärt werden, dass sie kein absolut gegebenes Vermögen darstellt, sondern sich sozial kontextualisiert und differenziert entwickelt (Graduierbarkeit). Dies hat unmittelbar Folgen für die Soziale Arbeit, denn damit rückt der jeweils gegebene fachliche Handlungsrahmen ins Blickfeld: Welchen Stellenwert messen Organisationen und Professionelle den biographisch akkumulierten Anliegen, Kompetenzen, Handlungsintentionen und Eigensinnigkeiten von Adressat_innen zu? Zugespitzt: orientiert sich die Erbringung von Hilfe und Bildung primär an der Erweiterung der Handlungsfähigkeit von Adressat_innen oder an der Stabilisierung der organisationalen und professionellen Eigenlogiken?

Adressatin oder Adressat der Sozialen Arbeit zu werden, ist also keineswegs ein quasi naturwüchsiger Vorgang, sondern das Resultat eines komplexen Wechselverhältnisses. Das ‚Relationale' im Adressatenbegriff betont zunächst, dass die Konstituierung von Adressat_innen kein einseitiger Prozess der Formung durch das Organisations- und Professionssystem der Sozialen Arbeit ist. Sie ist vielmehr Resultat eines Wechselspiels der ineinander verschränkten, gegenseitigen Formung (Adressierung und Readressierung) – wenngleich unter unterschiedlichen Machtmöglichkeiten. Gerade weil die Logik von Institutionen – aus historischen Gründen wie aus ihrer strukturellen Mächtigkeit heraus – in der disziplinären Diskussion lange im Zentrum der Aufmerksamkeit stand, geht es einer kritischen Annäherung, insbesondere einer reflektierten theoretischen Fassung der Adressatenkategorie, nun darum, die Wahrnehmung der Perspektiven der Betroffenen und ihre Handlungsbeschränkungen wie -möglichkeiten zum Gegenstand der empirischen Untersuchung und zur Perspektive im praktischen Handeln zu machen. Wer also ‚Adressat_in' wird, bestimmt sich weder allein aus der Handlung eines ‚autonomen' Subjekts (das etwa Hilfe sucht), noch allein aus einem sozialpolitisch-institutionellen Definitionsprozess. Vielmehr treffen unterschiedliche Deutungen, Zumutungen, Wahrnehmungen und Problematisierungen zusammen: Sie können zum einen resultieren aus der Spannung unterschiedlicher Erwartungen zwischen Adressat_innen und Professionellen, zum anderen aus der Spannung zwischen biographischen Erfahrungen und Routinen von Adressat_innen und dem institutionellen Vorverständnis einer ‚angemessenen' Hilfe. Schließlich sind beide Spannungsverhältnisse keineswegs ‚quasi-neutral', sondern in sich je hochgradig machtdurchsetzt. Dieses Gefüge erzeugt Widersprüche, die die Adressat_innen aushalten bzw. bewältigen müssen. Aufgabe der theoriegeleiteten Analyse ist es , diese unterschiedlichen Strömungen zu analysieren mit dem Ziel, die Machtstrukturiertheit dieser Kräfteverhältnisse zu erschließen und darin die weniger dominanten Stimmen zu stärken.

In der einschlägigen Diskussion der vergangenen Jahre wurde immer wieder der skeptische Einwand laut, der theoretischen wie praktischen Beschäftigung mit der Adressatenfrage gehe es in reduzierender und damit vor allem die Institution ins Zentrum stellender Perspektive primär um eine verbesserte Passung zwischen Adressat_in und Leistungserbringung. Wenn ‚Adressat' jedoch konsequent als relationaler Begriff angelegt wird, dann ist dies mit der Abkehr von einem funktionalen Verständnis von Passung verbunden, in welchem institutionelle Handlungsprogrammatiken gegenüber der Adressatenperspektive in den Vordergrund gerückt werden. Die Betonung des Relationalen im Sinne einer dialektischen Verwobenheit von Struktur und Handeln führt zu einem veränderten Verständnis von ‚Passung‘: Passung ist dann kein statisches Verhältnis, sondern vielmehr ein immer wieder neu zu justierendes Resultat von interaktiven Aushandlungsprozessen, also der Tendenz nach als „Resonanz" zwischen Adressat_in und Hilfeangebot (Zeller 2012) zu verstehen. – Und die Grundbedingung eines reflektierten Begriffs von ‚Passung‘ ist ein adäquates Verständnis von ‚Adressatenorientierung‘; davon handelt der zweite Teil dieses Lehrbuchs.

Teil II: ‚Adressatenorientierung' – ein Referenzrahmen für eine kritische Praxis der Sozialen Arbeit

Um einen direkten Einstieg in die Lektüre des zweiten Teils zu erleichtern, resümieren wir noch einmal knapp die im ersten Teil erarbeitete theoretisch-kategoriale Struktur eines kritischen Adressatenbegriffs:

- Zunächst wurde der systematische Einfluss der sozialpolitischen Bestimmungen in der Regulierung von Problem- und Bedarfsklärungen erörtert, die der Konstitution der Adressatenfigur zugrunde gelegt sind. Es zeigte sich, dass diese Rahmung keineswegs starr oder unbeeinflussbar ist, sondern vielmehr gesellschaftlich-politische Auseinandersetzungen immer wieder Brüche, Konflikte und veränderte Ansprüche hervorbringen, die zu einer sukzessiven Erweiterung (gegebenenfalls durchaus auch zur Einengung) von Bestimmungselementen der Adressatenkategorie führen.
- In einem zweiten Schritt konnten wir über die Analyse von divergenten, teils in sich sehr widersprüchlichen Adressierungsweisen die Relevanz institutionell-professioneller Muster belegen, über die in der Praxis der Sozialen Arbeit die jeweiligen Mikropolitiken in der Adressatenkonstitution beeinflusst werden. Auch hier wurde deutlich, dass es keineswegs eine einzige, festgefügte, auf Adressat_innen zugreifende Handlungspraxis gibt, sondern eine Fülle an Variabilitäten und auch Möglichkeiten bestehen, mit Adressat_innen in einer Weise zusammenzuarbeiten, die eher auf deren Handlungserweiterung und Partizipation zielt und mit der Fülle an Ambivalenzen aushaltend und gestaltend umgeht.
- Die anschließende theoretisch-systematische Auseinandersetzung mit der Frage nach der Handlungsfähigkeit von Adressat_innen der Sozialen Arbeit konnte – über den Rekurs auf die Debatten um Agency, Subjekt und Subjektivierungsweisen – belegen, dass nicht von einer einseitigen ‚Programmierung' oder ‚Formierung' von Adressat_innen ausgegangen werden kann. Vielmehr bestehen auch hier Flexibilitäten im Modus der Adressatenkonstitution, die es handlungserweiternd auszugestalten gilt.

Aus der theoretischen Analyse der Konstituierungsprozesse der Adressatenfigur erhalten wir damit begründete Anhaltspunkte für einen fachlichen Blickwinkel, der sich für eine Ausgestaltung der sozialpädagogischen Praxis unter zwei Gesichtspunkten stark macht: *erstens* eine Verweigerung jeglicher paternalistisch-expertokratischen Besserwisserei gegenüber ihren Adressat_innen und *zweitens* im ‚sozialarbeiterischen Basisdreieck' von Organisation, Profession und Adressat_innen die Betonung der Seite der letzteren mit dem Ziel der Erweiterung ihrer Autonomie und Handlungsfähigkeit.

Diesen fachlichen Zugang bezeichneten wir bereits andernorts als *‚Adressatenorientierung'*, mit dem Ziel, in der praktischen Ausgestaltung von Erziehung, Bildung, Beratung und Hilfen der *‚Stimme der Adressat_innen'* ein stärkeres Gewicht beizumessen, als dies gemeinhin geschieht (Bitzan et al. 2006a; Thiersch 2013). Orientierung an den Belangen von Adressat_innen zielt daher auf das Bemühen, die Demokratisierung sozialer Dienste zu befördern und vorhandene Spielräume, Freiräume und Freiheiten im konkreten fachlichen Handeln in einer Weise auszudehnen, in der das systematische Machtgefälle zwischen den institutionell-professionellen Akteuren und den Adressat_innen zumindest gemindert und deren Einfluss auf die Dienstleistungserbringung gestärkt werden kann. Wir verstehen ‚Adressatenorientierung' also als spezifischen Blickwinkel und sensibilisierenden Fokus, der über eine reflektierte und (selbst)reflexive sozialpädagogische Praxis zugleich auf die Gestaltung demokratisch-sozialer Verhältnisse zielt. Gleichwohl sollte jedoch nicht übersehen werden, dass der Umstand, „dass die Frage nach den Adressat_innen und ihrer Stimme heute so ausdrücklich in den Mittelpunkt der Diskussion gerückt wird, Indiz dafür [zu sein] scheint, dass dieses Programm einstweilen nur sehr bedingt eingelöst werden konnte" (Thiersch 2013: 23).

Es wäre daher falsch, eine so verstandene ‚Adressatenorientierung' gewissermaßen für ein sozialpädagogisches Gemeingut zu halten. Hans Thiersch (ebd.: 22f.) kritisiert denn auch zwei gängige Umgangsweisen mit dem Erfahrungs- und Deutungspotential von Adressat_innen: Zum einen ist dies der Strang, der die Macht der institutionellen Gefüge und der darin verorteten Professionalitätsmuster in der Sozialen Arbeit für so gewichtig hält, dass sich die ‚Stimme der Adressat_innen' lediglich noch als Protest gegen expertokratische Enteignungen der eigenen Lebenspraxis Geltung verschaffen könne, ihr aber in der Praxis keine gestaltende Rolle zugesteht. Zum anderen handelt es sich um eine fachliche Position, die die Notwendigkeit institutionell-professioneller Versorgung in der modernen Gesellschaft betont, um lebensweltliche Unzulänglichkeiten kompensieren zu können; für sie sind alltägliche Erfahrungen von Adressat_innen nichts, was es produktiv aufzugreifen gelte; sie bleiben gewissermaßen Beiwerk. Thiersch kritisiert beide Positionen als einseitig, denn sie würden dazu führen, dass die prinzipiell vorhandene spannungsbehaftete, ambivalente Grundstruktur der Sozialen Arbeit und die darin eingelassene „Härte der Konflikte" (ebd.: 23) negiert würden: Soziale Arbeit befindet sich strukturell in der Ambivalenz, sich auf die Eigenlogiken, subjektiven Deutungen und Bedürftigkeiten ihrer Adressat_innen einzulassen und zugleich ihre Arbeit an den staatlich-öffentlichen Imperativen gesellschaftlicher Normalisierung und Effizienz ausrichten zu müssen. In der Praxis tendieren dann beide Positionen dazu, so Thiersch weiter, die Bemühungen um die Vermittlung zwischen lebensweltlichen Erfahrungen von Adressat_innen und institutionell-professionellen Arrangements und praktischen Handlungsvollzügen vorschnell als Vereinheitlichung auszudeuten, statt sie als prinzipiell ambivalent-konfliktbehaftet zu verstehen, sie handelnd ‚in der Schwebe zu halten‘ und gestaltend nutzbar zu machen.

Ganz allgemein formuliert besteht das normativ-ethische Ziel einer so verstandenen ‚Adressatenorientierung‘ darin, die Handlungsfähigkeit und die Autonomie der Lebenspraxis der Nutzerinnen und Nutzer der Sozialen Arbeit zu befördern. Die Frage nach der Markierung normativer Positionierungen in Theorie und Praxis der Sozialen Arbeit hat in den letzten Jahren allerdings zu einer scharfen Kontroverse geführt (Kessl 2013: 93ff.). Auf zwei Aspekte wollen wir hier knapp eingehen. Zum einen bedeutet ‚Adressatenorientierung‘ gerade nicht, eine normative Vorstellung zu transportieren, wie Adressat_innen sich zu verhalten hätten, wohin sie sich zu entwickeln haben und wann deren Alltagsarrangements als ‚angemessen‘, ‚gelingend‘ oder ‚normal‘ zu bewerten seien. Dies muss als Eingriff in die Möglichkeit einer selbstbestimmten Lebensführung zurückgewiesen werden; ‚Adressatenorientierung‘ realisiert sich im Modus des Aushandelns. Zum zweiten sollte präsent sein, dass jeder größere theoretisch fundierte Ansatz der Sozialen Arbeit (wie der Sozialwissenschaften insgesamt) fachlich-normative Grundlagen und Bezugspunkte als Ideenhorizont enthält, mit Hilfe dessen Bezug auf ‚Vorstellungen eines besseren Zusammenlebens‘, auf erkämpfte Gerechtigkeits- und Gleichheitsüberlegungen genommen wird. Wie bedeutsam dieser historisch-politische Rekurs in der Theoriebildung der Sozialpädagogik ist, zeigt sich u. a im Entwurf einer Theorie der Sozialpädagogik als ‚Menschenrechtsprofession‘ (Staub-Bernasconi 2016), in der gerechtigkeitstheoretischen Grundierung der Lebensweltstheorie (Thiersch et al. 2012), in der Adaption des ‚Capability Approach‘ als Frage nach der Zugangsgerechtigkeit zu zentralen Ressourcen der Lebensführung (Otto et al. 2010; Lange 2014) oder in der kritischen Dienstleistungstheorie, die unter Rekurs auf demokratietheoretische Überlegungen das pädagogische Arbeitsgefüge als Koproduktion fasst, in der der Seite der Nutzer_innen das entscheidende Gewicht zugemessen wird (Schaarschuch 2003). Der entscheidende Punkt besteht darin, solche normativen Grundierungen offen zu legen und selbst zum Gegenstand der theoretischen Reflexion zu machen [→ Material 10: Was ist ‚Kritik‘?].

Wir haben in diesem Lehrbuch einen Zugang zur Frage der Adressat_innen in der Sozialen Arbeit gewählt, der weder spezifische Zielgruppen noch die Breite der Handlungsfelder fokussiert, sondern die spezifischen Konstitutionsprozesse der Adressatenfigur in den Mittelpunkt rückt. Sozialpädagogische Arbeit konkretisiert sich im erfolgreichen Arbeitsbündnis zwischen Professionellen und Adressat_innen, d. h. im Modus der Koproduktion zwischen Professionellen und Leistungsempfänger_innen. Ohne das Zutun letzterer wird sich keine sozialpädagogische Hilfe umsetzen lassen. Oelerich und Schaarschuch (2006; 2013) haben diese Überlegungen dahin gehend zugespitzt, dass im Kontext dieses koproduktiven Verhältnisses der Seite der Nutzer_innen die entscheidende Rolle zuwachse. In jedem Fall aber bleibt unstrittig, dass ein Hebel zur Einflussnahme der Ausgestaltung solcher koproduktiver Prozesse darin besteht, professionelle Handlungsmuster genauer zu analysieren (vgl. Kap. 3) und besonderes Gewicht auf eine reflektierte ‚Adressatenorientierung' zu legen.

Eine an den Belangen der Adressat_innen interessierte und orientierte Fachlichkeit konturiert daher eine spezifische Professionalität und ist damit anschlussfähig an professionstheoretische Überlegungen, die das Moment der „demokratisch-partizipatorischen Rückbeziehung professionellen Wissens auf das Handlungswissen der Klienten" in den Vordergrund rücken (Dewe/ Otto 2015: 1250). Ex negativo geredet geht es nicht einfach darum, im fachlichen Handeln (gelegentlich) auch Adressat_innen einzubeziehen; deshalb befördert die Überschrift des zweiten Teils dieses Bandes gewissermaßen zwei Anliegen:

- Es braucht eine reflektierte Weise des *Fallverstehens*. Darin sind bestimmte Aspekte für eine ‚Adressatenorientierung' besonders wichtig, die wir mit unserer Zusammenstellung hervorheben möchten (Kapitel 6).
- Es braucht spezifische *Gestaltungen und Interventionen in Verhältnisse*. Darin müssen spezifische Perspektiven im Hinblick auf die hier in die Aufmerksamkeit gerückte ‚Adressatenorientierung' stark gemacht werden, die wir hier besonders markieren (Kapitel 7).

Es geht also im fachlichen Handeln um Blick- oder Aufmerksamkeitsrichtungen, die wir mit dieser kritisch-reflektierten Zugangsweise in den Vordergrund rücken. Damit bietet Adressat_innenorientierung eine Reflexionsfolie, einen Denk- und Handlungskorridor für die gesamte Struktur der Sozialen Arbeit – von der konkreten Einzelfallbearbeitung bis hin zur Infrastrukturplanung – keineswegs aber einen ‚Rezeptekoffer'.

6. Fallverstehen – die Relevanz der ‚Stimme der Adressat_innen'

Ein wesentlicher Ertrag der Professionalisierungsdebatte, wie sie seit den 1980er Jahren geführt wurde, besteht darin, „die Klientenorientierung als ‚sachliche' und ‚funktionale' Besonderheit" in den Mittelpunkt zu rücken, wodurch der „Fallbezug [...] zu einem zentralen Strukturmerkmal von professionellen Berufen insgesamt und von Sozialer Arbeit im Besonderen" wird (Braun et al. 2011: 22). Bei einem ‚Fall' handelt es sich keinesfalls – wie dies fälschlicherweise im sozialarbeiterischen Alltagsjargon transportiert wird – um eine Einzelperson. Vielmehr geht es um Situationen, Konstellationen oder spezifische Handlungsgefüge, in denen sich eine oder mehrere Adressat_innen befinden. Insofern können auch Gruppen oder eine Organisation Gegenstand der sozialpädagogischen Fallbearbeitung werden. Ein weiterer Aspekt besteht darin, dass das Wissen, um ‚Fälle verstehen' zu können, nicht einfach aus einer Übertragung wissenschaftlichen Wissens, das in akademischen Ausbildungen gewonnen wird, resultiert: „Die Kunst des professionellen Arbeitens stellt die Fähigkeit dar, zu bearbeitende Problemsituationen nicht nur mit wissenschaftlichem Wissen zu erschließen, sondern darüber hinaus der individuellen Problemsituation des Einzelfalls gerecht zu werden" (ebd.: 22f.). Wissenschaftliches Wissen muss also jeweils mit dem Wissensfundus, der sich aus dem praktischen Handeln speist, verstehend vermittelt werden.

Für unsere Argumentation hilfreich sind die fünf von Andrea Braun, Gunther Graßhoff und Cornelia Schweppe (2011: 23ff.) differenzierten Merkmale des sozialpädagogischen Fallbezugs:

- Die normative Orientierung am ‚*Wohl der Klient_innen*';
- ein reflektierter Umgang mit dem ‚*Autonomieparadoxon*', d. h. mit dem Umstand, dass durch den Rekurs auf professionelle Hilfe und dem spezifischen Wissen und Können von Professionellen, also durch einen ‚Eingriff' in die Lebenswelt von Adressat_innen deren Handlungsfähigkeit befördert werden soll;
- die ‚*Allzuständigkeit*', d. h. sozialpädagogisches Handeln muss von der Komplexität der Lebenssituation her entworfen werden und nicht im Fokus eines einzelnen, isolierten Aspekts;
- der ‚*Lebensweltbezug*' der Sozialen Arbeit, d. h. der Ansatzpunkt und Gegenstandsbezug sozialpädagogischer Hilfen kann sich auf die gesamte Lebenswelt der Adressat_innen beziehen;

- der Umstand, dass sich die *Konstruktion des Falles* selbst mit der Intervention der Sozialen Arbeit verändert.

Sozialpädagogische Fälle lassen sich aufschlüsseln durch vier eng ineinander verwobene und nur analytisch zu trennende Dimensionen, die wir im ersten Teil dieses Bandes ausführlich bearbeitet haben und hier – gemäß Braun et al. (2011: 27ff.) – zusammenfassen:

- Die *Strukturdimension* verweist darauf, dass Fälle immer eingebettet sind in strukturell gerahmte Lebensverhältnisse und Handlungskonstellationen (vgl. Kap. 2).

- In der *Subjektdimension* wird die enorme Bedeutung der subjektiven Erfahrungen, Sinngehalte und Weltsichten der Adressat_innen hervorgehoben, die es aufzugreifen gilt, um neue Handlungsoptionen erschließen zu können (vgl. Kap. 4).

- Die *Zeit- und Prozessdimension* verweist auf die Bedeutung der zeitlichen Einbettung und der Dynamiken der alltäglichen Lebenswelten von Adressat_innen (vgl. Kap. 4), weshalb Hilfen nicht statisch sein können, sondern prozesshaft-reflexiv angelegt sein müssen.

- Die soziale Konstruktion eines Falles, d. h. die nicht auflösbare Beteiligung der Sozialen Arbeit an der Fallkonstitution beeinflusst nachhaltig die *interaktive Dimension* des Fallbezugs (die Adressierungsweisen; vgl. Kap. 3) und zwar sowohl hinsichtlich des direkten Umgangs zwischen Adressat_innen und Professionellen als auch hinsichtlich des institutionellen Rahmens von Hilfen.

Übergreifend betrachtet zeigt sich zum einen die zentrale Bedeutung der lebensweltlichen Bezüge und subjektiven Relevanzen der Adressat_innen in der Fallbearbeitung (damit ist unmittelbar auch die Frage der Partizipation angesprochen) und zum anderen die Rolle einer auf Verstehen, Verständigung und Optionserweiterung hin orientierten professionellen Vorgehensweise [→ Material 11: Abwehr von Beteiligung]. Dies hat Einfluss auf das Fallverstehen, d. h. auf die Entschlüsselung der wesentlichen Konstitutionsmomente eines Falles in Bezug auf die aktuelle Situation und im Horizont zukünftiger Entwicklungsmöglichkeiten: Ein reflektiertes Verständnis von Fallverstehen ist ohne eine reflektierte *Adressatenorientierung* nicht möglich. *Reflektiert* meint hier, dass den Erfahrungen von Adressat_innen in der sozialpädagogischen Praxis ein wesentlicher Stellenwert zuzumessen ist, dass aber die *Stimme der Adressat_innen* nicht allein für die ganze *Wahrheit* genommen werden darf. In die Handlungsentscheidungen von sozialpädagogischen Professionellen fließt selbstredend das hintergründige und konzeptionelle Fachwissen ein. Wir betonen hier jedoch, dass es in Fallanalysen und in der Umsetzung konkreter Hilfen um besondere Anstrengungen geht, Adressat_innen in ihren biographisch-kontextuellen Sichtweisen zu verstehen, ohne schon vorab und vorschnell zu ‚wissen', welche ‚Probleme' sie haben, was die Ursachen sind und welche Hilfen sie brauchen. Pointiert gesprochen geht es darum, mit einem fachlich angeleiteten Blick offen zu sein, sich überraschen zu lassen, d. h. ein gehöriges Maß an Ungewissheit auszuhalten.

Lesetipp

Braun et al. (2011): Sozialpädagogische Fallarbeit. München: Reinhardt

Was ‚Adressatenorientierung' im Kontext eines reflektierten Fallverständnisses bedeuten kann, wird nun in drei Unterkapiteln näher diskutiert. Zunächst wird der Spannung zwischen Selbst- und Fremddeutung, die dem Fallverstehen inhärent ist, genauer nachgegangen (Kap. 6.1) und sodann ausführlicher begründet, weshalb der biographischen Erfahrung von Adressat_innen ein großes Gewicht zukommt (Kap. 6.2). Anschließend erläutern wir wesentliche Elemente dessen, was wir als ‚adressatenorientiertes Fallverstehen' ausweisen wollen (Kap. 6.3).

Vorab platzieren wir ein Fallbeispiel aus einer eigenen empirischen Untersuchung, auf das im weiteren Argumentationsgang zurückgegriffen wird. Die Ausführlichkeit dieser Fallvignette hat zwei Gründe: Zum einen wird nur so die komplexe Eigenlogik erkennbar, zum anderen lässt sich durch die detaillierte Analyse ein Gespür dafür entwickeln, was in einer konkreten sozialpädagogischen Praxissequenz ‚Adressatenorientierung' meint.

Beispiel

Antons Weigerung – eine Fallanalyse

Der 18-jährige #Anton# wohnt in einem kleineren Ort in ländlichem Gebiet. Er durchlebte eine konflikthafte Kindheit, die ihn bereits in frühem Alter mit Gewalterfahrungen seiner Mutter (und teilweise eigener) seitens ihres zweiten Mannes (und auch später manchmal seitens seines Vaters, der nicht mehr dort wohnte), konfrontierte. Die Familienkonstellationen wechselten im Laufe der Zeit, der Vater verließ die Familie, als Anton zwei Jahre alt war. Anton war im Verhältnis zu seinen Geschwistern lange bei seiner Mutter, lebte letztlich aber auch sieben Jahre (im Alter zwischen zehn und siebzehn Jahren) in verschiedenen Einrichtungen der Kinder- und Jugendhilfe, bis er zunächst bei seinem Vater in einem Wohnheim für Wohnungslose unterkam und aktuell nach Verselbstständigung strebt. Einem nach vier Monaten abgebrochenen Ausbildungsversuch folgte ein nicht besonders erfolgreiches Berufsvorbereitungsjahr an einer Berufsschule. Er befindet sich zum Zeitpunkt unserer Betrachtung auf Arbeits- und Zimmersuche. Anton ist in Kontakt mit einem Sozialarbeiter eines größeren Trägers, welcher sich um Ausbildungsmöglichkeiten bemüht. Dieser findet einen Ausbildungsplatz in einem ca. 40 km entfernten Ort, wo Anton auch in einer Lehrlingswohngemeinschaft wohnen könnte – doch Anton lehnt das Angebot ab. Es sei ihm zu weit weg. Dies bleibt dem Sozialarbeiter unverständlich, da vor Ort offensichtlich keine Möglichkeiten zu finden sind. Die Kinder- und Jugendhilfe kommt hier an die Grenzen, sie kann eigentlich nichts mehr tun für Anton, der Sozialarbeiter scheint auch nicht mehr zu wollen.

Was ist geschehen, warum entscheidet sich Anton so ,unvernünftig' und nimmt dieses Angebot nicht an? Haben wir es mit einem Fall von Arbeitsverweigerung zu tun? Fehlen Anton die Grundkompetenzen, um in eine Ausbildung einsteigen zu können? Hat Anton keine Lebensplanung? – Wir könnten aber auch fragen: Wie war die Beziehung zwischen dem Sozialarbeiter und Anton? Hat der Sozialarbeiter verstanden, verstehen wollen, warum Anton das Angebot ablehnt? Und wenn ja, hat die Kinder- und Jugendhilfe eine Chance, den Gründen nachzugehen und eine Unterstützung zu organisieren, die Anton wirklich braucht? Konnte und durfte Anton eigentlich hinreichend einbringen, was für ihn gut wäre? Da das Projekt wissenschaftlich begleitet wurde, ergab sich die Möglichkeit, mit Anton ein biographisches Interview zu führen, das einige Hintergründe beleuchtete und zu einem erweiterten sozialpädagogischen Verstehen führen konnte. Das Interview erlaubte es, drei zentrale Lebensthemen von Anton zu identifizieren:

Die Beziehung zur Mutter und die Kenntnis über ihre Gewalterfahrungen: Anton beginnt seine Erzählung mit dem Reden über eine schöne Zeit, die er mit seiner Mutter und seiner Schwester verbracht habe, als er vier Jahre alt war. Hier zeigt sich bereits die Bedeutung der Mutter. *„[...] wo ich vier war, ab da weiß ich's noch, ah, dass meine, ah, ich und meine Mutter erst allein waren, mit meiner Schwester noch [...]."* Im Laufe seiner Kindheit wird er Zeuge, wie seine Mutter von mehreren Männern Gewalt erfährt. *„[...] ja, und dann hab ich halt, äh, die meisten Sachen halt mitgekriegt, was, ah, meine Mutter ihr Ex-Mann ihr alles so angetan hat und, ja, und...das hab ich halt jetzt noch im Kopf, was er halt so alles gemacht hat bei meiner Mutter [...]."* Für Anton sind die Gewalterfahrungen der Mutter noch sehr präsent. Es wird deutlich, dass er es schon sehr früh als Aufgabe sah, seine Mutter zu beschützen. Da Anton kein braves Kind war, sondern früh auch Dinge getan hatte, die seiner Mutter das Leben erschwerten (*„laufend Scheiße gemacht"*), kommt zur selbst auferlegten Verantwortung noch sein schlechtes Gewissen ihr gegenüber hinzu. Fazit: Anton fühlt sich gebunden an die Mutter, liebt sie, will sie schützen, will damit seine Bindung schützen und Wiedergutmachung für seine negativen Taten erarbeiten. Er kann es sich sogar vorstellen, wieder zu ihr zurückzuziehen, und dies, obwohl er ‚eigentlich' lieber selbstständig wohnen möchte. Auf Fragen, ob seine Mutter Anzeige bei der Polizei erstattet habe, verneint er und verweist auf einen Bekannten. *„[...] also er hat gesagt, wenn was wäre oder so, soll sie doch ihn anrufen und ihm einfach sagen, er soll kommen. Aber das macht sie nicht. Dann geh ich lieber hin und sag's [...]."* Hier wird deutlich, dass die Übernahme von Verantwortung gegenüber seiner Mutter, die immer noch hin und wieder von dem gewalttätigen Ex-Mann aufgesucht wird, aktuell immer noch sein Leben prägt.

Eigene Gewalterfahrungen als Opfer und Täter: Auch Anton selbst hat seitens seines Vaters und des Ex-Manns der Mutter Gewalt erfahren, wenngleich er sie nicht so schlimm findet wie das, was seine Mutter erlebte. Deutlich wird im Interview, dass er sich schämt, diese Gewalt nicht abgewendet haben zu können. Er kam dadurch schließlich auch in eine Jugendhilfe-Wohngemeinschaft. Ganz offensichtlich hat dort aber keine Aufarbeitung stattgefunden und so konnten sich bei ihm auch keine neuen, produktiven Handlungsmuster festigen. – Wichtiger ist eine gewaltbereite Clique, der er sich mit zwölf Jahren anschließt, in der er einerseits Geborgenheit in männlichen Beziehungen erlebt und andererseits viel Gewalt, die ihm zugleich ‚Handwerkszeug' für das Ausleben seiner Wut zeigt. Das aber erzeugt widersprüchliche Gefühle: Er genießt es, in dieser Clique zu sein und Aggressionen – zumindest als Mitbeteiligter – ausleben zu können (endlich!); aber gleichzeitig lehnt er Gewalt ja auch ab. Als er erlebt, dass Cliquenmitglieder auch Mädchen schlagen, sucht und findet er den Weg heraus aus der Clique. Hier kommt sein Beschützerimpuls zum Tragen, den er gegenüber der Mutter aufgebaut hat.

Anton hat sich seine ganze Jugendzeit über mit dem Thema des ‚Sich-Wehrens' beschäftigt und weder bei seiner Mutter eine passende Möglichkeit des alternativen Umgangs damit erleben, noch letztendlich mit den Gewohnheiten der Clique einverstanden sein können, obwohl er hier zum ersten Mal erfolgreiches Sich-Wehren erleben konnte.

Anton bemüht sich um ein ‚neues' Leben: Anton will inzwischen nichts mehr mit Gewalt zu tun haben. Er weiß, dass er ‚kämpfen' muss: gegen die Hassgefühle, die Wut, gegen die Verführung, dazwischenzuschlagen. Er spürt aber auch, dass er das Potential hat, dass sich sein Drang, sich zu wehren, sein Wille, nicht mehr Opfer zu werden, in Autonomiebestrebungen wenden kann: *„[...] also jetzt halt andere Leute kennenlernen, will ich jetzt, [...] oder habe ich schon, vom Fußball her und jetzt will ich halt ah, dass ich, wenn ich zur Arbeit gehe, morgens auch aus dem Bett komme [...] und dass ich nicht mehr so aggressiv bin und so, – [...] außer mein Charakter, der bleibt."* In dieser Selbstdarstellung zeigt sich sein gewachsenes Reflexionspotential. Es ist zu erkennen, dass es ihm wichtig ist, selbst etwas zu leisten und sich weiter zu entwickeln.

Mit diesen Hintergrundinformationen, die nur Anton selbst liefern kann, wird nachvollziehbar, dass der Vorschlag des Sozialarbeiters, in ein Lehrlingswohnheim zu ziehen, sich – trotz seines großen Wunsches nach Arbeit und Ausbildung und nach einem geregelten Leben – für ihn als nicht passend erweisen konnte. Das Lehrlingswohnheim wäre für ihn ein Rückschritt im Hinblick auf seine Selbstständigkeit (er hat keine positiv prägenden Jugendhilfeerfahrungen), der Standort ist zu weit weg von seiner Mutter, da kann er die Beschützerfunktion nicht mehr wahrnehmen. Und sein neues Selbstbewusstsein ist noch fragil, es braucht Rahmungen, die er noch nicht wieder aufgeben kann (z. B. die neuen Freunde, der neue Sport). – Deutlich wird ferner, dass ein Gespräch mit Anton über seine Arbeits- und Ausbildungswünsche allein nicht zum Vorschein bringen kann, was ihn gleichzeitig fundamental leitet in seinen Bewältigungsstrategien: Er zeigt großen Willen, arbeitsam zu sein und wünscht sich eine Ausbildung oder einen Arbeitsplatz. Wenn an dieser Stelle die gemeinsamen Gespräche enden, wird sich der Sozialarbeiter nicht erklären können, was hinter der Ablehnung der ‚guten' Möglichkeit der Ausbildung steckt und wird sich hintergangen fühlen. Erst das biographische Interview, das Antons eigene Deutungen und Zusammenhänge – *seine* biographischen ‚Wahrheiten' und *seine* ‚Aufgaben' – zutage fördert, zeigt, dass hier weder Verweigerung noch Lügen zur Ablehnung führen, sondern ein soziales Verantwortungsgefühl und ein ernsthafter Wille, sein Leben selbst zu gestalten. Und genau das sind die Potentiale, in denen er Unterstützung braucht.

Im Kern zeigt die Analyse, dass Antons Entscheidungen vor dem Hintergrund seines Selbstkonzepts für ihn stimmig und folgerichtig sind. Seine subjektive Lebensdynamik lässt ihn von den zunächst vereinbarten gemeinsamen Projektzielen, die eben stark geprägt waren von der professionellen Sicht (*„wir vereinbaren, dass du dich um eine Ausbildung bemühst"*), abweichen.

6.1 Fallverstehen zwischen Selbst- und Fremddeutung

Ein relationaler Adressatenbegriff in der Sozialen Arbeit hat unmittelbar Auswirkungen auf die Art und Weise des Fallverstehens: Sozialpädagogisches Fallverstehen kann sich weder ausschließlich aus dem Fundus professioneller Deutungen speisen – dies würde, so Rainer Treptow – auf die Dominanz der expertokratischen Fremddeutung hinauslaufen – noch kann es sich ausschließlich aus dem Fundus der Selbstdeutungen von Adressat_innen bedienen. Reflektiertes Fallverstehen bewegt sich vermittelnd zwischen diesen beiden Komponenten, darf sie weder nach der einen, noch nach der anderen

Seite überdehnen; kurz: Fallverstehen bewegt sich in der unauflösbaren Spannung zwischen Selbstdeutung der Adressat_innen und den Fremddeutungen der Professionellen (Treptow 2006). Allerdings gehört es bislang „keineswegs zum Grundbestand fachlicher Selbstverständlichkeiten [...], die Selbstdeutung von Adressaten zu einem wichtigen Teil [...] von Fallbeschreibung zu machen" (ebd.: 175). Charakterisierbar ist dieser Fokus als ein Modus der Kasuistik, in dem „in fast allen Phasen [...] eine stark verständigungsorientierte, die AdressatInnen in einen Aushandlungsprozess einbeziehende Verfahrensweise gewählt wird" (ebd.: 176), um deren Handlungslogiken, Selbstdeutungen und Bewältigungsstrategien in der Praxis des Fallverstehens ins Spiel zu bringen. Neben demokratietheoretischen Überlegungen geschieht dies aus der expliziten Kritik an einer expertokratischen Form der Fallbeschreibung, die sich primär standardisierter Erhebungsverfahren (wie die Orientierung an Diagnosemanualen) bedient, administrativ kontrollierbaren Regelungen folgt (z. B. mit vorgegebenen Dokumentationsbögen) und der Qualität der Äußerungen von Adressat_innen skeptisch bis ablehnend gegenüber steht. Weder eine expertokratische Überhöhung von Fachlichkeit, noch eine reflexionsarme, distanzlose Überhöhung der ,Stimme der Adressaten' sind hier in analytischer wie praktischer Hinsicht tragfähig. Vielmehr geht es um reflektiertes prozessbezogenes Vorgehen in einer Balance, die „auch der – von Selbstdeutungen von Adressaten unabhängigen – sozialpädagogischen Wissensbasis als Fremddeutung die fachliche Bedeutung einzuräumen [hat], die sie haben muss, um jene Hintergründe klären zu können, die sich dem Bewusstsein und Wissen von Adressaten entziehen – wozu sonst wäre Professionalität erforderlich? Und zugleich hat sie ihnen und ihren Lebenswelten jenen Respekt zu zollen, auf den sie als Personen und als Staatsbürger einen legitimen und legalen Anspruch haben" (ebd.: 177).

In dieser spannungsvollen Grundfigur sieht sich Fallverstehen zum einen in der *fachlichen* Herausforderung, zu nachvollziehbaren und verantwortbaren Schlüssen zu gelangen, zum anderen bleibt es immer eingebettet in *sozialpolitische und organisationale Vorgaben*. Treptow markiert denn auch den Kontext, dass „der mit Fallverstehen umschriebenen, teils verständigungsorientierten Erkenntnistätigkeit [...], zugleich eine Aufgabe zugewiesen [wird], die vor allem der Bewältigung organisatorischer und finanzieller Anforderungen von Sozialen Dienstleistungseinrichtungen geschuldet ist. Fallverstehen steht nämlich im Bezugsrahmen jeweils gegebener Anforderungsstrukturen" (ebd.: 179).

Im Wissen um diese Anforderungsstrukturen ist es von Belang, wie im Kontext des Fallverstehens mit den Informationen von Adressat_innen umgegangen werden muss. Neben der Ausdeutung von Kontextwissen, das sich nicht in Selbstäußerungen zeigt, sind daher folgende weitere Bestimmungsmomente eines adressatenorientierten Fallverstehens relevant (ebd.: 180ff.):

- Es braucht eine angemessene Deutungsleistung der Professionellen, die aus der Fülle des biographischen Materials, das ihnen im Laufe der Zusammenarbeit mit Adressat_innen zugänglich wird, reflektiert begründet solche Merkmale in den Vordergrund rückt, die die strukturelle und personale Handlungsfähigkeit der Adressat_innen zu erschließen erlaubt (das könnten Fragen nach Ressourcen, nach produktiven Bewältigungsmustern sein, aber auch solche nach verfügbaren sozialen Einbettungen).

- Im Fallverstehen muss bewusst gehalten werden, dass die Interessensgebundenheit der Akteure unhintergehbar ist: sowohl die der Adressat_innenseite wie die der Professionellen, die sich des Erkenntnis- und Verwendungszusammenhangs ihrer fallanalytischen Überlegungen reflexiv vergewissern müssen.

- Und schließlich gilt es, im Fallverstehen die Spannung offenzuhalten, dass sich pädagogische Prozesse immer im Zusammenspiel von Nützlichkeitserwägungen (ist diese Hilfe effektiv und effizient) und partieller Entlastung von Handlungsdruck entfalten.

Dieses Verständnis des Fallverstehens ist eng verknüpft mit einer sozialpädagogischen Kasuistik. Reinhard Hörster (2003) bestimmt als zentrales Merkmal kasuistischen Arbeitens, dass Routinen und Zwänge des beruflichen Alltagshandelns für einen gewissen Zeitraum suspendiert sind – dies kann etwa im Rahmen von Teamsitzungen oder Klausurtagen geschehen. Unter dieser Voraussetzung zielt Reflexion nicht primär auf die Suche nach einer raschen und praktikablen ‚Lösung' der Fallfrage, sondern darauf, gewissermaßen die Art und Weise des ‚Verstehens des Falles' in den Vordergrund der Aufmerksamkeit zu rücken, d. h. zu entschlüsseln, welche oft unreflektierten Voraussetzungen in die Fallanalyse einfließen.

Auch Burkhard Müller (2008: 393) positioniert Kasuistik dergestalt, dass in einer Art „Zwischenreich" in erster Linie die Dekonstruktion der Bilder, die sich Professionelle über Adressat_innen machen, zu forcieren ist: „Kasuistik hat sich in ihrer Fähigkeit zur Dekonstruktion und nicht in der noch so angemessenen Konstruktion von Adressatenbildern zu bewähren" (ebd.: 403). Folgerichtig zielen in dieser Perspektive das Fallverstehen in der konkreten Handlungspraxis wie die handlungsentlastende kasuistische Reflexion auf die Herstellung von „sozialpädagogischer Erfahrungsfähigkeit" und auf die Erweiterung der Verstehenschancen. Zugespitzt heißt dies, dass „nicht der Klient [...] zu verstehen [ist], sondern die Arbeitsbeziehung zu ihm" (ebd.: 399). Eine so bestimmte Kasuistik als Nachvollzug dessen, welche Deutungen und Vorannahmen in die alltägliche Fallarbeit einfließen, bleibt damit keineswegs eine abstrakte, von der Praxis isolierte ‚Fingerübung', sondern hat unmittelbar den Zweck, das praktische Handeln zu erhellen und zu qualifizieren (Treptow/Faas 2015). Es geht – so zwei weitere Positionierungen zum *dialogischen Prinzip* – unter herrschaftskritischen Aspekten um Prozesse der

‚Verständigung zwischen Verschiedenen' (Thürmer-Rohr 2015), was in der sozialpädagogischen Klärungsphase zur Folge hat, gegenüber jeder formalisierten Manual-gestützten Diagnostik skeptisch zu bleiben und stattdessen dialogisch vorzugehen (Kunstreich 2003; Schrapper 2015).

Mit dieser Betonung des Dialogischen soll auf ein weiteres Spannungsmoment etwas genauer eingegangen werden. Es handelt sich um die Spannung, dass in der Verständigung mit Adressat_innen in der Regel zwei differente ‚Sprachen' aufeinander treffen: Zum einen ist dies die in wissenschaftlichen Ausbildungen einsozialisierte Fachsprache, die die Professionellen als Expert_innen ausweist, zum anderen sind dies die Alltagssprachen der Adressat_innen, die sich nur in seltenen Fällen einer Fachsprache bedienen (und wenn sie dies tun, im Allgemeinen scheel angesehen werden). Damit kommt im Fallverstehen der Frage nach dem Ausdrucksvermögen der Adressat_innen eine zentrale Bedeutung zu. Der Begriff des *Ausdrucksvermögens* (Negt/Kluge 1992) verweist auf geschlechts-, schicht-, alters- und nationalitätenspezifische Unterschiede in Teilhabevoraussetzungen und Teilhabemöglichkeiten, die immer dann relevant werden, wenn die Sphäre des alltäglichen Handelns verlassen und in Kommunikationsformen, die formaler kontextualisiert sind (wie etwa in der Sozialen Arbeit), eingetreten wird (Herrmann 1995). Wird nun nicht bewusst bedacht, wie denn die Perspektive der Adressat_innen zugänglich werden könnte, dann gerät der Prozess des Verstehen-Wollens leicht zu kurz. Verstehen wollen und Partizipation als Zugangsmodus zu Adressat_innen liegen also sehr eng beieinander (vgl. Kap. 6.2).

Vor diesem Hintergrund kann nun die Frage nach dem Zugang zu den Adressat_innen und der Erhebung ihrer Perspektiven weiter verfolgt werden; hier lassen sich für die sozialpädagogische Praxis des Fallverstehens einige Anregungen aus empirischen Untersuchungen heranziehen: Die Biographieforschung hat auf die Bedeutung der *Atmosphäre* für Gespräche hingewiesen und auf *Regeln der Kommunikation*, mit denen gewährleistet werden soll, dass die Adressat_innen zunächst einmal möglichst unbeeinflusst ihren eigenen Themen- und Erzählfluss aufrechterhalten können. Die Partizipationsforschung thematisiert den *Artikulationsraum*, d. h. sie geht davon aus, dass nicht jedes Subjekt sich in jedem Setting gleichermaßen äußern kann. Dies wirkt sich auf die Art und Weise der Mitwirkung von Adressat_innen der Kinder- und Jugendhilfe erheblich aus. Die einen bedienen, was die Fachleute gerne hören: Einsicht, Änderungsbereitschaft, Kooperationsbereitschaft; die anderen haben sich verschlossen und sehen nicht, wie in ihre lebensweltlichen Themen die Kinder- und Jugendhilfe sinnvoll hineinpassen sollte: Verstockung, Schweigen, ‚in die Irre führen' sind die Folgen. Mit solchen kommunikativen ‚Erschwerungen' muss immer gerechnet werden. Nur ein breiter (Erzähl-)Raum kann hier gewisse Öffnungen und Selbst-Besinnungen und -Bestimmungen ermöglichen, indem genügend *Raum für Anerkennung* geboten wird (dass dies in der Praxis keineswegs selbstverständlich ist, zeigt das

Fallbeispiel #*Kevin*# in Kap. 3.1). Für den Zugang und die Kontaktaufnahme können dazu vertrauensbildende Maßnahmen hilfreich sein, indem gemeinsame Erfahrungen vermittelt werden (z. B. durch bestimmte Gruppenangebote, aus denen heraus dann Gesprächssituationen gestaltet werden können). Die Partizipationsforschung thematisiert noch einen weiteren Aspekt: Spezifische Anteile eigener Bewältigungserfahrungen und vor allem eigener Ansprüche an ein anerkanntes Leben werden von Adressat_innen in professionell gestalteten Settings erst dann geäußert, wenn die Schwelle des vermeintlich sozial Normalen und Erwarteten überschritten werden kann – etwa mittels kreativer Methoden (Bitzan 1999: 110). Hilfreich sind im Jugendbereich auch Medien, die über die Sprache hinausreichen wie etwa Filmprojekte, Bauaktionen oder Kreativwerkstätten. Durch das Erleben von Ungewohntem können neue bzw. verschüttete Perspektiven auf die eigenen Erwartungsstrukturen hervorgeholt werden. Das betrifft sowohl die pädagogische Seite, also die Förderung der individuellen Artikulation von Eigenem, als auch die sozialpolitische Seite, indem Bedürfnissen bestimmter Zielgruppen in der Öffentlichkeit ein anderer Status eingeräumt werden soll.

6.2 Das Gewicht biographischer Erfahrung

Im dritten Kapitel haben wir erläutert, wie Adressat_innen gesellschaftlich und professionell in einer Weise konstruiert werden, dass Bilder von defizitären, inkompetenten oder im Status des ‚Noch-nicht' befindlichen Zielgruppen entstehen und sie damit in ihrer Erfahrungsbreite reduziert werden – sofern nicht explizit und reflektiert dagegen gesteuert wird (auf der professionellen und der politischen Ebene). Ein zentraler Weg für reflektiertes Gegensteuern besteht in der Fachpraxis darin, die Bedeutung biographischer Erfahrungen zu verstehen und sie in fachliches Handeln einzubeziehen – gemäß der in Kap. 6.1 geschilderten Rahmungen. Damit lassen sich Bilder von Adressat_innen verflüssigen und ein Verständnis über möglicherweise zugrundeliegende Konflikte und Herausforderungen entwickeln; so entsteht ein komplexeres Wissen über die vielschichtigen subjektiven Bedeutungszusammenhänge und Verhaltensweisen von Adressat_innen und Offenheit für angemessenere Lösungen im fachlichen Handeln.

Diese Grundhaltung ist nun nicht neu. Historisch ist sie im Zuge einer Entwicklung zu sehen, die sich mit der Rezeption der Lebensweltorientierung, zu der Subjektorientierung und ein ganzheitliches Verstehen der Adressat_innen in Zeit und Raum gehört, als fachliche Grundorientierung durchgesetzt hat. Mit ihr lässt sich Soziale Arbeit auf die Lebensverhältnisse – und damit indirekt also immer auf die Biographie mit den darin gegebenen Barrieren und Ressourcen – ein, um Lebenskonzepte zu stützen und zugleich zu provozieren und Veränderungen zu entwerfen.[14] In dieser Zielorientierung sieht Soziale Arbeit die Biographie der Adressat_innen unter zwei Aspekten:

Zum einen ist sie eine *Bewältigungsgeschichte*, insofern die Subjekte handelnd mit ihren Erfahrungen und Verletzungen umgehen und diese somit integrieren in ihren weiteren Lebensverlauf und in ihre Deutungsmuster und Wahrnehmungen. In unserem Fallbeispiel hat #Anton# die Erfahrung, Zeuge von Gewalt gegen seine Mutter gewesen zu sein, in der Weise bewältigt, sich selbst zu einem gewaltaffinen jungen Mann zu entwickeln, nämlich zu lernen, sich zu wehren und auf diese Weise auch seine Mutter beschützen zu können. So lässt sich verallgemeinern, dass Biographie Ausdruck der Kompetenz zur Lebensgestaltung ist (unabhängig davon, ob die gefundenen Bewältigungsformen normativ akzeptiert sind oder nicht). Sie hat darin ihre eigene, eigensinnige Bedeutung; sie repräsentiert die je subjektive Wahrheit der Lebenserfahrung in der Zeit. Zum andern aber sieht Soziale Arbeit auch das Ungekonnte, sieht Biographie auch als *Geschichte der Zurichtungen und Selbstbegrenzungen*: verstrickt in den Widersprüchen und Befangenheiten der Selbsterfahrung. So lässt sich an #Antons# Geschichte zeigen, wie dieser Umgang mit dem Gewaltthema ihm bestimmte Möglichkeiten der Lebensgestaltung verschließt. Indem er z. B. Kontakt zu der gewalttätigen Clique aufgenommen hat und sich darin behauptet, begeht er gleichzeitig einen Weg, der ihn von Schule und Familie entfernt, ihm den Einstieg in eine kriminelle Karriere nahelegt und ihn somit in seinen ‚gelingenderen' Möglichkeiten begrenzt.

Kann Soziale Arbeit diese doppelten Bedeutungen der Biographie erkennen, dann hat sie die Chance, Verhalten und Motivationen besser einzuordnen, zu verstehen, und gegebenenfalls einen Lösungshorizont gemeinsam mit der Adressatin/dem Adressaten zu öffnen. Das setzt voraus, dass die subjektive Begründung für das begrenzende oder regelverletzende Verhalten nicht ausgeblendet wird, sondern aufgenommen, kontextualisiert und somit bearbeitet werden kann.

In diesem Prozess kann das Gewicht der biographischen Erfahrungen von Adressat_innen nicht hoch genug angesetzt werden gegenüber dem Machtgefälle zwischen Institution und Adressat_innen, gegenüber einer Tradition, die diese Machtvorgaben immer auch mit Zielvorgaben und Herausforderungen an die Betroffenen kaschiert und bemäntelt hat. Es braucht den „Einspruch der Biographie der Adressat_innen" (Bitzan et al. 2006b: 267) aber auch gegenüber einer gesellschaftlichen Situation, in der lineare biographische Verläufe nicht mehr möglich sind und auch von den Institutionen nicht mehr garantiert

---

14 In dieser Entwicklungslinie kommt Konzepten, die seit der von Gisela Jakob und Hans-Jürgen von Wensierski (1997) herausgegebenen Publikation unter dem Begriff der „rekonstruktiven Sozialpädagogik" zusammengefasst werden, eine bedeutende Rolle zu. Diese Ansätze zielen auf den Zusammenhang all jener methodischen Bemühungen im Bereich der Sozialen Arbeit, denen es um das Verstehen und die Interpretation der Lebenswirklichkeit von Adressat_innen geht.

werden können. Angesichts der gesellschaftlichen Entwicklungen der Moderne, die mit Enttraditionalisierung, Individualisierung und neuen Zwängen der Selbst(re)produktion beschrieben werden, wäre eine systematische Berücksichtigung subjektiver Erfahrungsaufschichtung zentral gegenüber einer oft jetzt erst recht vorherrschenden Orientierung der Hilfen an standardisierten Anforderungen (etwa bestimmte Bildungsabläufe, Integration in Erwerbsarbeit um jeden Preis). Denn die Praxis zeigt, wie und dass Adressat_innen Erlebnisse und Erfahrungen bewältigen müssen, die gerade durch „entgrenzte" (Böhnisch et al. 2005), nur schwer oder nicht kalkulierbare Lebensverhältnisse verschärft werden. Eine Anrufung des Normallebenslaufes muss da kontraproduktiv erscheinen. So erklärt sich auch, dass Hilfebedarf im Sinne einer Flankierung der subjektiven Biographieaufgabe zunehmend breitere Bevölkerungsschichten erfasst, die in Lebensunsicherheiten Unterstützungsbedarf spüren oder aufgedrängt bekommen. Eine Soziale Arbeit, die den Einspruch der Biographie ernstnimmt, muss je konkret und spezifisch schauen, um was es in der jeweiligen Situation geht. Dann hat sie die Chance, gemeinsam mit den Adressat_innen zu versuchen, einen Horizont zu finden, der das Gegebene überschreitet (Transzendieren). Die Messlatte der Veränderungen jedoch bestimmt sich in dieser Haltung nicht vorrangig aus institutionalisierten Vorgaben für einen ‚ordentlichen' Lebenslauf, sondern aus subjektiven Intentionen von Adressat_innen und aus sozialethischen Zielen, in deren Horizont sich Soziale Arbeit bewegt.

Diese Relevanz des Einspruchs der Biographie möchten wir an zwei Handlungskontexten verdeutlichen, die üblicherweise in unterschiedlichen Diskursen verhandelt werden: für die Einzelfallarbeit (1) und für Zugänge zu Beteiligung im Gemeinwesen (2). In beiden begründet die Berücksichtigung biographischer Erfahrungen neue Zugänge und Deutungsmöglichkeiten, somit ein verändertes Problem- und Teilhabe-Verständnis.

(1) Kontext ‚Einzelfallarbeit'

Für das produktive Potential einer an der Biographie orientierten Herangehensweise in der Einzelfallhilfe können Erfahrungen der sozialwissenschaftlichen Biographieforschung zunutze gemacht werden. Dieser Transfer wird unter anderem von Michaela Köttig (2008, 2014) vorangetrieben. In ihrer Arbeit mit rechtsextremen Mädchen hat sie festgestellt, dass übliche Fachkonzepte der Sozialarbeit mit rechtsextrem orientierten Jugendlichen die komplexen Wirkungszusammenhänge rechtsextremer Orientierungen nicht genügend berücksichtigen. Sie beachten zu wenig die Komplexität aus biographischen Prozessen und der Familienvergangenheit wie auch aus sozialen Rahmenbedingungen (dazu gehören auch ideologische Strömungen in einer Gesellschaft). Köttig zeigt auf, dass eine biographische Perspektive zu tiefgreifenden Einsichten in rechtsextrem orientierte Haltungen und Aktivitäten führen kann, und daran orientierte Interaktionen mit den Adressatinnen unter Umständen deren Verbleiben in der rechten Szene für sie unwichtig werden lässt. Sie zeigt dies an einem – von uns hier sehr gekürzt wiedergegebenen – Fallbeispiel (Köttig 2008: 6ff.):[15]

Beispiel

„Jacky wird bereits in ihrer frühen Kindheit mit der Gewalttätigkeit ihres an Alkoholproblemen leidenden Vaters konfrontiert. Nach dem Tod der Mutter – Jacky ist zwölf Jahre alt – ist sie weitere drei Jahre den Misshandlungen ihres Vaters ausgesetzt durch die Kontrolle über Nahrung und Schlaf, brutale körperliche Attacken sowie durch sexualisierte Übergriffe. […] In dieser Zeit geht Jacky eine Beziehung zu einem Jungen aus der rechten Szene ein und distanziert sich von ihrem Vater, bis sie schließlich von Zuhause wegläuft. Sie wird in einer Mädchenwohngruppe untergebracht und macht schließlich eine Ausbildung als Schauwerbegestalterin. Zur Zeit des Interviews lebt sie gemeinsam mit ihrem Freund bei dessen Eltern und arbeitet als Dekorateurin. Der Kontakt zur rechten Szene stellt für Jacky zunächst eine Kontinuität, bezogen auf die Themen Alkoholkonsum und Gewalttätigkeit, dar, allerdings mit dem Unterschied, dass sich in der rechten Szene beides nicht gegen sie richtet. Hier ist es ihr möglich, ihre Aggressionen auszuleben, da Gewalt gegen andere Personen geduldet bzw. provoziert wird. […] Aus dieser Distanz heraus und in diesem gewalt-akzeptierenden rechten Milieu beginnt sie nun, sich die Handlungen ihres Vaters erklärbar und kontrollierbar zu machen. Zum Beispiel geht sie immer wieder Konflikte mit Mitgliedern der rechten Szene – z. B. über deren Alkoholkonsum – ein und trägt so stellvertretend Konflikte aus, die sie mit ihrem Vater führen müsste. Ihr Verbleiben in diesem Milieu steht somit im engen Bezug zu einem stellvertretenden Sich-Abarbeiten an ihrem Vater. Jacky vertritt exponiert das politische Argument der rechten Szene, dass *„von ausländischen Männern gravierende sexualisierte Übergriffe auf deutsche Frauen ausgehen."* Auch hierin drückt sich ein stellvertretendes Sich-Abarbeiten an ihrem Vater aus, da sie ihren Vater als Österreicher und damit als ‚ausländisch' definiert. […] Auf diese Weise gelingt ihr die Umkehr des Machtverhältnisses zwischen ihr und ihrem Vater. Denn obwohl sie ihren Vater als zerstörerisch und mächtig erlebt hat, wird er in dem Dualismus Ausländer – Deutsche (als Ausländer) zum Unterlegenen und sie (als Deutsche) zur Dominanten."

---

15 Die Untersuchung bewegte sich im Schnittfeld von Forschung und Praxis: „Mit einigen der Interviewten hielt ich den Kontakt über einen längeren Zeitraum (zwei Jahre und länger) aufrecht" (Köttig 2008: 6).

Der skizzierte biographische Verlauf zeigt die komplexen Ursachenzusammenhänge und die prozesshafte Entwicklung ihrer rechtsextremen Handlungen und Orientierungen. Ihr Verbleiben in der rechtsextremen Szene liege vor allem darin begründet, so Köttigs Interpretation (ebd.), dass sie die traumatischen Erlebnisse mit ihrem Vater nicht direkt – beispielsweise in einem geschützten Raum der Therapie – bearbeiten kann, sondern sich stellvertretend über die rechtsextrem orientierte Szene und deren Ideologie mit ihren Erfahrungen beschäftigt. Ein solches Verstehen, welches durch die Perspektive auf die gesamte biographische Entwicklung gewonnen wurde, ermöglicht es zu überlegen, was Jacky befähigen könnte, sich einerseits den traumatischen Erfahrungen anzunähern und sich andererseits die abgespaltenen Gefühle von Trauer, Verlust und Ohnmacht zugänglich zu machen. Durch die Initiierung von Gesprächen, die Jacky dazu ermuntern, ihre Lebensgeschichte zu erzählen, könnte zum einen den betreuenden Sozialarbeiter_innen die Möglichkeit eröffnet werden, zu Einsichten in ihre lebensgeschichtliche Entwicklung und ihre Perspektive auf die soziale Lebenswelt zu gelangen; zum anderen verhelfen narrative Gesprächstechniken auch dazu, ‚Selbstverstehensprozesse‘ seitens der Adressat_innen in Gang zu setzen, sie sind quasi eine ‚sanfte Intervention‘. In diesem Plädoyer für biographisches Arbeiten im Fallbezug betont die Autorin allerdings sehr deutlich, dass solche Arbeitsweisen Zeit brauchen und in keinem Fall standardisiert erfolgen können.

Soziale Arbeit – das sollte deutlich geworden sein – verabsolutiert aber nicht biographische Begründungen, sondern sieht die Menschen in der Spannung zwischen einer nicht immer glücklichen Gegenwart und Möglichkeiten eines ‚gelingenderen‘ Lebens (Thiersch). Während bis weit in die 1980er Jahre in der Sozialen Arbeit Veränderungen seitens der Adressat_innen nach den Vorgaben sozialpolitischer Erwartungen eingefordert wurden, wird heute im Horizont der modernen Lebenswelt-, Dienstleistungs- und Subjekttheorien die bewusste und ausdrückliche Anstrengung, Soziale Arbeit auf die Lebenserfahrungen und Rechte der Adressat_innen zu beziehen, betont. Wir konnten aber zeigen, dass diese Anstrengungen in den Gesetzlichkeiten der Institutionalisierung eingehegt bleiben, und damit die Gefahr besteht, die Realität der Probleme von Adressat_innen nur im Rahmen der institutionell verfügbaren Deutungsmuster zu bewerten (Bitzan et al. 2006b: 267). So wurde im Fallbeispiel #Anton#, in dem der Protagonist es ablehnt, einen weiter entfernt gelegenen Praktikumsplatz anzunehmen, deutlich, dass ein Gespräch mit ihm über seine Arbeits- und Ausbildungswünsche allein (was den Gesetzlichkeiten der Institutionalisierung entsprechen würde, nach denen er irgendwie zu einer Arbeit finden sollte) nicht zum Vorschein bringen kann, was ihn in seinen Bewältigungsstrategien gleichzeitig fundamental leitet. Wenn an dieser Stelle die gemeinsamen Gespräche enden, wird sich der Sozialarbeiter nicht erklären können, was hinter der Ablehnung der ‚guten‘ Möglichkeit der Ausbildung steckt, wird sich hintergangen fühlen und #Antons# Entscheidung vielleicht als Unwilligkeit, Unentschiedenheit oder fehlende Kompetenz zur Lebensplanung auslegen. Er wird den Eindruck haben, sehr einfühlsam, anerkennend, wertschätzend mit *#Anton#* in Kontakt gewesen zu sein – und doch zeigt sich, dass er ein bestimmtes Bild aufrechterhalten haben wird, das der Biographie von *#Anton#* nicht entspricht. Gegen diese den Institutionen strukturell immanente Vereinseitigung braucht es den oben angesprochenen Einspruch der Biographien der Adressat_innen und d. h. ein *Arbeitskonzept der gemeinsamen Verhandlung* und des *Willens zur institutionell-professionellen Selbstkritik.* Aus biographischen Zugängen entwickelt sich also ein verändertes, *partizipativ* erarbeitetes Problemverständnis: Es geht um das *gemeinsame* Herausfinden der Hindernisse oder Begrenzungen bei der Bewältigung widersprüchlicher Herausforderungen oder belastender Erfahrungen im Lebensverlauf, woraus sodann sinnhafte Angebote entwickelt werden können.

(2) Kontext ,Beteiligung im Gemeinwesen'

Professionelle Verständigung und Beteiligung der Adressat_innen an den Definitionen ihrer Lebenslagen gehören also zusammen. Daher ergeben Erkenntnisse aus dem Fachdiskurs um Partizipation eine fruchtbare Bereicherung der Überlegungen zum Fallverstehen.[16] Die in der Praxis in der Regel abgetrennten Diskurse sind am ehesten verbunden im pädagogisch zunehmend prominent gesetzten Ziel, dass die Adressat_innen Partizipation erlernen sollen. So wird im dominanten Diskurs Partizipation gleichgesetzt mit Begriffen wie Engagement in öffentlichen Gemeinwesen – traditionell als Ausführung von Ehrenämtern, z. B. in Vereinen, als politische Beteiligung an Wahlen und Parteien, als soziales Engagement in Kirche und Wohlfahrtsverbänden etc. (Schnurr 2015). Zwar berücksichtigt die neuere Diskussion ein darüber hinausgehendes erweitertes Verständnis von Partizipation, bei dem auch nicht formalisierte Verfahren, Projekte und Aktionen mitberücksichtigt werden, aber immer wird von einem scheinbar allgemein geteilten Verständnis ausgegangen, was Partizipation ist –und dass sie in jedem Fall anzustreben sei. Diese Diskurse aber müssen als ,herrschaftlich' charakterisiert werden. Denn damit ist die allgemein geteilte Unterstellung verbunden, dass bestimmte Gruppen (z. B. Jugendliche, besonders aus unteren Schichten oder Frauen) nicht oder zu wenig partizipieren, und demzufolge wird Partizipation damit als ein „mittels der Vermittlung von Partizipationskompetenzen zu lösendes pädagogisches Problem" (Walther 2010: 116) konstruiert. Diese Gruppen werden also als bildungsbedürftig identifiziert (Adressatenkonstruktion!) – durchaus mit dem Impetus, sozialen Ausschluss zu verringern. Der Horizont verbleibt

---

16 Bei der Partizipation im Rahmen von Sozialplanung rücken Konflikte im Gemeinwesen und deren Verarbeitung auf struktureller Ebene noch deutlicher ins Zentrum. Diese Dimensionen des kollektiven Artikulationsraumes als politische Frage streifen wir im Kap. 7.2.

aber im hegemonialen Machtverhältnis, es geht um vorgefertigte Formen der Teilhabe an vorgefertigten Themen, also Themen, die bereits gesetzt sind. „In der Definition dessen, was Partizipation ist, bleibt einerseits ausgeblendet, dass gerade in der Unterscheidung von Partizipation und Nicht-Partizipation hegemoniale Deutungsmuster leitend sind, welche selbst zur Reproduktion sozialer Ungleichheit beitragen. [...]. Zugleich wird in der aktivierungspolitischen Stilisierung von Partizipation zum erstrebenswerten gesellschaftlichen und individuellen Prinzip verschwiegen, dass mit dem Mehr an Möglichkeiten und Freiheit zugleich die Verantwortung für mehr oder weniger vorhandene Teilhabemöglichkeiten individuell zugeschrieben wird" (von Schwanenflügel 2015: 14).[17] Analysen der wenigen qualitativen Studien (von Schwanenflügel 2015; Stövesand 2007; Munsch 2003a, b) verdeutlichen jedoch, dass mit solch einem hegemonialen Partizipationsbegriff das durchaus vorhandene Partizipationshandeln von als benachteiligt Etikettierten, unsichtbar (gemacht) wird.

Hier setzt nun der biographische Fokus neue Akzente: Ein *Perspektivenwechsel* wird gefordert, der Partizipation anders angeht, nämlich von den Subjekten her denkt. Andreas Walther (2010) und Larissa von Schwanenflügel (2015) betonen in ihren empirischen Analysen, „dass Partizipationshandeln – wie alles Handeln – immer biographisch motiviert und bedingt ist und [...] einer biographischen Passung bedarf" (ebd.). Daraus ergibt sich eine Perspektive, die nach Zugängen zu Partizipation fragt, danach, wie diese im Kontext der Biographie subjektive Relevanz erhält. Der Fokus verschiebt sich: (angebliche) Nicht-Partizipation ist demnach nicht mehr als Bildungsdefizit zu interpretieren (oder Unwille oder Nichtverantwortung), sondern als sozialpolitische Frage der Anerkennung von subjektiven Relevanzen. Von Schwanenflügel (2015) zeigt in ihrer Untersuchung aus der Jugend- und Gemeinwesenarbeit, wie die Subjekte an biographische Erfahrungen andocken und diese fortsetzen. So kommen bildungsgewohnte und -erfolgreiche Jugendliche mit formalen Beteiligungsmöglichkeiten oft gut zurecht, weil sie bereits die Erfahrung machen konnten, dass diese für sie biographisch nutzbar sind, dass sie ‚gesehen' werden, „während als benachteiligt etikettierte Menschen diese Erfahrung potentiell weniger oder gar nicht gemacht haben" (ebd.: 265). Deren Andockungsmöglichkeiten sind begrenzt, entsprechen nicht den offiziell zugedachten Wegen oder den legalen Ausdruckmöglichkeiten – sie werden jedenfalls nicht als Partizipation gesehen. Zwei Beispiele können diesen Gedankengang veranschaulichen:

---

17 Lothar Böhnisch und Wolfgang Schröer (2003) sowie Chantal Munsch (2007) belegen, dass die Rücknahme sozialstaatlicher Existenzgarantien den Boden für Engagement für spezifische Bevölkerungsgruppen entzieht – bei gleichzeitig erhöhtem Druck, sich zu engagieren.

- Häufig nutzen Jugendliche öffentliche Plätze, die eine hohe Sichtbarkeit bieten, für ihre Freizeitaktivitäten (z. B. beim Skaten). Dies wird zumeist als Anstoß oder öffentliches Ärgernisse bewertet, statt darin eine Form der aktiven Aneignung und der Beteiligung im Gemeinwesen zu erkennen. Repressive Maßnahmen oder wohlwollende Beteiligungsprojekte sind geradezu klassische Folgen: Es wird etwa eine Halfpipe zusammen mit Jugendlichen gebaut – aber oft dann wieder an abseitigen, d. h. kaum sichtbaren Orten und vor allem mit pädagogischem Impetus, das Ärgernis abzustellen, nicht als Aufwertung ihrer Artikulationsformen und -anliegen (Walther 2010: 129).
- Forschungen zeigen, dass Frauen in sogenannten sozial schwachen Stadtteilen sich eher nicht an Gremien und offiziellen Versammlungen beteiligen. Aber: Sie halten meist den Alltag im Gemeinwesen aufrecht, schaffen Rahmenbedingungen (dass Kinder trotz geringem Einkommen ihre schulischen Aufgaben bewältigen, dass trotz fehlender Spielräume Kinderbetreuung sichergestellt ist, dass die Nachbarin eingekauft bekommt, wenn sie krank ist etc.). Das heißt, sie wissen aus ihren eigenen biographischen und sozialen Kontexten heraus in der Regel genau, was in ihrem Wohngebiet und ihrem Alltag unzulänglich ist und welche Probleme welche sinnvollen Neuerungen nahe legen würden.[18] Nach ihren Handlungsspielräumen befragt, sagten zwei Frauen, *„Wir Frauen werden, egal [...] in welchen Situationen, wir werden irgendwo meiner Meinung nach immer irgendwo zurückgestellt"* (Komarek/Schott 2006: 138). So leben viele mit der „Erfahrung, dass ihr eigenes Erleben ihres Stadtteils bei Planungsvorhaben wenig gefragt ist" (Bitzan 2016b: 243), sie anscheinend nicht das ‚Richtige' zu sagen haben.

Beide Beispielkontexte zeigen, wie sehr Partizipationsprozesse mit biographischen Erfahrungen der Selbstwirksamkeit zusammenhängen und sich darin Erfahrungen der Anerkennung spiegeln. Das hat Auswirkungen auf ein verändertes Verständnis von Partizipation: Sie kann nun definiert werden als Sich-in-Bezug-Setzen zur Öffentlichkeit auf der Basis von Wirksamkeitserfahrungen. Eine Funktionalisierung von Partizipation für biographisch unverbundene Ziele (‚das Gemeinwesen') oder die Engführung auf bloße Aktivierung werden damit zurückgewiesen. Fachlich bedeutet dies, konsequent von den (biographisch begründeten) Praxen der Betroffenen her zu denken und Partizipation nicht mehr nur als Ziel der pädagogischen Interventionen, sondern als Weg der fachlichen Interaktionen zu begreifen.

In diesem Kapitel wurde die Relevanz der biographischen Erfahrung für Beteiligung in Kontexten der Einzelfallhilfe und der gemeinwesenbezogenen

---

18 Siehe auch Sabine Stövesand (2013), Petra Nonnenmacher (2007) und Maria Bitzan (1994; 2007).

Arbeit als wesentliches Element von Fallverstehen dargestellt. Dies ist in der gängigen Praxis bisher jedoch keineswegs selbstverständlich. Von der Schwierigkeit, Arbeitssituationen entsprechend offen zu gestalten, handelt das Kapitel 7.2.

Lesetipps

Finkel, Margarete (2006): Heimerziehung und Biographie. Über die Anschlussfähigkeit zwischen biographischer Erfahrung und institutioneller Unterstützung. In: Bitzan et al. (Hrsg.) (2006a), S. 39–56
Schwanenflügel, Larissa von (2014): Partizipation als ‚Modus' von Aneignung. Zum Zusammenhang von Partizipation und Aneignung im Hinblick auf biografische Entwicklungsprozesse. In: Deinet, Ulrich/Reutlinger, Christian (Hrsg.) (2014): Tätigkeit – Aneignung – Bildung: Positionierung zwischen Virtualität und Gegenständlichkeit. Springer VS: Wiesbaden, S. 151–160

6.3 Elemente adressatenorientierten Fallverstehens

Nachdem nun in den beiden vorhergehenden Kapiteln Ausbalancierungen und Offenheiten eines spezifisch adressatenorientierten Fallverstehens sowie die Bedeutung der Biographie veranschaulicht wurden, geht es hier um konkrete Elemente fachlichen Handelns. Wir haben diese Perspektive bereits an unterschiedlichen Orten skizziert (Bitzan et al. 2006b, Bitzan/Bolay 2011; 2013, Bolay 2014, Thiersch 2013); hier wird sie weitergeführt. Aus Ergebnissen aus (größtenteils eigenen) Forschungen im Bereich der Kinder- und Jugendhilfe (Bitzan et al. 2006b: 271f.), die jenseits der je individuellen Besonderheiten als Grundcharakteristika für einen Großteil der Adressat_innen von Maßnahmen der erzieherischen Hilfen bzw. der Jugendsozialarbeit identifiziert wurden, leiten wir Handlungsoptionen für ein fachliches Handeln ab, das den subjektiven biographischen Prozessen gerecht zu werden versucht. In Anbetracht vieler Ergebnisse der Adressatenforschung und Einblicke in die Fachpraxis scheinen uns diese Orientierungen generalisierbar für die Kinder- und Jugendhilfe im Allgemeinen und weitergehend (mit geringen Anpassungen) für die Soziale Arbeit insgesamt.

Bevor wir die einzelnen Charakteristika erörtern, führen wir ergänzend zum Beispiel #Anton# noch zwei weitere ein, an denen insbesondere deutlich wird, dass und wie Fallverstehen und fachlich anspruchsvolle Handlungsorientierungen in Bezug gesetzt werden müssen zum Zustandekommen der Hilfen (IGFH: 2003: 200f.).[19]

---

19 Beide Beispiele entstammen den Fallanalysen der wissenschaftlichen Begleitung des Bundesmodellprojekts INTEGRA (1998-2003). In Bezug auf die Aspekte Adressat_innen-

Beispiele

#*Karen*# ist 15 Jahre alt, als ihre Mutter zum Jugendamt geht. Sie erzählt: *„Es gab halt Probleme zu Hause, und dann hat meine Mutter sich halt an die Jugendhilfestelle gewandt, weil sie gemeint hat, sie würde nicht mehr mit mir klarkommen."* Auslöser für die Schwierigkeiten mit ihrer Mutter waren, dass sie abends öfters weggegangen ist, wenig zu Hause war und im Haushalt wenig geholfen hat. Karen hat von der Anfrage ihrer Mutter beim Jugendamt *„gar nicht viel mitbekommen."* Sie selber hat ihr Verhalten nicht problematisch gesehen – und tut dies auch heute nicht. Da sie über ambulante Hilfen nicht Bescheid wusste, dachte sie, *„die steckt mich ins Heim, oder so."* Sie hatte zu Beginn der Hilfe *„keine Lust, irgendjemand Fremdes irgendwas überhaupt zu erzählen"* und hat sich auf die Hilfe *„nicht so drauf eingelassen."* Sie sagt: *„Am Anfang war es dann schon schwer für mich, so, ich wollte es nicht."* Dann aber hat sie die Betreuerin *„kennen gelernt"*, sie hat gemerkt, *„dass sie wirklich o. k. ist"*, dass sie ihr vertrauen kann, und dass sie ihr und ihrer Mutter wirklich hilft, besser miteinander klarzukommen. Heute unterstützt die Betreuerin Karen vor allem in schulischen Belangen, hilft ihr bei Hausaufgaben oder bei der Suche nach einem Praktikum, aber auch in vielen anderen Dingen. Die Hilfe bezieht sich auf *„was es halt gerade so gibt"*, sagt Karen, auf *„ganz alltägliche Sachen halt."* Dazu gehören auch Karens Probleme, z. B. wenn sie mit ihrem Freund nicht klar kommt. Wichtig ist ihr dabei, dass sie ihrer Betreuerin vertrauen kann. Karens Lehrerin z. B. wollte diese mal *„ausquetschen"*, aber sie hat sich *„nicht ausfragen"* lassen.

---

orientierung, Kooperation im Stadtteil, Betreuungskontinuität, Verlässlichkeit der Hilfe wurde herausgearbeitet, in welchen Punkten integrierte, flexible und sozialraumorientierte Hilfen besonders gut gelingen und wo noch Entwicklungsbedarf besteht. Diese Ergebnisse sind auch heute hoch aktuell, weil das Projekt genau darauf angelegt war, eine stärkere Adressat_innenorientierung zu entwickeln und heute vielerorts Jugendhilfestrukturen ähnlich aufgebaut sind.

#*Kristin*# ist dreizehn Jahre alt, als eine Freundin sie in den offenen Treffpunkt einer Jugendhilfestation mitnimmt. Sie wird seit ihrem sechsten Lebensjahr regelmäßig von ihrer Mutter geschlagen. Sie erzählt: *„Und da hat sie eben, da hat meine Freundin gesagt: ‚Du kommst jetzt mit! Wir gehen jetzt wohin und da kannst du Hilfe kriegen'"*! Wie wichtig dieser Ort dann für sie ist, und wie viel Angst sie vor ihrer Mutter hat, wird deutlich, wenn sie erzählt: *„Und jedes Mal sobald das aufgemacht hat, ich stand schon eine halbe Stunde davor, hier vorne und habe gewartet: ‚Na, wann macht sie endlich mal auf?' Und dann war ich bis abends hier drinne gewesen und dann habe ich mich meistens aber nicht wieder heim getraut, weil ich genau wusste, dass ich hier: ‚Scheiße, ich bin zu spät! Eine halbe Stunde und da kriege ich wieder Dresche'"*! Später kommt Kristin in eine Mädchenwohngruppe des gleichen Trägers, weil ihre Mutter sie nicht mehr bei sich aufnehmen will. Hier vertraut sie sich zum ersten Mal einer Mitarbeiterin an und erzählt ihr von den traumatischen Kindheitserlebnissen. Rückblickend betont sie, wie wichtig es war, dass ihr in der offenen Arbeit und in der WG die Zeit gegeben wurde, bis sie selber von ihren Problemen erzählen wollte. Es ist ihr sehr wichtig, jemanden zum Reden zu haben, der sich um sie *„kümmert"* und ein Zusammenleben *„wie eine Familie"* erleben zu können.

Charakteristika adressat_innenorientierten Fallverstehens

(1) Ein erstes Charakteristikum ist die für die Adressat_innen wirksame Außendefinition, *Nutzer_in von Maßnahmen der Kinder- und Jugendhilfe* zu sein, d. h. sich herauszuheben aus dem populären und zunehmend sozialpolitisch forcierten Modus: jede/r schafft ihr/sein Leben allein. Im Vordergrund steht immer schon eine – wenn auch unterschiedlich verarbeitete – Definition des Scheiterns (etwa bei den erzieherischen Hilfen) bzw. der explizierten Bedürftigkeit (irgendetwas zu ‚brauchen'). Dies wird durch die häufig eindimensionale Fixierung der Fachkräfte und ihrer Institutionen auf das auffällige Verhalten forciert. Wichtig ist dabei, mit welchen Attributen dieses Herausgehobensein belegt wird – wie wir im dritten Kapitel zeigten, geschieht dies zumeist über die Konstruktion als defizitär, was von den Betroffenen entweder abgelehnt, frustriert oder einsichtig angenommen wird; es ist in jedem Fall eine prägende Information. Im Fallbeispiel #*Karen*# sagt diese deutlich, dass es ihr nicht recht war, dass ihre Mutter zum Jugendamt gegangen ist. Sie wehrt sich gegen eine Problematisierung ihres Verhaltens und damit ihrer Person. Anders im Fallbeispiel #*Kristin*#, die erstmal unverbindlich einen Ort genießen kann, an dem sie sich angenommen fühlt (Jugendtreff) und dort indirekt versucht, auf sich aufmerksam zu machen, weil ihre Signale des Leidens bisher nicht wahr-

genommen wurden. Für sie ist der Prozess, Adressatin zu werden, eine positive Heraushebung, weil niemand sie dahin gedrängt hat.

→ Für einen adressat_innenbezogenen Fallzugang ist es daher wichtig, die jeweils das Feld dominierenden Konnotationen mit zu berücksichtigen (das Jugendamt ist häufig unbekannt oder eher negativ besetzt, der Jugendtreff kann Interesse wecken) und der Frage explizit nachzugehen, was die Konstruktionsprozesse wiederum für die subjektive Bewältigungsgeschichte bedeuten. Nicht selten passiert es sogar in Fällen, in denen Betroffene von sich aus Hilfe gesucht haben, dass diese sich zunächst einer weiteren Entwertungserfahrung aussetzen müssen, indem die Fachkräfte die personenbezogenen Problemdefinitionen verstärken, das erfolgte Bewältigungshandeln nicht als Stärke kommunizieren und die konkreten Bedürfnisse übergehen.

Als Konsequenz ist es also wichtig, dass mit der Adressierung eine explizite Aufwertung verbunden wird, um der Defizitfeststellung, die durch die Tatsache des Jugendhilfebezugs an sich gegeben ist, entgegen zu wirken. Förderlich dafür sind Konstellationen, in denen Adresssat_innen auch anders (positiv) als nur in diesem spezifischen Problemkontext angesprochen werden (als Interessentin an einem Freizeitangebot, als Sportlerin, etc.). Solche eher offenen Settings ermöglichen neben *gemeinsamen Erfahrungen* auch sogenannt Tür- und Angelgespräche als – ungeplante, daher für die Adressat_in nicht erzwungene – Kurzberatung (Knab 2008; Hollstein-Brinkmann/Knab 2016). So war es für #*Kristin*# sehr wichtig, gerade nicht als Mädchen mit Problemen angesprochen zu werden oder sich selbst outen zu müssen, sondern einfach erstmal schnuppern zu können, mal ‚da sein‘.

(2) Ein zweites Charakteristikum ist der immer wieder deutlich hervortretende *Wunsch von Adressat_innen nach Normalität*. Der Impetus der Selbstdeutungen bei der beständigen Arbeit an der Biographie ist in der Regel die Suche nach Kohärenz, die Suche, sich mit dem eigenen Leben in der Welt zu versöhnen. Für Träger_innen von Biographien, die sich durch Unzuverlässigkeiten, Beziehungsabbrüche und besondernde (weil stigmatisierende) Behandlungen auszeichnen, scheint es umso gewichtiger zu sein, Indikatoren der Normalität aufzufinden und zu repräsentieren. Dieser Wunsch kann dazu führen, biographische Erlebnisse und Konstellationen – subjektiv ehrlich – unter diesem Gesichtspunkt darzustellen. Das kann sich etwa in Schilderungen von Krisenbewältigungen zeigen, die das eigene Verhalten als normale Reaktionen auf Erlebtes darstellen, (z. B. war es für #*Anton*# nach der entsprechend dramatisiert dargestellten Provokation doch ‚normal‘, sich zu wehren), oder in einem langen (verdeckten) Aushalten von extrem verletzenden Erfahrungen, d. h. einem äußerlichen Aufrechterhalten der Normalität (z. B. darin, Eltern nicht gegenüber Dritten anzuklagen, wie bei #*Kristin*#) oder auch in einem sehr starken, weil oft verletzten, Bedürfnis nach Anerkennung und Sicherheit des Vertrauens. Solche biographischen Darstellungen werden

von außen (auch im professionellen Setting) gern als beschönigend, distanzlos, Verschweigen von schwierigen Anteilen, gar als Lüge, ja, sogar als Indizien für einen sozialpädagogischen Handlungsbedarf gedeutet und somit zu einem (weiteren) Problem der Adressat_innen ‚gemacht'.

→ Diese Strategien von Adressat_innen verlangen als zentrales methodisches Kriterium neben dem Einräumen von Zeit eine besondere Aufmerksamkeit der Professionellen für subtile Andeutungen oder Bruchstellen bei der Darstellung von Normalität – nicht ihre Herabwürdigung als unehrlich! Somit kommt den Widersprüchlichkeiten in Selbstrepräsentationen eine wichtige *aufklärende* Funktion zu.

Hinzu kommt die Erfahrung, dass ein Großteil der Hintergründe, die Kinder und Jugendliche in die Kinder- und Jugendhilfe bringen, auf Gewalterfahrungen (mit ansehen müssen oder selbst Opfer sein) oder/und auf Armut und prekäre Lebenslagen zurückzuführen ist. Im Horizont des Normalitätswunsches ist ein besonderes Augenmerk darauf zu legen, wie Adressat_innen solche Erfahrungen, die durchweg beschämend erlebt werden, einweben in die eigene Biographiekonstruktion (Bolay 1998; Schoneville 2013). So lassen sich manchmal eher indirekt aus den Lebensthemen und Selbstkonstruktionen tiefergehende Dimensionen von Bedürftigkeit und Chancen zur Hilfegestaltung entdecken. Ein in diesem Sinn reflektierendes Fallverstehen lernt, Spuren zu lesen. Z. B. erzählt #Kristin#, dass sie nicht über ihre Gewalterfahrungen sprechen konnte, die Sozialpädagogin aber glücklicherweise dennoch *„gemerkt"* hat, das sie etwas brauchte. Damit wird die fachliche Wichtigkeit angesprochen, immer sensibel abzuwägen, wo die Selbstdarstellung zunächst respektiert wird und wo im Sinne der Aufmerksamkeit, des Aufdeckens, das konkrete Ansprechen notwendig wird.

(3) Diese Überlegungen verweisen auf ein drittes Charakteristikum: Die *Bedeutung der Beziehung*. Positive, dauerhafte und verlässliche Beziehungen sind für das Aufwachsen und emotionale Überleben von Menschen elementar. Die Biographien von Adressat_innen sind nicht selten geprägt von schmerzhaften Beziehungsverlusten oder extrem widersprüchlichen Beziehungsgestaltungen. Die ambivalente Verarbeitung führt manchmal dazu, dass die Bedeutung des Vaters oder der Mutter trotz teilweise extremer Verletzungen noch entschuldigend oder verstehend hervorgehoben wird – letztlich um sich nicht selbst vollständig von einer Beziehung abzuschneiden, die als elementar ersehnt und empfunden wird.

Adressat_innen wollen als Individuen in der Komplexität ihrer Erfahrungen gesehen werden. Sie fordern dies in der Regel nicht aktiv ein, sondern beobachten und stellen dann ihre Nutzungsstrategien von Angeboten entsprechend darauf ein: Ist die Beziehung unterstützend und verbindlich, lassen sie sich auf die Möglichkeit ein, neue Erfahrungs- und Bewältigungsmuster aufzubauen; ist sie es nicht, werden sie versuchen, die Maßnahmen irgendwie zu überstehen. So realisiert sich der Nutzen von Maßnahmen manchmal unabhängig von der konkreten Problemdefinition eher durch die Art des Kontakts zu den Vertrauenspersonen.[20] Wichtiges Bewertungskriterium ist das Maß an Vertrauen, das möglich wurde (*„mit der konnte ich alles besprechen"*) und die Erfahrung, trotz Fehler nicht fallengelassen zu werden (Braun 2006; Flad/Bolay 2006). Auch Maren Zeller (2003) berichtet aus ihrer Forschung zum Nutzen flexibler Hilfen aus der Warte der Adressat_innen viele ähnliche Erfahrungen. Z. B. wurde bei Frau Andres, die wegen Auffälligkeiten mehrerer Kinder und Beziehungs-Problemen in längerer sozialpädagogischer ‚Behandlung' stand, die Bedeutung der Beziehung sehr anschaulich: Erst brauchte sie die Pädagogin, um *„ihre Angelegenheiten zu ordnen"*, dann entwickelte sie Vertrauen, indem sie merkte, dass diese *„das Richtige mit ihr entscheidet"* und schließlich betont sie die positive Bedeutung davon, dass auch nach einem Umzug die gleiche Bezirksbetreuerin für sie zuständig geblieben ist, die Beziehung also über Bezirksgrenzen hinaus fortgesetzt werden konnte – was nach ihrer Meinung wesentlich zum Gelingen beigetragen hat. Selbst #Kristin# mit ihrem Hilfewunsch musste erst mit der Wohngruppe vertraut werden, bis sie ihre Gewalterfahrungen erzählen konnte.

Für Adressatinnen – so lässt sich verallgemeinernd festhalten – ist somit eine Vertrauensbeziehung notwendig. Sie reden z. B. davon, dass da „ein Feeling" sein oder dass „die Chemie" stimmen muss als Basis für eine gelingende Betreuung. Herr Loos, bei dem ein Betreuungswechsel wegen Umzugs seiner Betreuerin bevorsteht, erklärt das folgendermaßen: *„Dann muss man dann kucken, ob ich dann überhaupt mit der Person zurechtkomme, das ist ja auch ein wichtiges Argument. Das ist ja dann diese Vertrauensbasis, die man halt hier aufbauen muss. Um einfach gewisse Dinge zu besprechen, die halt ziemlich privat sind auch. [...] Und, das geht halt nicht mit jeder Person."* So etwas braucht Zeit. „So wie es Zeit braucht, bis die BetreuerInnen *merken* können, was mit den AdressatInnen los ist, so brauchen auch die AdressatInnen Zeit, bis sie sich auf die BetreuerInnen einlassen können" (Munsch/Zeller 2003: 210).

→ Somit ergibt sich als ein wesentliches Handlungselement, positive Beziehungserfahrungen aufzubauen: Verlässlichkeit, Kontinuität, Anerkennung. Das wichtigste Element dabei ist Zeit. Die Erlebnisqualität scheinbar nicht reglementierter Zeitquanten bildet ein durchgängiges interpretatives Aneignungsmuster. *„Man kann jederzeit zu ihnen gehen"*; *„die sind immer bereit, mit dir zu reden, dafür sind sie da"* (Flad/Bolay 2006: 165). Zeit ist schließlich auch ein Kriterium, mit dem die Jugendlichen das Jugendhilfeangebot bewerten: *„Das Schlimmste wäre, wenn ein Schüler reinkommt und die sagen: ,keine Zeit'"* (ebd.). Zeit lässt sich auch nicht durch ‚effektivere' Maßnahmen verkürzen. Darüber hinaus zeigt sich das Bedeutungsgewicht dieses Aspekts auch in der

---

20 Die Bedeutung der Beziehung konnte selbst in mit pädagogischer Kontrolle belegten Kontexten wie etwa geschlossene Unterbringung, Trainingscamps etc., herausgearbeitet werden (Täubig u. a 2015).

Langfristigkeit der Zugänglichkeit: Eine Wirkungsuntersuchung zur Mobilen Jugendarbeit (Stumpp et al. 2009) bestätigte die Bedeutung der kalkulierbaren Stabilität von Netzwerkstrukturen und der langfristigen Präsenz von Fachkräften. Hiermit wird auch deutlich, dass gerade das Kriterium der Beziehungsorientierung nicht nur als personenbezogene Kompetenz zu fassen ist, sondern ganz eng verwoben ist mit der strukturell-konzeptionellen Dimension eines Angebots (vgl. Kap. 7.3).

(4) Das Gelingen des Vertrauensverhältnisses hängt mit dem vierten Charakteristikum zusammen: Die Bedeutung der *Ganzheitlichkeit* des Angebots. Biographien konkretisieren sich im Hier und Jetzt, das nicht durch ein einziges Thema oder ein vordringliches Problem strukturiert sich darstellt, sondern als Fülle von Kontexten, in denen unmittelbar zu handeln ist. Gerade der Alltag der Adressat_innen der Kinder- und Jugendhilfe zeigt sich – wie bei den meisten Menschen – als eine Mischung unterschiedlichster Konfliktfelder. Trotz der Selbstdarstellungsstrategien vieler Adressat_innen, die zu Glättungen und Harmonisierungen neigen (Wunsch nach Normalität), sind die Lebensthemen konfliktbehaftet und, sich gegenseitig überlagernd, eine Quelle ständiger Herausforderungen. Jugendliche Adressat_innen finden sich nur dann in ihrer Besonderheit beachtet und ernstgenommen, wenn es möglich ist, an den unmittelbaren Konfliktkomponenten anzuknüpfen und wenn die Professionellen darauf bezogen handeln.

Im einem Praxisentwicklungsprojekt zum Thema „Wohnen und Arbeiten", einem flexiblen individuellen Hilfeangebot für Jugendliche im Übergang in die nachschulische Phase (aus dem auch das Interview mit #*Anton*# stammt), bestätigten die befragten Jugendlichen die Wichtigkeit der Unterstützung für alles, was sie gerade aktuell beschäftigt (Braun 2006). Im Vergleich der von den jungen Erwachsenen betonten Lebensthemen mit jenen, die die pädagogischen Fachkräfte herausgestellt haben, wird deutlich, dass die jungen Menschen teilweise ganz andere Schwerpunkte setzen als die Expertinnen und Experten. Denn diese orientieren sich an langfristigen, teilweise sozialstaatlich gewünschten Entwicklungszielen, während die Jugendlichen die Bandbreite ihres aktuellen Lebens vor sich haben. So zeigten diese Forschungsergebnisse: Gerade wenn der Fokus nicht auf ein bestimmtes Thema (Problem), wie etwa die Arbeitssuche oder das Wohnen, gelegt wurde, sondern im Vordergrund der pädagogischen Beziehung das stand, was auch für die Jugendlichen gerade im Alltag im Vordergrund stand, konnte sich eine Beziehung entwickeln, die die Adressat_innen stärkte.

In der Konkretion der Lebenswelt überlagern sich verschiedene Schichten der Lebensthemen und der entsprechenden Verletzungen und Reibungsflächen unterschiedlicher Anforderungen und Bewältigungsaufgaben. Dass die Adressat_innen in ihren Bedarfen nicht kongruent und konsequent sind, sondern scheinbar sprunghaft und willkürlich, verweist eher darauf, wie die verschiedenen Konflikte sich wechselseitig durchdringen. Sie bilden *einen* Zusammenhang, der nicht nur von einer Seite aus aufgedröselt werden kann. Auch *#Anton#* erscheint als sprunghaft, wenn er eine Ausbildung wünscht, aber sich doch nicht auf mehrere gegebene Angebote einlassen kann. Die anderen Lebensthemen wollen genauso dringlich bearbeitet werden und lassen sich nicht einfach wegsortieren.

→ Die Ganzheitlichkeit eines Angebotes, einer pädagogischen Beziehung, zeigt sich also vor allem in der Offenheit für die Komplexität und dem gekonnten Aufspüren der tiefergehenden Themen. Ein flexibles Reagieren anerkennt die Aktualität des jeweils spezifisch Gegebenen. Für die Adressat_innen ist genau dieser Zusammenhang des Aktuellen mit der Kontinuität des Dauerhaften der entscheidende Anknüpfungspunkt. So betont *#Karen#*, dass, nachdem sie die Betreuerin kennengelernt und für in Ordnung befunden hatte (Beziehung!), sie nun doch etwas mit ihr anfangen konnte, obwohl sie am Anfang keine Lust auf sie hatte. Die Hilfe beziehe sich auf *„was es halt gerade so gibt"*, sagt *#Karen#*, auf *„ganz alltägliche Sachen halt"*. Und genau das ist der Nutzen, den sie positiv bewertet.

→ Eine solche Nutzungserfahrung verweist auf eine zweite Bedeutung von Ganzheitlichkeit: die Notwendigkeit der Kontextualisierung, d. h. die Einbeziehung des Beziehungsgefüges der Adressat_innen. Denn die tiefere Bedeutung von aktuellen Selbstdarstellungen und geäußerten Fragen erklärt sich häufig nur aus aktuellen Dynamiken in den sozialen Situationen der Adressat_innen. Somit rücken auch weitere Bezugspersonen in die subjektorientierte Perspektive. Eine dyadische Bearbeitungssituation (Professionelle – Adressat_innen) läuft Gefahr, wesentliche Erfahrungen und Botschaften aus der Umgebung des Jugendlichen auszublenden (vgl. Kap 3.2). Auch Ader und Schrapper (2004: 54) betonen die Notwendigkeit, die *Bedingungsgefüge* mitzudenken; sie sprechen von einem *erweiterten Fallbegriff*. Damit meinen sie, dass Fallanalysen über eine Analyse des ‚Klientensystems' hinausgehen müssen, indem das Hilfesystem und die Interaktionen zwischen diesen beiden Systemen mit aufgenommen werden und die Dynamik der Fallbearbeitung selbst ebenfalls als ein Teil der Fallproduktion anzusehen ist [→ Material 12: Schaubild zum erweiterten Fallbegriff].

Mit diesem von unterschiedlichen Verfasser_innen geforderten Vorgehen, ganzheitlich auf das aktuelle Bedingungsgefüge und die aktuellen Themen der Betroffenen immer wieder ad hoc und flexibel einzugehen, wird keineswegs für eine fachliche Beliebigkeit plädiert. Im Gegenteil: Erst das Verstehen der Vielfältigkeit der Alltagsthemen, das Verstehen, wie die Suche nach Bewältigung im Normalitätsmodus den Alltag bestimmt und wie unterschiedliche Personen Darstellungen und Relevanzsetzungen der Betroffenen unter strategischen oder emotionalen Kalkülen je anders bestimmen (und dieses Verstehen ist hochkomplexes fachliches Wissen), schafft die fachliche Sicherheit für

Offenheiten. Hans Thiersch prägte für eine solche Arbeitshaltung schon früh den Begriff der *strukturierten Offenheit* (Thiersch 2000).

Lesetipp

Thiersch, Hans (2013): AdressatInnen der Sozialen Arbeit. In: Graßhoff (Hrsg.) (2013), S. 12–32

7. ,Adressatenorientierung' als Gestaltung von Verhältnissen

Während das vorhergehende Kapitel wesentliche Aspekte einer adressat_innenbezogenen Handlungsorientierung auf der Ebene der Fallbearbeitung fokussierte soll nun verdeutlicht werden, wie in der Gestaltung von Verhältnissen Aspekte der ,Adressatenorientierung' bestimmte fachliche Ausrichtungen nahelegen. Diese Stoßrichtung deutete sich schon am Ende des letzten Kapitels an, als die Notwendigkeit einer erweiterten Fallbearbeitung begründet wurde, die sowohl auf der Ebene der Adressat_innen als auch auf der Ebene des Hilfesystems komplexere Bedingungsgefüge in den Blick zu nehmen hat.

Mit diesem Thema reagieren wir nicht zuletzt auf den seit etwa fünfzehn Jahren sozialpolitisch favorisierten Aktivierungsdiskurs (Kap 2.2), der eine neue Art der Ansprache von Adressat_innen einführte: Adressat_innen werden als Personen gesetzt, die selbstverantwortlich für ihre eigene Integration zuständig sind und für die der Sozialstaat (lediglich) Aktivierungshilfen zur Verfügung stellt. Systematisch nicht thematisiert und damit verdeckt bleibt, dass die materielle Unterstützung in schwierigen Lebenslagen reduziert wurde, obwohl sie zur Stabilisierung einer solchermaßen vorausgesetzten Handlungsfähigkeit nötig wäre. Somit bedient sich diese Politik eines adressatenbezogenen Modus in einer verkürzten, gewissermaßen auf den Kopf gestellten Form der Anrufung von etwas, was ja sozialpolitisch und auch mit Hilfe der Sozialen Arbeit erst hergestellt werden sollte. ,Adressatenorientierung' unter neoliberaler Fahne fokussiert also eher die Individualisierung sozialer Risiken und die Reduzierung der relevanten Aspekte der Lebensführung auf die gelingende Arbeitsmarktintegration.

Indem wir dies vor Augen haben, stellen wir Aspekte der ,Adressatenorientierung' sozusagen als kritische Kommentierung des Mainstreams, der auch vor der Sozialen Arbeit nicht Halt gemacht hat, in den Mittelpunkt unserer Überlegungen. Es braucht, anders formuliert, den Einspruch der Adressat_innen(-orientierung) gegen eine Aktivierungspolitik, die die Soziale Arbeit unter managerielle Effektivitätslogiken stellt und darüber den Eigensinn lebensweltlicher Bedürfnisse und Bedürftigkeiten dem Funktionieren von Institutionen und Verwaltungen unterordnet. Dieser Einspruch bedeutet, dass die Frage der Gestaltung von Situationen und Strukturen nicht nur aus institutioneller Perspektive und vorgegebenen Problemdefinitionen heraus erfolgen darf, sondern dabei die Perspektive der Adressat_innen ins Spiel zu bringen ist.

Ein lebensweltorientierter adressat_innenbezogener Ansatz erschöpft sich nicht darin, bei sozialarbeiterischen Interventionen darauf zu achten, die Subjekte nicht aus ihren sozialen Bezügen (ihrem Alltag) herauszureißen. Unter der Zielstellung, Selbstbestimmung und Selbstkontrolle über die eigenen Lebensverhältnisse zu erlangen – im Unterschied zum neoliberalen Ziel eines funktionierenden Selbstmanagements – kann sich ein angemessenes Verständnis von Lebenswelt auch nicht im Erhalt des gegebenen Status quo erschöpfen. Vielmehr geht es in kritischem Verständnis darum, die Reichweite der Lebenswelt und der darin eingelagerten Handlungsmöglichkeiten zu erweitern. Das beinhaltet dann folgerichtig den Bezug auf Strukturen, die Lebenswelten einhegen und begrenzen. Da Alltäglichkeit als „Schnittstelle objektiver Strukturen und subjektiver Verständnis- und Bewältigungsmuster" (Thiersch 1992: 47) gefasst wird, bleiben Alltag und damit der Erfahrungsbezug zwar zentral für das fachliche Verstehen, dürfen jedoch keineswegs verabsolutiert werden: Im Alltag wird ‚das Politische', d. h. gesellschaftliche Strukturen, sozialpolitische Normalitäten und normative Herausforderungen, gelebt, aber der Alltag verbirgt dieses Politische auch. In diesem Wissen um die Mehrdimensionalität von Lebenswelten, in der Spannung von Gegebenem und Möglichem, zielt ‚Adressatenorientierung' auf die Destruktion der Lebenswelt im Namen der in der Lebenswelt angelegten Hoffnungen (Grunwald/Thiersch 2012: 937). Sie weist den Widersprüchen im Alltag eine wichtige Erkenntnisfunktion zu, denn darin lassen sich Spuren der Machtverhältnisse, der Verhinderungen (oder Ermöglichungen) entdecken – ein Vorschein des „Gelingenderen".

‚Orientierung an Widersprüchen' wurde im vorherigen Kapitel in Bezug auf spezifische Elemente des Fallverstehens vermittelt. Nun soll unter dem Blickwinkel einer Arbeit an Widersprüchlichem der Bezug auf Strukturen in den Vordergrund gerückt werden. Eine solche kritische Perspektive könnte ‚Adressatenorientierung' stärken zum Standhalten gegenüber den sozialstaatlichen Vereinnahmungen und dazu beitragen, dass Adressat_innen selbst mehr Kontrolle über ihre eigenen Lebensverhältnisse gewinnen (Bitzan 2013). Diese Zielrichtung wird auch als Auftrag zur ‚Einmischung' bezeichnet [→ Material 13: Einmischung].

Wie der strukturbezogene Ansatz unter adressat_innenorientierter Perspektive weiter entwickelt werden kann, beleuchten wir nun in zwei Zugängen: Mit Überlegungen zu einer (verfahrens-)rechtlichen Stärkung der Adressatenposition (7.1) gehen wir vor allem auf formale Beteiligungsrechte ein. Im nächsten Schritt werden Gestaltungselemente für eine an den Belangen von Adressat_innen orientierte Infrastruktur begründet (7.2). Wir diskutieren dies auf den drei Strukturebenen des professionellen Handelns: Arbeitsverhältnisse von Professionellen, Organisation und Infrastruktur der Institutionen sowie Organisation und Planung auf kommunaler Ebene.

7.1 Stärkung der rechtlichen Stellung der Adressatenposition

Wir haben in den bisherigen Ausführungen immer wieder auf die in der institutionalisierten und verberuflichten Sozialen Arbeit systematisch bestehende Macht-Asymmetrie zwischen Professionellen und Adressat_innen aufmerksam gemacht. Sie ist nicht einfach auflösbar, durchaus aber kann sie so gestaltet werden, dass die Position von Adressat_innen in diesem Gefüge gestärkt wird. Wie Honneth (1992: 173ff.) gezeigt hat, kommt dem Recht in modernen Demokratien eine enorme Bedeutung zu, denn über den gesellschaftlichen Status des Rechts vermittelt sich den Bürgerinnen und Bürgern in basaler Weise die Erfahrung der Selbstachtung (ebd.: 191f.): Wer als Rechte habend anerkannt ist, kann seine Rechte in der politisch-sozialen Arena gesellschaftlicher Konflikte ins Spiel bringen; wer nur über (zumeist sehr) eingeschränkte Rechte verfügt, findet sich dadurch in einem geminderten gesellschaftlichen Status (etwa Flüchtlinge) und ist weniger berechtigt, Ansprüche zu stellen.

Im Anschluss an die angelsächsische Diskussion um ,Citizenship' wird dieser Argumentationshorizont in der sozialpädagogischen Literatur unter dem Label der ,Social Citizenship' verhandelt (Wagner 2009). Damit wird begrifflich dem Umstand Rechnung getragen, dass politische Teilhaberechte ohne eine sozialpolitische Absicherung in der gesellschaftlichen Praxis nicht eingelöst werden können: „Citizenship als Status findet somit seinen zentralen Ausdruck in einer *Praxis*, die sich nicht allein im Besitz passiver Rechte oder gar in der Loyalität gegenüber staatlichen Autoritäten erschöpft, sondern vielmehr die aktive *Teilnahme am politischen Leben* als Grundlage von Demokratie umfasst" (Wagner et al. 2011: 116; Herv. i. O.). Für die Soziale Arbeit markiert denn auch Schaarschuch Citizenship als professionstheoretischen Bezugspunkt, weil es im Kern um die Frage gehe, „inwiefern und auf welche Weise es ihr [der Sozialen Arbeit; d. V.] gelingt, denjenigen, die ihre Dienstleistungen in Anspruch nehmen, Angebote zu machen, mittels derer es ihnen möglich wird, als Bürger des Gemeinwesens auf dieses politisch einzuwirken und auf diese Weise auf ihre Lebensumstände Einfluss zu nehmen" (zit. ebd.: 118). In der Konsequenz bedeutet dies, die Demokratisierung sozialer Dienste voranzutreiben und darin den Adressat_innen rechtlich abgesicherte, institutionell geregelte Einspruchs- und Mitsprachemöglichkeiten – etwa durch unabhängige Ombudsleute, durch Beschwerdeverfahren etc. – zu ermöglichen (Thiersch 2013: 29f.).

Solche Formen der Anwaltschaft werden in der Sozialen Arbeit – quer zu ihren Arbeitsfeldern – neuerdings intensiver diskutiert (Urban-Stahl 2013);

das hat nicht zuletzt mit der Aufdeckung gewaltförmiger Praktiken und insbesondere der systematischen sexuellen und ökonomischen Ausbeutung in der Heimerziehung der Nachkriegszeit zu tun (Kappeler 2011). Insbesondere in Einrichtungen der Kinder- und Jugendhilfe werden aktuell verstärkt sogenannte Beschwerdeverfahren implementiert; durch die Novellierung des Bundeskinderschutzgesetzes sind sie verpflichtender Standard (Jann/ Urban-Stahl 2014; ähnliche Entwicklungen finden sich im Bereich der Hilfen für Menschen mit Behinderungserfahrung; SGB IX). „Die Umsetzung von Beschwerdeverfahren wird als Möglichkeit gesehen, die Rechte junger Menschen zu wahren und Partizipation als Handlungsmaxime lebensweltlicher Kinder- und Jugendhilfe umzusetzen" (Urban-Stahl/Jann 2014: 17). Wissenschaftliche Untersuchungen der Implementierung solcher Beschwerdeverfahren (ebd.) belegen allerdings auch, dass die Machtgefälle (etwa zwischen Professionellen und Adressat_innen, zwischen Mitarbeiter_innen und Leitungsebene, zwischen Einrichtungen und Eltern, zwischen freien Trägern und Jugendamt) dadurch wieder deutlicher erkennbar werden, sie können nicht aufgehoben, jedoch bearbeitbar werden und es ist damit möglich, das Verhältnis zwischen Fachkräften und Adressat_innen bewusst neu zu justieren (ebd.: 53ff.).

Angesichts dieser erfreulichen Ausweitung von Beschwerderechten zugunsten der Adressat_innen soll jedoch nicht die Vorstellung befördert werden, dass rechtliche Veränderungen quasi zwangsläufig Vorwärtsentwicklungen zur rechtlichen Stärkung der Position von Adressat_innen seien. Zur Veranschaulichung gesellschaftlichen Ringens um Veränderungen folgt ein fallanalytischer Kommentar[21] zum (jugendhilfe-)politischen Stillstand im Konflikt um die Neufassung des Rechtsanspruchs auf erzieherische Hilfen:

Stärkung der Position von Adressat_innen in Recht und Strukturen? Im Recht ist einiges verankert, das die Definitionsmacht von Adressat_innen stärken soll (§ 5, § 8, §§ 36, 37, § 80 SGB VIII). Immer wieder gibt es Diskussionen zur Änderung des (Jugendhilfe-)Rechts. Wichtig ist dabei, dass diese Positionen nicht verschlechtert werden und es gibt sogar einige Optionen, die Rechte von Adressat_innen weiter zu verbessern (Verankerung von Ombudschaften, Stärkung von Selbstorganisationen von Heim- und Pflegekindern und deren Beteiligung an der ‚Heimaufsicht', etc.). Allerdings ist Recht ein sehr abstraktes Medium und vom Recht-Haben zum Recht-Kriegen ist es allemal ein langer Weg.

---

21 Wir danken Norbert Struck, Paritätischer Gesamtverband, Referent für Jugendhilfe sowie bis 2014 Vorsitzender der Arbeitsgemeinschaft für Kinder- und Jugendhilfe (AGJ), Berlin, für diese Fallanalyse. Die AGJ ist das Forum und Netzwerk bundeszentraler Zusammenschlüsse, Organisationen und Institutionen der freien und öffentlichen Jugendhilfe in Deutschland.

Dennoch ist es wichtig, genau zu wissen, welches Recht wie warum geändert werden soll, um einschätzen zu können, ob die gewählten Formulierungen geeignet sind, das angegebene Ziel umzusetzen, oder ob mit der Änderung möglicherweise ganz andere – verschleierte – Ziele erreicht werden sollen, oder ob die gewählten Formulierungen nicht intendierte Nebenfolgen haben. Bei dieser Prüfung darf der Maßstab dann nicht sein, was ein Jugendamt in bester Absicht mit einer solchen Formulierung anfangen könnte, sondern, ob ein Kämmerer aus fiskalischen Gründen daraus Leistungskürzungen konstruieren könnte. Für solche Prüfungen sind u. a Organisationen zuständig, die sich aus öffentlichen und freien Trägern, aus kommunaler, Landes- und Bundesebene zusammensetzen (Arbeitsgemeinschaft für Kinder- und Jugendhilfe: AGJ; Deutscher Verein für öffentliche und private Vorsorge: DV). In diesen Organisationen treffen dann die verschiedenen Interessen und Intentionen aufeinander und es ist oft ein zähes Ringen um kleine Formulierungen oder um ganze Positionspapiere. Das kann für Außenstehende völlig uneinsehbar sein, aber daran müssen (!) sich alle beteiligen, wenn sie spezifische Intentionen durchsetzen oder verhindern wollen.

Ein aktuelles Beispiel hierfür ist die Diskussion über die „Weiterentwicklung und Steuerung der Hilfen zur Erziehung", in der seit viereinhalb Jahren – insbesondere vom Land Hamburg ausgehend – gefordert wird, dass es Änderungen im SGB VIII geben müsse, um zu einer besseren Hilfe zur Erziehung zu kommen, die die Potentiale des Sozialraums und der sich quantitativ ausweitenden Regeleinrichtungen (Kindertagesstätten, Ganztagsschulen), besser zu nutzen weiß. Aber die Beschlüsse der Jugend- und Familienministerkonferenz (JFMK) kreisen seither jährlich um diese Formulierungen, ohne dass die Hamburger Initiatoren jemals gefordert gewesen wären, klarer zu sagen, welche konkreten Änderungen im SGB VIII sie weshalb wollen (im Überblick: Porr/Lohest 2014).

Man kann begründet davon ausgehen, dass eine wesentliche Intention dieses Vorhabens darin besteht, die Definitionsmacht der Verwaltung gegenüber den Adressat_innen noch stärker zu erweitern. Die den Adressat_innen zunächst vorzuschlagenden Hilfen reihen sich in eine Hierarchie von Angeboten mit geringen bis hin zu solchen mit hohen Kosten ein, mit der Maßgabe der zunächst zu durchlaufenden billigeren bis hin zu – möglichst lange herausgeschobenen – teureren Hilfen. Mit Adressat_innen-Beteiligung, mit gemeinsamer Problemdefinition und gemeinsamer Lösungsfindung hat das dann nur noch zufällig etwas zu tun – wenn überhaupt.

Aber weil die konkreten Formulierungen des neuen Gesetzestextes noch nicht vorgelegt wurden, bekommt man seit Jahren konstant die Antwort, dass es bei den angestrebten Änderungen ausschließlich um die Absicherung einer besseren und klügeren Praxis gehe. Unter der Hand wird dennoch die Position der Adressat_innen mitverhandelt und auf allen Ebenen gibt es

Akteur_innen, die deren Position stärken wollen und andere, denen die Adressat_innen-Position schon jetzt lästig stark ist. Schwierig ist das alles auch deswegen, weil auch die Stellung der Träger mit der Rechtsstellung der Adressat_innen verknüpft ist. Eine Stärkung der Definitionsmacht der Verwaltung gegenüber den freien Trägern bleibt strukturell nicht ohne Einfluss auf eine Schwächung der Stellung der Adressat_innen. In dieser widersprüchlichen Unübersichtlichkeit werden quasi ‚subkutan' reale Interessen mit Langzeitwirkungen verhandelt – deshalb kann man sie nicht einfach außer Acht lassen, wenn einem an der Stärkung der Position der Adressat_innen gelegen ist.

Zusammenfassend lässt sich folgern, dass die Stärkung der Adressatenposition der Tendenz der Verrechtlichung moderner Gesellschaften folgt. Dies ist aber keineswegs ein Selbstläufer, sondern bildet eine spezifische Konfliktarena, in der machtvolle Akteure in und außerhalb der Sozialen Arbeit strukturell bedingt eine entscheidende Rolle einnehmen für die Ausweitung oder Einengung der Rechte von Adressatinnen und Adressaten.

Parallel zur Stärkung der individuellen Rechtsposition ist auch die systematische Beachtung von und Kooperation mit Selbstorganisationen im sozialen Feld eine Strategie der Stärkung der Adressat_innenposition. Erste Ansätze gibt es seit einigen Jahren in der Zusammenarbeit mit Migrantenselbstorganisationen, Arbeitsloseninitiativen oder Armutsselbstorganisationen.[22] Diese werden noch viel zu wenig als kompetente Partnerorganisationen der Sozialen Arbeit beachtet.

Lesetipp

Urban-Stahl, Ulrike/Jann, Nina (2014): Beschwerdeverfahren in Einrichtungen der Kinder- und Jugendhilfe. München: Reinhardt

---

22 Wie beispielsweise die Landesarmutskonferenzen in mehreren Bundesländern, bei denen Basisinitiativen aus den Lebenslagen Migration, Erwerbslosigkeit, Behinderten, Obdach- und Wohnungslosigkeit, Sucht sowie Menschen in Armutslagen mitarbeiten.

7.2 Gestaltung einer adressatenorientierten Infrastruktur

Adressat_innenorientierung zieht keineswegs ausschließlich, nicht einmal prioritär, die Einzelfallbearbeitung nach sich; wir konnten zeigen, dass Adressat_innen nur zu verstehen sind in ihren jeweiligen biographischen, aber eben auch sozialen und räumlichen Kontexten, in ihren Verhältnissen. Diese Kontexte zeigen sich als Behinderungs-, aber auch als Möglichkeitsstrukturen. Damit wird der Blick gelenkt auf die Verfasstheit der Sozialen Infrastruktur und damit auch auf die institutionelle Organisation der Sozialen Arbeit. Auf diese Infrastruktur einzuwirken ist als eine Gestaltungsaufgabe der Sozialen Arbeit zu betrachten und grenzt sich ab gegen neoliberale Verschiebungen, die von der Sozialen Arbeit vor allem das Einwirken auf das Verhalten der Adressat_innen erwartet.

Möglichkeitsstrukturen sind von unterschiedlichen Aspekten aus zu betrachten. Eine wichtige Rolle spielen die räumlichen und materiellen Strukturen, die zu unterschiedlichen habituellen sozialen Bewältigungsorientierungen führen. Aber auch die fachlichen Interventionen und Infrastruktur zählen dazu. Die Art und Weise der passgenauen variablen und flexiblen Angebotsstrukturen spielen ebenso eine Rolle wie die Möglichkeiten, auf gruppenbezogene kontextuelle Interessen und Bedingungen einzugehen. Am prominentesten sind solche Denkweisen aus der Theorie und Praxis der Gemeinwesenarbeit (GWA) bekannt, die sich zunehmend zu einem Arbeits*prinzip* für Soziale Arbeit entwickelte. Heute „haben sich die Elemente dessen, was GWA meint (lokale Orientierung, Koordination, Vernetzung, Betroffenenaktivierung) in den Gesamtbereich der sozialen Arbeit ausgedehnt und bieten dort Ansätze für zahlreiche neue Orientierungen" (Oelschlägel 2005: 657). Gemeinwesen*orientierte* Arbeit ist demnach Akteurin auf verschiedensten Ebenen – aber immer im ‚Interesse' der Bewohnerschaft. So weiß sie um die Wirkungszusammenhänge der lokalen Politik sowie um die Einflussbereiche der lokalen Wirtschaft und kennt die Trägerorganisationen und Schlüsselpersonen in Administration und in den Quartieren. Sie vernetzt Bewohner_innen und Fachkräfte, Institutionen und bürgerschaftliche Vereinigungen und sucht auf diese Weise eine ineinandergreifende Struktur der professionellen Angebote und Selbstermächtigungsprozesse der Adressat_innen zu begleiten und zu initiieren.

Für unseren Argumentationsgang lassen sich Impulse aus der GWA für eine adressatenorientierte Arbeit auf drei analytisch voneinander zu unterscheidenden Ebenen darstellen: (1) Die Ebene der professionellen Arbeitsverhältnisse als interne Bedingungen für eine adressatenorientierte Arbeitsweise; (2) die Ebene der Gestaltung einer adäquaten Infrastruktur als ineinandergreifendes und vor allem flexibel aufeinander bezogenes Hilfesystem der Sozialen Arbeit und (3) die Ebene der kommunalen Planung im Bereich des Sozialen.

(1) Gestaltung der Arbeitsverhältnisse von Professionellen

Zwischenzeitlich dürfte klar geworden sein, dass ‚Adressatenorientierung' eine durchaus anspruchsvolle Sache ist; sie beschränkt sich nicht auf eine persönliche Haltung der Professionellen. Vielmehr braucht sie spezifische Bedingungen, damit sie in den Arbeitsverhältnissen Wirkung entfalten kann. – Das beginnt bereits in der hochschulischen Ausbildung der Fachkräfte. Die Studierenden sind mit dem grundlegenden Umstand konfrontiert, dass professionelles Handeln in der Sozialen Arbeit keinem standardisierbaren Ablaufmodell folgen kann, sich vielmehr abgrenzen muss „von mechanischen Kausalitätsvorstellungen [...] zugunsten des Respekts vor fremder Subjektivität" (Treptow/Faas 2015: 163). Sozialpädagogisches Handeln ist daher immer Handeln im Horizont von „Ungewissheit" (Olk 1986). Der Fokus des Studiums muss dieser Grundbestimmung Rechnung tragen: Es soll den Studierenden ermöglichen zu lernen, sich in dieser spannungsvollen Offenheit als zukünftig beruflich handelnde Fachkräfte zu reflektieren, sowie die Fähigkeit aufzubauen, die sozialpolitischen und gesellschaftlichen Bedingungsgefüge der Sozialen Arbeit und die Lebensrealitäten von Adressat_innen theoriebezogen zu reflektieren. Dafür ist ein nicht-technizistisches Verständnis von ‚Methode' und ‚Kompetenz' nötig: „Denn: Fachkräfte handeln nicht schon dann kompetent, wenn sie eine Methode anwenden. Sie handeln erst dann kompetent, wenn sie zwischen Fallstruktur und Methode eine nachvollziehbare Relation erkennen, die plausibel macht, dass andere Möglichkeiten des Handelns ausgeschlossen werden, d. h. wenn sich das (geplante) Vorgehen in seiner reflexiven Abwägung als situationsangemessen erweist" (Treptow/Faas 2015: 171).

In der Praxis braucht es Arbeitsverhältnisse, die dieses Potential aufgreifen und es den Beschäftigten erlauben, über das nötige Maß an Zeit und Raum zur (selbst)kritischen Reflexion des praktischen Handelns zu verfügen: Vom unmittelbaren Handlungsdruck entlastete und entlastende Momente in den alltäglichen Arbeitsvollzügen, in Teamforen, die nicht nur organisatorisch-funktionale Fragen verfolgen, in Klausurtagen, kurz: in Reflexionsformen, die nicht zur Flucht in methodisch-funktionale Fortbildungen nötigen. Es braucht Möglichkeiten zur Analyse der professionellen Handlungsbedingungen, zu reflektiertem Fallverstehen (und darin gegebenenfalls biographischem Arbeiten) und nicht zuletzt zur politisch-analytischen Einschätzung der Entwicklungen in den je spezifischen Arbeitsfeldern.

Diese Überlegungen, ja: Anforderungen, stoßen sich an sozialpolitischen Realitäten: Die aktuell hegemoniale fiskalische Leitlinie der ‚Null-Schulden-Politik' (Austeritätspolitik), die seit etwa 20 Jahren einhergeht mit der Senkung der sogenannten Staatsquote für Sozialausgaben, beeinflusst die Mittelsteuerung in den verschiedenen gesellschaftlichen Versorgungsbereichen (vor allem im Gesundheitswesen, in der Sozialen Arbeit, in der Alterssicherung). Intensiv diskutiert wird dies unter den Stichworten der ‚Ökonomisierung sozialer Dienstleistungen', deren andere Seite die Aktivierungsprogrammatiken darstellen. Umgesetzt wurde und wird dies über ein Bündel an verschiedenen, in sich hoch widersprüchlichen Maßnahmen: Etwa Qualitäts- und Zertifizierungsverfahren, Ansprüche an die Erhöhung von Effektivität- und Effizienz, neue Steuerung der Kommunalfinanzen (die die größte Relevanz für die verfügbaren Budgets im Bereich der Sozialen Arbeit haben), veränderte Finanzierungsmodelle (etwa die Fachleistungsstunde) und die Veränderung des Subsidiaritätsgefüges (die freien Träger werden tendenziell zu ‚Handlangern' staatlich-öffentlicher Wohlfahrtserbringung) (Kessl 2013: 37ff.).

Parallel sind beschäftigungspolitische Hindernisse festzustellen: Die Deregulierung der Arbeitsmärkte und die Flexibilisierung der Beschäftigungsverhältnisse haben auch vor den Beschäftigungsbedingungen der Professionellen nicht Halt gemacht und diese massiv ausdifferenziert: „Der Umfang der Teilzeitstellen ist stark angestiegen [...], befristete Arbeitsverträge sind häufiger [...], die qualitative und quantitative Arbeitsbelastung hat zugenommen [...] und es wird seltener nach Tarif bezahlt"; schließlich fehlt ein „Branchentarifvertrag, der Mindeststandards für die Beschäftigungsverhältnisse in der Sozialen Arbeit verbindlich regelt" (Eichinger 2009: 117) und der Einsatz lediglich an- oder gar ungelernter Arbeitskräfte hat stark zugenommen. Die Weiterentwicklung der (auch) staatlich finanzierten Bereiche der Bildungs- und Daseinsvorsorge in der letzten Dekade hat zwar zu einem quantitativen Bedeutungszuwachs der Sozialen Arbeit geführt; damit einher ging (und geht aktuell) ein nennenswerter Ausbau an Stellen. Allerdings wird dieser numerische Zuwachs an Stellen in erster Linie durch die massive Ausdehnung von Teilzeitstellen als Beschäftigungsform realisiert. Solche professionellen Arbeitsverhältnisse drängen Mitarbeitende zu Routinehandeln, zu schnellerem Fall-Erledigen, zu durchstrukturierten Zeitkalkülen, die die Spielräume für die „strukturierte Offenheit" (Thiersch 2000), die für eine ‚Adressatenorientierung' unabdingbar ist, schmälern.

Dennoch scheint verhaltener Optimismus angebracht zu sein, geht man der Frage nach, inwieweit solche Entwicklungen sich in den professionellen Handlungsvollzügen niederschlagen und fachliche Optionen (wie die hier diskutierte ‚Adressatenorientierung') im Rahmen organisationaler Anpassungsprozesse eingeschränkt werden. Als Essenz aus einschlägigen Untersuchungen zu diesem Fragekomplex resümiert Kessl (2013: 41), dass sich weder eine formale Durchstandardisierung „noch eine generelle organisationale Determinierung" der sozialpädagogischen Leistungserbringung feststellen lasse. Begreift man sozialpädagogische Organisationen und sozialpädagogische Professionalität als eng korrespondierende Faktoren der Leistungserbringung, dann stellt sich die Frage, unter welchen Bedingungen die Professionellen

Freiräume für angemessenes fachliches Handeln erhalten können (ebd.: 43) – ein noch offenes Untersuchungsfeld.

Unstrittig scheint jedoch, dass der Wandel der Beschäftigungsverhältnisse in der Sozialen Arbeit eine zentrale und konflikthaltige Herausforderung für die Fachkräfte darstellt: „Sie müssen Bewältigungsstrategien entwickeln, die sowohl dem *Einrichtungserhalt*, der *fachlich-ethischen Verantwortung* sowie der *persönlichen Existenzsicherung* dienen – Bestrebungen, die zunehmend miteinander in Konflikt geraten können" (Eichinger 2009: 121; Her. i. O.). – Inwiefern in diesem konflikthaften Gefüge eine adressatenbezogene Organisationsentwicklung realisiert werden kann, bei der ‚Adressatenorientierung' als fachliche Leitlinie und die Stärkung der Adressatenposition als ein wesentliches Organisationsziel realisiert wird, ist in erster Linie eine praktisch-politische Frage, dann eine empirische.

(2) Ineinandergreifende und flexible Infrastruktur

Die Lebenswelten, Lebensweisen und Lebensführungsmuster von Adressat_innen sind hochkomplex. Mit der zunehmenden Individualisierung sind auch die Verschiedenheiten von Herausforderungen und Bewältigungsmodi größer geworden; diese Entwicklung wird im Diskurs um ‚Diversity' ins Zentrum der Aufmerksamkeit gerückt und hat zwischenzeitlich zunehmend auch die Theorie- und Praxisdiskurse der Sozialen Arbeit angeregt (Prengel 2006; Leiprecht 2009, Mecheril/Melter 2010). Das stellt die Versäulung des Hilfesystems, die etwa in der Kinder- und Jugendhilfe an einzelnen Paragraphen des KJHGs entlang organisiert ist, zunehmend infrage.[23] Angestrebt wird vielmehr eine bewegliche ineinandergreifende Infrastruktur der Angebote, die die Lebenswelt zum Ausgangspunkt nimmt und im Alltag erreichbar ist – mit fließenden Übergängen zwischen unverbindlichen Kontakten bis hin zu konkreten rechtsverbindlichen Hilfeleistungen. Dies ist nun gewiss nicht neu, soll hier aber in spezifischer Weise unter dem Blickwinkel einer adressat_innenorientierten Ausgestaltung betont werden. Integrierte Konzepte, flexible Strukturen, ineinandergreifende Hilfen finden sich beispielsweise in Konzeptionen der regionalen Jugendhilfestationen, in der Gestaltung vieler Kinder- und Familienzentren (Kunstreich 2013, Langhanky et al. 2004), in der Struktur einer lebensweltorientierten Schulsozialarbeit, welche Jugendarbeit, Schulberatung und offene Arbeit zu einem Gesamtkonzept, das stadtteilbezogen angelegt ist, verbindet (Bolay et. al. 2010), in manchen neueren Konzepten der Seniorenarbeit (Elsbernd/Hohloch 2010), in Ansätzen der Sozialpsychiatrie (Obert 2000) sowie in der Gemeinwesenarbeit (Stövesand/Stoik 2013).

---

23 Unbestritten bleibt dabei die Notwendigkeit für Spezialdienste (etwa Beratungsstellen), die konkrete Themen bzw. Probleme explizit bearbeiten, dadurch spezifische Möglichkeiten der Ansprache bieten und gerade nicht unbedingt wohnumfeldnah gelegen sein müssen, damit den Betroffenen auch unerkannt Hilfe angeboten werden kann.

Diese notwendige Orientierungen an verstärkter Kooperation, Durchlässigkeit von Zuständigkeitsgrenzen und der Bezug auf das ‚Feld', statt auf den ‚Fall'(Lüttringhaus 2010), hat Ähnlichkeiten mit Reformen, die als ‚Sozialraumorientierung' vor allem für die erzieherischen Hilfen in vielen Regionen nunmehr umgesetzt sind. Ohne eine Diskussion dieser Reformen (und vieler darin enthaltener Verkürzungen und Missverständnisse) hier führen zu können (Kessl et al. 2005) gilt es, einige Merkpunkte festzuhalten, die sich aus der konsequenten Orientierung an den Adressat_innen ergeben und die auch eine kritische Folie gegenüber einer rein steuerungsorientierten, formal gedachten Sozialraumorientierung bieten. Obwohl wohngebietsbezogen und damit dezentral angelegt, sollte die ‚Gestaltung der Verhältnisse' ihren Ausgangspunkt für relevante Themen und Zuständigkeiten nicht innerhalb von ‚Territorien' als administrativ markierte Wohnbereiche nehmen. Vielmehr muss sie von den Adressat_innen her gedacht werden als Arbeit an und in ihren „konkreten, aber heterogenen und dynamischen Orten" (Kessl/Reutlinger 2013: 129). Damit rücken Prozesse der subjektiven und kollektiven *Verortung* in den Vordergrund, Prozesse, in denen die je spezifischen Nutzungsgehalte von Orten und deren (ungeschriebene) Regeln als zentrale Bezugsgrößen für das Erleben der Adressat_innen relevant werden. „An konkreten Orten reflektieren sich somit die vorherrschenden Verteilungs-, Arbeits- und offiziellen Zugehörigkeitsmodelle, und von diesen Orten aus lassen sich gegebene Zugangsmöglichkeiten ebenso wie existierende Schließungsmechanismen in den Blick nehmen. [...] Sozialräume [...] werden als konstitutiv-relational begriffen. Sie stellen selbst das Ergebnis sozialer Prozesse dar" (ebd.). In der daraus begründeten *reflexiven räumlichen Haltung* (ebd.: 130) interessieren sich die Professionellen nicht zuletzt dafür, welche Konstellationen die sozialräumlichen Handlungsoptionen der Bewohner_innen behindern. Damit findet bei den Fachkräften nicht nur das kommunal-administrativ Gewollte Berücksichtigung (wie z. B. eine bestimmte vorgesehene Platznutzung), sondern auch nicht intendierte Effekte oder ungewünschte Verortungen (wie z. B. die Nutzung des Platzes durch andere Personen oder eine andere Nutzung). Sie sind daher gehalten, hierin Position zu beziehen. Zu dieser reflexiven räumlichen Haltung ein Beispiel (Blank-Gleich/Hennig 2014):

Beispiel

In einem sozial durchmischten Stadtteil mit einem Kern von Einfachstwohnungen aus den 1950er Jahren, in denen hauptsächlich von Armut betroffene, in den letzten 20 Jahren eingewanderte Familien leben,* plant die Kommune umfangreiche Sanierungsmaßnahmen. Den Sozialarbeiterinnen des Freien Trägers, die im Quartier kooperativ mit Mitarbeiter_innen des Sozialen Dienstes einen Jugendtreff und ein kleines Stadtteilzentrum betreiben, fällt auf, dass die bei ihnen verkehrenden Personengruppen über diese Vorhaben kaum Informationen haben – obwohl sie am meisten davon betroffen sind. Die städtischen Informationswege haben sie nicht erreicht. Als erstes analysieren die Sozialarbeiterinnen die üblichen Informationspraktiken ihrer Adressat_innen und stellen fest, dass diese nicht so sehr nur innerhalb des Stadtteils und gar nicht über bekannte Öffentlichkeitsmedien erfolgen (wie etwa Aushänge, Informationen im Amtsblatt, etc.), sondern über ihre Beziehungsnetze gehen, die über die ganze Stadt gespannt sind: Z. B. fungieren der türkische Laden in der Stadtmitte, religiöse Treffpunkte oder die Moschee als relevante Informationsorte. Auf diesen Wegen laden nun die Professionellen zu kleineren Aktionen ein, in denen sich die Bewohner_innen mit ihrem Wohn-Stadtteil auseinandersetzen können: Fotoaktionen, Stadtteilbegehungen, eine Ausstellung im Stadtteilzentrum und eine Planungswerkstatt (‚Planning for real'). Erst im Anschluss wird der Stadtplaner eingeladen, um über die städtischen Inhalte der Sanierungsplanung zu informieren und zu diskutieren. Die Diskussionen mit ihm sind heftig, denn es gibt sehr unterschiedliche Priorisierungswünsche (z. B. mehr Parkplätze oder mehr Grünflächen).

---

* Unter adressatenorientierter Perspektive ist es abzulehnen, von ‚sozial schwachen' Bevölkerungsgruppen zu sprechen, denn sie sind arm, d. h. haben wenig materielle Ressourcen, aber oft reiche soziale Netze und leisten viel Soziales.

Die Sozialarbeiterinnen haben also die ‚Gesetzmäßigkeiten' des Ortes der Betroffenen zuerst erkundet (insbesondere in Bezug auf informelle Informationssysteme), dabei territoriale Grenzen überschritten (sowohl in Bezug auf die städtische Politik als auch in Bezug auf die Handlungsreichweiten der Bewohner_innen) und mit dem Einbezug der Verortungsprozesse der Bewohner_innen deren Handlungsfähigkeit befördern können. Dabei haben sie nicht stellvertretend versucht, Interessensunterschiede zu glätten, damit die Bewohner_innen ‚mit einer Stimme' sprechen, sondern deren durchaus unterschiedliche Interessen in die Verhandlungsarena zu bringen, sie damit als öffentliche Akteure zu etablieren.

Eine solche sozialräumlich reflexive Haltung wäre aber zum Scheitern verurteilt, wenn nicht auch Konsequenzen für die Infrastrukturebene, also der fachverantwortlichen Organisation der die Leistungen erbringenden Träger und im Hinblick auf Zuständigkeiten gezogen würden.

Im eben dargelegten Beispiel einer kreisangehörigen Mittelstadt bewegten sich die Sozialarbeiterinnen der Freien Träger in einer seit vielen Jahren etablierten rechtlich abgesicherten Kooperationsstruktur, die die Sozialen Dienste des Landkreises und der Stadt zusammenführt und die Arbeit in kontinuierlichen Stadtteilteams mit Mitarbeiter_innen von Freien Trägern realisiert. Ziel ist dabei, ganzheitlich und präventiv alle Hilfen aus einer Hand, „orientiert an den Bedürfnissen der Klienten und an deren Umfeld", anbieten zu können (Kooperationsvertrag). „Dem Konzept [...] liegt der Gedanke zu Grunde, dass Bürgerinnen und Bürger ein weitgefächertes, bedarfsgerechtes Angebot in allen sozialen Fragen [...] vorfinden können. Die Bündelung der Informations- und Hilfeangebote *unter einem Dach* hat sich als sinnvoll und effektiv erwiesen. Das offen geführte Haus bietet einen *niedrigschwelligen Zugang zu einem multiprofessionellen Angebot*, das von den Bürgerinnen und Bürgern aller gesellschaftlichen Schichten intensiv genutzt wird. [...] Auch sind viele Klienten der Jugend- und Erziehungshilfe gleichzeitig Empfänger von Leistungen der Jobcenter. Die Zusammenarbeit des (Name des Dienstes) mit dem Jobcenter (Name der Stadt) ist sehr gut und die Betroffenen kommen in vielen anderen Bedarfslagen nach wie vor auf die Fachkräfte des Dienstes zu (Altenhilfe, Integration, Angebote für Menschen mit Behinderung, Jugendarbeit, Bürgerschaftliches Engagement, Wohngeldleistungen, Rentenangelegenheiten, Grundsicherung bei Erwerbsminderung). Neue Kooperationsschwerpunkte kamen für den Dienst hinzu, u. a die Mitarbeit bei der Schulentwicklungs- und Bildungsplanung, eine noch engere Kooperation mit den Schulen und der Jugendsozialarbeit, der Aufbau von Nachbarschaftsnetzwerken in den Stadtteilen sowie die Zusammenarbeit mit dem Pflegestützpunkt" (Sitzungsvorlage für den Jugendhilfeausschuss 2012; Herv. d. V.). Mit der durchgängigen Gemeinwesenorientierung ist den Mitarbeiter_innen des Sozialen Dienstes eine Gewichtung ihrer Arbeitszeitanteile von 30% fallunabhängiger Arbeit und 70% Fallarbeit vorgegeben. Die enge Zusammenarbeit mit den freien Trägern beinhaltet kontinuierliche gemeinsame Einschätzungen über vorhandene Entwicklungen und auch die gemeinsame Verantwortung und Durchführung von konkreten Maßnahmen, wie etwa der oben genannte Jugendtreffpunkt. Alle Beteiligten schätzen dieses Modell als lohnend und sehr förderlich für die Aufgaben des Sozialen Dienstes ein. Die Mitarbeiter_innen heben besonders das Wissen über den Sozialraum und ihren Bekanntheitsgrad vor Ort hervor, der ihnen rasch Zugänge zu den Bewohner_innen und ihren Belangen ermöglicht.

Die wichtigsten verallgemeinerbaren Aspekte dieses Modells hinsichtlich der ‚Adressatenorientierung' sind folgende: Die Adressat_innen müssen nicht herausfinden, wer für welche Frage nun als zuständige Person anzusprechen ist, denn alle sind zuständig; die Mitarbeiter_innen sind bekannt und verankert vor Ort und somit als Personen vertraut; Hilfen aus der Kinder- und Jugendhilfe und der allgemeinen Daseinsvorsorge (Wohnung, Sozialhilfe, Beratung etc.) gehen ineinander über und können aus einer Hand angegangen werden; und die Mitarbeiter_innen der verschiedenen Träger verfolgen in einem kontinuierlichen Austauschprozess gemeinsame fachliche Zielrichtungen auch in der konkreten Arbeit. Dieses Modell funktioniert, weil es politischer Wille der Stadt ist, es dauerhaft umzusetzen und weil kontinuierliche Reflexionsprozesse über die Art der Organisation und der Zusammenarbeit stattfinden.

(3) Organisations- und Planungsebene

Die Gestaltung einer in ihren Bestandteilen systematisch aufeinander bezogenen und für Adressat_innen sinnvoll nutzbaren Infrastruktur sozialer Dienste hängt nicht nur vom Konzept der jeweiligen Träger ab, sondern stellt zugleich eine zentrale Herausforderung für die kommunale Sozialplanung dar, die die gebiets- und zielgruppenbezogene Entwicklung sozialer Einrichtungen und Maßnahmen zum Inhalt hat. Damit bewegt sie sich ganz allgemein zwischen Managementaufgaben und Gestaltungsfähigkeit. Die Perspektive auf die Belange von Adressat_innen fordert in diesem Kontext vor allem die Frage heraus, wie deren Interessen in Planungskontexte einfließen können. Auch hier gilt der Anspruch, Prozesse stärker zu verknüpfen und nicht an alten Versäulungen festzuhalten (VSOP 2008: 3).[24]

Eine ambitionierte *Jugend*planung etwa hat immer von den Erfahrungen und Lebenswelten der Mädchen und Jungen (in aller Verschiedenheit) auszugehen und darum besonderen Wert auf die ständige Beobachtung und Kommunikation ihrer Wünsche und Erfahrungen zu legen. Dafür lassen sich zwei Wege identifizieren, die auch durch das Gesetz gedeckt werden (§80, 2 SGB VIII): Direkte Einflussnahmen durch Beteiligung und indirekte Wege, z. B. über Fachkräfte der Sozialen Arbeit (Stork 2010). Die indirekten Verfahren nutzen vor allem das durch die Beziehungsarbeit mit den Adressat_innen gesammelte Wissen der Fachkräfte und anderer Schlüsselpersonen. Direkte Verfahren beinhalten teilnehmende Beobachtung, Befragungen, versammelnde Verfahren und Projektansätze wie beispielsweise Zukunftswerkstätten. Dabei ist es wichtig, die unterschiedlichen Ausdrucksvermögen (vgl. Kap 6.1) und biographischen Passungen für Beteiligungsmotivationen und -verfahren (vgl. Kap 6.2) zu beachten. Solche Formen der Beteiligung brauchen Zeit, sollten themenbezogen stattfinden und es muss sehr ernsthaft mit inhärenten

---

24 Zu den fachlichen Anforderungen an Sozialplanung vgl. Anselm Böhmer (2014).

Versprechungen umgegangen werden, wenn die Betroffenen nicht ‚verheizt' werden sollen. Es geht zudem darum, Verhandlungsarenen zu gestalten, in denen Adressat_innen ihrem Verhandlungsmodus gemäß begegnet wird (für Mädchen, Jungen, Kinder, Erwachsene, Sprachgewandte, Migrationserfahrene, usf. sind die Verfahren jeweils anzupassen). Im günstigen Fall begeben sich die Planungsverantwortlichen in die Lebenswelt der Adressat_innen. In anderen Fällen sind gute Vorbereitungen zu treffen, die die Betroffenen schützen, sie begleiten und ihre Äußerungen feinfühlig und kompetent so aufbereiten, dass sie einer verwaltungsförmigen Verhandlung zugänglich werden.

Prozessorientierung entpuppt sich als das wichtigste Kriterium generell für adressat_innenbezogene Planungsprozesse, indem nicht von Anfang an schon deutlich ist, was das Ergebnis sein wird. Somit hat Beteiligung eine Erhebungsseite (Bedarfe ermitteln) und eine Verhandlungsseite (Bedarfe konsensfähig machen, Prioritäten setzen). Wenn sich Planende wundern, dass sich bestimmte Adressat_innengruppen nicht engagieren, kann es also wichtig sein, nicht an deren Willen zu zweifeln, sondern zunächst ihren Modus, mit den entsprechenden Themen umzugehen, zu ermitteln – Studien zu gescheiterten Beteiligungsprozessen geben darüber sehr gut Auskunft (Munsch 2003).

Beispiel

In einer Studie zum Thema Älterwerden im Quartier (May/Alisch 2013) wurde untersucht, wie soziale Nachhaltigkeit durch Teilhabe und Selbstorganisation älterer Migrant_innen erreicht werden könnte. Neben den Befunden großer privater gegenseitiger Unterstützung war im Hinblick auf Engagement und Partizipation besonders die Erkenntnis interessant, dass fehlende Beteiligung an formalisierten Strukturen nicht an mangelnden Kompetenzen, sondern an geringeren Gelegenheitsstrukturen lag. „Dies bezieht sich vor allem auf den Zugang zu Ressourcen und die Erwartung des institutionalisierten Hilfesystems an die älteren Zuwanderer als ‚Klientel', sich zur Ressourcenerschließung vollständig den dort vorgegebenen Regeln anzupassen" (May/Alisch 2014: 73f.). Als planungsrelevant ziehen die Forschenden die Konsequenz: „[...]scheint es demnach wenig erfolgversprechend, Menschen, die ihre alltägliche Reproduktion und die ihrer Familie bisher nur im Rahmen eines informellen Hilfenetzwerkes auf Gegenseitigkeit gewährleisten konnten, für formellere Formen eines ‚freiwilligen Engagements' zu gewinnen. Vielmehr gilt es umgekehrt, ihre bisher weitgehend übersehenen informellen Engagementformen nachhaltig infrastrukturell zu unterstützen" (ebd.: 74). Daraus folgt, eher Orte als Infrastruktur für gemeinsames Handeln zu schaffen als Projekte auszuschreiben.

Das Beispiel zeigt, wie aus den Praktiken der Adressat_innen mögliche Richtungen gefunden werden können, wie mit Problemstellungen umzugehen ist. Beteiligung hat also eine entscheidende weitere Funktion: Sie liefert auch Anhaltspunkte, wie etwas gelöst werden könnte – der Ideen- und Kompetenzpool der Betroffenen ist eine wichtige Ressource für Planung.

Die kommunikative Seite von Planung – Partizipation und Aushandlung – betrifft ebenso die indirekten Verfahren. Träger und vor allem Mitarbeiter_innen müssen in die Aushandlung der Ausgestaltung der notwendigen Infrastruktur einbezogen werden (für die Jugendhilfeplanung sogar gesetzlich vorgeschrieben, § 80, Abs. 3, SGB VIII), denn sie haben in der Regel genauere Einblicke in Lebenswelten der Adressat_innen. Gleichwohl ihre Interpretation immer auch spezifische Bedarfskonstruktionen beinhalten, die vor Klischees nicht gefeit sind (vgl. Kap. 3), bilden sie dennoch einen zweiten Pol gegenüber den Sichtweisen der Planungsbeauftragten und der Gemeinderäte. Diese Form *partizipativer Planung* erfordert Gremien, die nicht-hierarchisch anstehende Themen besprechen können und deren Mitspracherecht formal abgesichert werden muss.[25] Jugendberichterstattungen bzw. regelmäßige Sozialberichterstattungen in den kommunalen Gremien sind dabei ein wichtiges Medium, die sozialen Fragen (auch die Perspektive von Adressat_innen) in der Allgemeinheit der Kommune wachzuhalten und in die Diskussion zu bringen (Bitzan 2014).

Mit solchen Formen lassen sich auch die Schnittstellen zu anderen Sozialplanungen und zu weitergehenden Planungsthemen in der Kommune (Schulplanung, Bauplanung etc.) bearbeiten und sich übergreifende Themen etablieren, denn Ziel ist das adressat_innengerechte Gemeinwesen. Allerdings: Die Planungsaufgabe verführt dazu, naiv an die strukturelle Steuerungsmöglichkeit aller Interventionen im sozialen Bereich zu glauben. Das Soziale zu steuern ist aber nur begrenzt möglich. Darum betonen wir hier – unter der Adressat_innenperspektive – vor allem die Bedeutung von Sozialplanung zur Schaffung einer *Diskurs*arena, in der individuelle und kontextuelle Bezugnahmen je aktuell ihren Platz haben. Damit ist eine adressat_innenorientierte Planung offen für Überraschungen und stellt sogar selbst durch querliegende Fragestellungen und Ansprüche gängige Wahrnehmungskonglomerate infrage, gerade auch in der kommunalen Verwaltung. So kennzeichnet Joachim Merchel (2010: 403) denn auch diese Aufgabe der ‚produktiven Irritation' als wesentlichen Bestandteil von Planung.

---

25 Vielerorts wird ein kommunaler Planungsarbeitskreis für eine partizipative kooperative Planung vorgeschlagen. Dieser soll als allgemeiner kommunaler Ort zur Reflexion der Lebensqualität von Jugendlichen und anderen Adressat_innengruppen bekannt sein. Somit müsste ein solcher AK ausgestattet sein mit dem politischen Vertrauen in seine Fachlichkeit, mit der politischen Aufgabe, Ideen zu entwickeln und Beschlusslagen für die Kommunalparlamente vorzubereiten und müsste eng zusammenarbeiten mit der zuständigen Fachstelle der Kommunalverwaltung.

Lesetipps

Fehren, Oliver (2013): Gemeinwesenarbeit als Akteurin der integrierten Stadtteilentwicklung. In: Stövesand et al. (Hrsg.) (2013), S. 273–279

Grunwald, Klaus (2015): Organisation und Organisationsgestaltung. In: Otto/Thiersch (Hrsg.) (2015), S. 1139–1150

Kessl, Fabian/Reutlinger, Christian (2013): Sozialraumarbeit. In: Stövesand et al. (Hrsg.) (2013), S. 128–140

Wir haben in den beiden vorangegangenen Kapiteln unter dem Fokus der ‚Adressatenorientierung' ein spezifisches professionelles Grundverständnis zu konturieren begonnen, das die (erweiterbaren) Mitbestimmungsmöglichkeiten der Adressat_innen gegenüber sozialstaatlichen und fachlichen Bemächtigungen und die Förderung ihres Ausdrucks- und Selbstbestimmungsvermögens (Handlungsfähigkeit) als normativen Horizont der praktischen Arbeit in den Vordergrund rückt. Das Hauptanliegen dieses Grundverständnisses kann als *Demokratisierung sozialarbeiterischer Praxissituationen* beschrieben werden. Dies geht nur auf der Folie einer kritischen Analyse sozialstaatlicher Vorgaben und daraus resultierender professioneller Konzepte und Handlungsmuster, die in üblichen eingeschliffenen Routinen oftmals den Alltag bestimmen. Adressat_innenorientierung in diesem Sinn verstehen wir als spezifischen Blickwinkel und sensibilisierenden Fokus, der als Referenzrahmen für eine kritische Praxis dienen kann. Es geht dabei – so verdeutlichen wir in diesen Kapiteln – um ein sensibles, methodisch sorgfältig reflektiertes Fallverständnis, das besonderen Wert auf die *Prozess*dimensionen der sozialpädagogischen Beziehung sowie auf die Entwicklung von Selbstkonzepten legt, indem Entstehung und Bedeutung von Selbst- und Fremdkonstruktionen reflektiert, relativiert und in biographische Kontexte gestellt werden. Die entfalteten Elemente adressatenorientierten Fallverstehens können in diesem Sinn als Handlungsorientierung verstanden werden und beziehen sich sowohl auf die Arbeit mit Einzelnen und Gruppen wie auch auf die Gestaltung von Partizipationsprozessen im Gemeinwesen. Damit wird noch einmal deutlich, dass Adressat_innenorientierung nicht nur einen spezifischen personenbezogenen Umgang meint, sondern zugleich auch eine Herangehensweise für die Gestaltung von Strukturen und Verhältnissen beinhaltet und diese auch einfordert: Es müssen Konstellationen gestärkt werden, die der Adressatenposition systematisch mehr Gewicht einräumen, sei es in Beschwerdeverfahren, sei es in der Gestaltung von infrastrukturellen Möglichkeitsräumen. Besonders ausgeführt haben wir dies in Bezug auf die Bedeutung der Gestaltung einer flexiblen und ineinandergreifenden Infrastruktur und der Planungsebene als Rahmung konkreter Handlungskonstellationen. Voraussetzung für eine ambitionierte ‚Adressatenorientierung' im dargestellten Sinn ist die Möglichkeit und Bereitschaft, dass Professionelle Räume finden, in denen sie – entlastet vom

Alltagsgeschäft – ihre Zugänge reflektieren und erweitern können. Deutlich wurde, dass es nicht nur um die Frage der ‚richtigen' Professionalität der einzelnen Professionellen geht, sondern dass auch die Ebene der konzeptionellen, organisationellen und kommunalsozialpolitischen Vorgaben eine Rolle spielt. Eine solche – eben auch explizit politisch gefasste – ‚Adressatenorientierung' muss somit Partner und Widerpart der sozialpolitischen Vorgaben von Problembeschreibungen, Adressatenkonstruktionen und gegebenenfalls dem Übergehen von Bedarfen von Betroffenen auf der Makroebene werden. Dazu bedarf es der kontinuierlichen fachlich-kritischen Selbstverständigung und solidarischer Zusammenschlüsse. Diese können z. T. Bündnisse mit großen Trägern Sozialer Arbeit sein. Zum Teil müssen sie aber auch gegen diese formiert werden, denn im Gefolge ihrer Verstrickungen in sozialpolitische Leitlinien und Finanzierungsgrundlagen werden in der Regel spezifische Adressatenformierungen konkretisiert. Konfliktorientierung und Konfliktfähigkeit der Sozialen Arbeit sind damit angesprochen.

8. Zum Anspruch des relationalen Adressatenverständnisses

Dieses Kapitel verfolgt nicht die Intention, den bisherigen Argumentationsgang nachzuzeichnen; dazu verweisen wir auf die einleitenden und abschließenden Ausführungen in den jeweiligen Teilen sowie in den einzelnen Kapiteln. Stattdessen soll hier auf drei Aspekte etwas näher eingegangen werden: Zum ersten geht es um die Frage des Geltungsanspruchs der hier vorgelegten Konzeptionierung der Adressatenkategorie; zum zweiten um die Spannung zwischen der sozialen Regulation des Adressatenstatus und dem Wunsch nach einem höheren Maß an Selbstbestimmung (Normativitätsfrage) und schließlich drittens um Anmerkungen zur Adressatenforschung.

Die in diesem Lehrbuch entfalteten Überlegungen zu einem theoretisch fundierten sozialpädagogischen Adressatenverständnis werfen – so unsere Erfahrungen aus vielerlei Lehrzusammenhängen – die Frage ihres *Geltungsanspruchs* auf: Handelt es sich um eine weitere Grundlagentheorie für die Soziale Arbeit, die gewissermaßen in Konkurrenz etwa zu lebenswelt-, subjekt- oder dienstleistungstheoretischen Überlegungen steht? Oder handelt es sich um eine weitere Diskurslinie, die – wie auch immer verbunden oder gar unverbunden – neben dem Sozialraum-, dem Geschlechter-, dem Migrations- oder etwa dem Qualitätsdiskurs steht? Ohne hier die Frage genauer zur verfolgen, was eine Theorie ausmacht (für die Soziale Arbeit beispielhaft: Füssenhäuser/Thiersch 2015; Winkler 1988), sei eine Einordnung vorgenommen. Mit der theoretischen Analyse der Adressatenkategorie liegt ein Zugang vor, der die relative Leerstelle im sozialpädagogischen ‚Dienstleistungsdreieck' von Organisation – Profession – Adressat_innen, die durch eine bislang erst in Ansätzen gegebene Klärung der Adressatenseite gegeben ist, ausfüllen will. Insofern verstehen sich die hier vorgelegten Ausführungen keineswegs als Alternative zu Theoriekonzepten, die sich weiteren relevanten Fragekomplexen der sozialpädagogischen Theoriebildung sowie Praxisklärung annehmen. Vielmehr soll dazu ermuntert werden, den Ertrag dieses Konzepts in theoretischer, empirischer wie handlungspraktischer Hinsicht mit anderen Zugangsweisen und Klärungen zu vermitteln und jeweils zu konkretisieren.

Ein zweiter, immer wieder diskutierter Aspekt ist die Frage nach der Zulässigkeit wie nach dem *Stellenwert normativer Aussagen* in Anbetracht der konstitutiven Spannung, die die soziale Regulation des Adressatenstatus begleitet; diese Spannung besteht dann, wenn der Anspruch der Orientierung an einem Zugewinn an Selbstbestimmung (Fokus der Citizenship) gelten soll. Die hier erarbeitete Adressatentheorie beinhaltet in einem ersten Schritt der kategorialen Klärung verdichtete Analyseergebnisse aus der umfangreichen Sichtung von Aspekten, die Auskunft darüber geben, wie es dazu kommt, dass Individuen oder ‚Betroffene' zu Adressat_innen der Sozialen Arbeit werden können. Der relationale Charakter dieses Prozesses kann gar nicht zureichend erschlossen werden ohne Bezug auf normative Vorstellungen und Regelungen (gesellschaftliche Übereinkünfte), die sich in den gesetzlichen und fachlichen Einflussnahmen auf die Adressatenbildung und -bearbeitung niederschlagen. Insofern beschäftigt sich die Analyse unmittelbar immer auch mit normativen Implikationen. Sie kann, ja muss in einem zweiten Schritt danach fragen, welche Schlussfolgerungen zu ziehen sind, damit eine demokratisch-emanzipatorische Weiterentwicklung der Sozialen Arbeit befördert wird. Im zweiten Teil dieses Lehrbuches sind daher fachliche Überlegungen zu einer engagierten ‚Adressatenorientierung' zusammengetragen worden, die sich auf Zugangsweisen, Fallverstehen und -bearbeiten und vor allem auf die Einbettung individueller Bedarfslagen in die Verhältnisse beziehen. Eine solche ‚Adressatenorientierung' wirkt hin auf Verhältnisse als Infrastruktur der Möglichkeiten für Adressat_innen zu einem ‚gelingenderen Alltag' und ebenso als Infrastruktur der Möglichkeiten für Fachkräfte und fortschrittliche Fachkonzepte.

Somit wird hier für eine theoretisch begründete normative Orientierung der Profession plädiert, die im Horizont einer Anstrengung für ‚gerechtere Verhältnisse' fachlich darum bemüht ist, der ‚Stimme der Adressat_innen' mehr Geltung zu verschaffen und sie gleichberechtigter an Prozessen der Adressatenkonstruktion teilhaben zu lassen und zugleich auf Bedingungen hinzuwirken, die die strukturellen Grundlagen von prekären materiellen und psychischen Bewältigungsdispositionen bestimmen.

Vor dem Hintergrund dieser Überlegungen plädieren wir für ein dialektisches Verständnis der Normativitätsfrage: Der (relativen) Bestimmtheit eines normativen Horizonts hinsichtlich der Gestaltungsrichtung der Verhältnisse steht eine (relative) Unbestimmtheit bzw. Zurückhaltung im Hinblick auf normative Bewertungen der konkreten Lebensführung von Adressat_innen gegenüber. In Bezug auf die ‚Adressatenorientierung' als fachliche Orientierung an Teilhabe und Selbstbestimmung gilt es, solche Settings von Beteiligung, Zugänglichkeit und Mitentscheidung zu gestalten und zu sichern, in denen Adressat_innen in die Lage gebracht oder darin unterstützt werden, Lebensentwürfe zu finden und zu entfalten, die eben nicht zwingend den Vorstellungen der Professionellen oder den Erwartungen des (aktivierenden) Sozialstaats und seiner Sozialpolitik entsprechen müssen. Grenzen bei dieser Unterstützung zur relativen Selbstbestimmung liegen zum einen selbstredend in der Beeinträchtigung anderer, und zum anderen darin, dass sich Lebenschancen immer nur in den aktuell jeweils gegebenen Rahmungen eines bildungs- und erwerbsarbeitsorientierten Sozialstaats realisieren.

Hinsichtlich einer Kritik der Verhältnisse gilt es hingegen, sich bestimmt gegen Vorgaben und Settings in der Sozialen Arbeit zu positionieren, die den Adressat_innen mit individuellen Schuldzuschreibungen und vereinfachten Problemfestlegungen begegnen, ohne dass deren Handlungskontexte und Selbstdeutungen einen angemessenen Raum erhalten. Grenzen solcher Gestaltungsmöglichkeiten liegen zwar im gesellschaftlichen Rahmen der Sozialregulierungen, in denen sich die Soziale Arbeit zu bewegen hat, jedoch gilt es in jedem Fall, solche (sozial)politischen Verhältnisse zu kritisieren, die soziale Ungleichheit und gruppenbezogene Stigmatisierungen rechtfertigen.

Diese allgemeinen Ausführungen müssen jeweils konkretisiert werden, um sie zu einer praktischen Relevanz zu führen; beispielsweise als konkrete fachpolitische und fachliche Positionierung in der Frage, wie mit bestimmten Thematiken umgegangen werden soll:

- Etwa das Thema von Handlungsspielräumen für Geflüchtete, in denen sie hinsichtlich der Perspektiven ihrer Lebenssituation auch selbst Mitsprache erhalten.
- Etwa Konzepte akzeptierender Drogenarbeit, bei denen die Entwöhnung von einem gesellschaftlich geächteten Konsum *nicht* im Vordergrund steht, sondern das Führen eines lebbaren Lebens bei Akzeptanz des Konsums.
- Ein weitere Art der Konkretisierung bezieht sich z. B. auf Hilfeplangespräche, die dem Ausdrucksvermögen der Adressat_innen gerecht werden und die als tatsächliche Aushandlungsszenarien gestaltet werden – was wiederum eine Konfliktorientierung in Bezug auf die Zeiten und Gestaltungsspielräume innerhalb des Trägers der Maßnahmen wie auch des öffentlichen Trägers (ASD) erfordert.

In den jeweiligen Konkretisierungen werden dann – wie oben angedeutet – weitere kritisch ausgerichtete Diskurse in der Sozialen Arbeit relevant: die Bedeutung von Gender und Diversity, die Relevanz migrationssensibler und rassismuskritischer Konzepte, um nur einige der derzeit virulenten Schwerpunkte zu benennen.

Dieses Lehrbuch abschließend folgen drittens noch knappe Anmerkungen zur *Adressatenforschung.* Lüders und Rauschenbach (2005: 564ff.) markierten in ihrem Beitrag zur sozialpädagogischen Forschung neben der Institutions- und Professionsforschung die Adressatenforschung als dritten konstitutiven Bestandteil disziplinärer Forschungsbemühungen und formulierten einen großen Bedarf für solche Forschung. In der Einleitung zu diesem Lehrbuch haben wir bereits ausgeführt, dass ‚Adressatenorientierung' seither eine wachsende Bedeutung auch im disziplinären Forschungsfeld einnimmt. Mittlerweile gibt es eine zunehmende Anzahl von Studien, die je bestimmte Perspektiven von Adressatenforschung erhellen, gleichwohl ist diese Lücke bisher keineswegs hinreichend gefüllt. Jedoch spricht alles dafür, dass in absehbarer Zeit mit einer wachsenden theoretischen wie thematisch-methodologischen Differenzierung von Forschungen zu rechnen ist.

An dieser Stelle kann nicht ausgeführt werden, was die Kontur einer sozialpädagogischen Adressatenforschung insgesamt ausmachen sollte. Die in diesem Lehrbuch vorgestellten Überlegungen zur relationalen Bestimmung der Adressatenfigur verdeutlichen jedoch, dass sich Adressatenforschung im Kern *auch* mit der Untersuchung der Vermittlung der gesellschaftlichen Konstruktion des Bedarfs an Hilfen mit subjektiven Erlebensweisen und Deutungen der Adressatinnen und Adressaten zu beschäftigen hat. In dieser Perspektive werden nun vier zentrale methodologische Folgerungen dargelegt:

Die *erste* methodologische Prämisse für die Adressatenforschung besteht darin, auf der einen Seite eine radikale methodologisch abgesicherte Offenheit gegenüber den subjektiven Deutungen der Adressat_innen einzunehmen, um sie zu den routinierten Erwartungs- und Deutungshorizonten der sozialpädagogischen Organisationen wie der Professionellen in Bezug zu setzen, diese zu irritieren und sie damit einer (selbst)kritischen Reflexion zugänglich zu machen. Auf der anderen Seite müssen im Forschungsgang die Handlungsstrategien der Adressat_innen analytisch aufgeschlossen und verbunden werden mit der genauen Kenntnis von Strukturzusammenhängen, -verhältnissen und institutionellen Definitionen; dies muss theoretisch rückgebunden und ‚informiert' geschehen. Damit kann auch der Gefahr von Essentialisierungen, die ein ‚So-Sein' der Adressat_innen als Quasi-Eigenschaft annehmen, entgegengewirkt werden (Bitzan 2016a).

Die analytische Erschließung der Adressatenkategorie hat deren hochgradig prozesshafte Konstitution verdeutlicht. Daraus resultiert als *zweite* methodologische Folgerung der Anspruch, diese soziale Prozesshaftigkeit systematisch zu berücksichtigen, d. h. sie forschungsmethodologisch relevant zu setzen und in der Datenanalyse darauf zu achten, dass Prozess und Ergebnis nicht in eins gesetzt werden.

Eine *dritte* methodologische Folgerung besteht darin, die Macht- und Konflikthaltigkeit der Adressatenkonstitution systematisch zu bedenken und nicht als additives Beiwerk zu behandeln. Das Gefüge aus Organisation, Professionellen, Hilfeerbringung und Adressat_in stellt ein in sich differenzierbares, konflikthaltiges Feld von Bildung und Bewältigung dar. Eine wesentliche Untersuchungsperspektive besteht mithin darin, diese Konfliktfelder analytisch aufzuschließen und kenntlich zu machen: Denn sowohl Adressat_innen wie Professionelle bewegen sich in diesen konflikthaften Strukturen, was ihre Wahrnehmungen, Deutungen und Handlungsweisen beeinflusst. So können etwa Adressat_innen aus Loyalitätsgründen sich in bestimmter Weise darstellen und Professionelle beispielsweise bestimmte Problemstellungen in den Vordergrund rücken, weil sie eher zu ihrem Arbeitsauftrag passen.

Die Analyse des relationalen Charakters der Adressatenkategorie hat die komplexe Verschränkung von Bestimmungsmomenten und Prozessdynamiken auf der Makro-, Meso- und Mikroebene der Adressatenkonstitution verdeutlicht. Dem Rechnung zu tragen, ist die *vierte* methodologische Forderung. Im Umkehrschluss bedeutet dies jedoch nicht, dass nicht einzelne dieser Aspekte zum zentralen Gegenstandsbereich der Adressatenforschung werden könnten – im Gegenteil: Dies wird weiter dringend nötig sein.

Abschließend versuchen wir, die Bandbreite von Adressatenforschung in zwei Dimensionen zu differenzieren und zu ordnen: (1) ‚Adressat' als relationales Konstitutionsverhältnis und (2) ‚Adressatenorientierung' als relationale Praxis – die tabellarische Darstellung erleichtert den Überblick, allerdings um den Preis, manche Aspekte unscharf zu lassen:

	Subjektperspektive	Struktur- und Institutions-perspektive
‚Adressat' als relationales Konstitutionsverhältnis		
Eingebundenheit/ Vergesellschaftung	kein vorgängiges Subjekt, sondern Konstituierung in widersprüchlichen Vergesellschaftungsprozessen	historisch-gesellschaftlicher Prozess der Bedarfsdefinition historisch variable Vorstellungen von Normalität und Abweichung
Entstehungskontexte der Konstituierung von Adressat_innen	biographische Aufschichtungen produktives oder regressives Bewältigungshandeln	begrenzende Lebenslagen (z. B. Schicht, Ethnie, Geschlecht) institutionelle Akzeptanz oder Negation von Bedarfen der Adressat_innen
‚Adressatenorientierung' als relationale Praxis		
Wirkung von Interventionen der Sozialen Arbeit	Grad des subjektiv erlebten Nutzens, Schadens	Qualität der Beeinflussung von Bildung und Bewältigung durch sozialpädagogische Dienstleistungen
Medium der Herstellung von biographischer Kohärenz und sozialer Relevanz	Aneignung	Anerkennung
Normativer Maßstab/ Zielrichtung	Erweiterung von Handlungsfähigkeit	adressatenbezogene Passung der Angebote – Resonanz
Kräfteverhältnisse	Selbstbestimmung durch Beteiligung versus Verweigerung meist geringe Definitionsmacht Abhängigkeitsverhältnisse	machtvolle Institutionen, machtvolle Deutungen rechtliche und institutionelle Autorität

Quelle: eigene Darstellung

Empirisch untersucht werden können also Teilbereiche, d. h. einzelne Felder oder spezifische Bezüge zwischen einzelnen Bereichen. Solche Forschungen müssen jedoch der hochgradigen Interdependenz dieser Teilaspekte mit dem ‚Ganzen' des Adressatenverhältnisses Rechnung tragen.

Lesetipp

Graßhoff, Gunther (2015): 5. Kapitel: Adressat_innen erforschen, S. 97–105

Literatur

Albus, Stefanie/Greschke, Heike/Klingler, Birte/Messmer, Heinz/Micheel, Heinz-Günter/Otto, Hans-Uwe/Polutta, Andreas (2010): Wirkungsorientierte Jugendhilfe. Abschlussbericht des Evaluationsträgers des Bundesmodellprogramms „Wirkungsorientierte Jugendhilfe". Münster: Waxmann

Ader, Sabine (2014): Fallverstehen und sozialpädagogische Diagnostik – von Fremd- und Selbstverstehen. Vortrag: Ppt. Folie 16 [http://www.ev-jugendhilfe-menden.de/wp-content/uploads/2009/08/Ader_Vortrag-Menden-19.11.14_Endf.pdf; Zugriff: 26.08.2015]

Ader, Sabine/Schrapper, Christian (2004): Wie aus schwierigen Kindern schwierige Fälle werden. In: Schrapper, Christian (Hrsg.) (2004): Sozialpädagogische Forschungspraxis. Positionen, Projekte, Perspektiven. Weinheim/München: Juventa, S. 51–62

Alheit, Peter/Dausien, Bettina (2000): Die biographische Konstruktion der Wirklichkeit. Überlegungen zur Biographizität des Sozialen. In: Hoerning, Erika M. (Hrsg.) (2000): Biographische Sozialisation. Stuttgart: Lucius, S. 257–283

Bauer, Petra/Neumann, Sascha/Sting, Stephan/Ummel, Hannes/Wiezorek, Christine (2015): Familienbilder und Bilder ‚guter' Elternschaft. Zur Bedeutung eines konstitutiven, aber vernachlässigten Moments pädagogischer Professionalität. In: Fegter et al. (Hrsg.) (2015a), S. 25–37

Bauer, Petra/Bolay, Eberhard (2013): Zur institutionellen Konstituierung von Schülerinnen und Schülern als Adressaten der Schulsozialarbeit. In: Spies, Anke (Hrsg.) (2013) Schulsozialarbeit in der Bildungslandschaft. Möglichkeiten und Grenzen des Reformpotenzials. Wiesbaden: VS, S. 47–70

Bauer, Petra/Wiezorek, Christine (2009): Familienbilder professioneller SozialpädagogInnen. In: Thiessen, Barbara/Villa, Paula (Hrsg.) (2009): Mütter – Väter: Diskurse, Medien, Praxen. Münster: Westfälisches Dampfboot, S. 173–193

Bauer, Petra/Brunner, Ewald, Johannes/Morgenstern, Ines/Volkmar, Susanne (2005): Schulsozialarbeit an berufsbildenden Schulen. Das Thüringer Modell. Freiburg/Br.: Lambertus

Baur, Dieter/Finkel, Margarete/Hamberger, Matthias/Kühn, Axel (1998): Leistungen und Grenzen von Heimerziehung. Ergebnisse einer Evaluationsstudie stationärer und teilstationärer Erziehungshilfen. Schriftenreihe des Bundesministeriums für Familie, Senioren, Frauen und Jugend. Bd. 170. Stuttgart: Kohlhammer

Becker, Howard S. (1973): Außenseiter: Zur Soziologie abweichenden Verhaltens. Frankfurt: Fischer-Taschenbuchverlag

Bernfeld, Siegfried (1925): Sisyphos oder die Grenzen der Erziehung. Wien: Internationaler psychoanalytischer Verlag. Neudruck (1967): Frankfurt/M.: Suhrkamp

Bethmann, Stephanie/Helfferich, Cornelia/Hoffmann, Heiko/Niermann, Debora (Hrsg.) (2012): Agency. Qualitative Rekonstruktionen und gesellschaftstheoretische Bezüge von Handlungsmächtigkeit. Weinheim und Basel: Beltz Juventa

Bitzan, Maria (2016a): Adressat_innen zwischen Konstruktion und Eigensinn – zur Vermittlung eines kritischen Adressatenbegriffs mit methodologischen Fragen der Genderforschung. In: Zipperle et al. (Hrsg.) (2016), S. 99–111

Bitzan, Maria (2016b): Recht auf Beteiligung. Kommunale Planung und Gemeinwesenarbeit unter Genderaspekten. In: Drilling, Matthias/Oehler, Patrick (Hrsg.) (2016): Soziale Arbeit und Stadtentwicklung. Forschungsperspektiven, Handlungsfelder, Herausforderungen. 2. Aufl. Wiesbaden: VS, S. 237–251

Bitzan, Maria (2016c): Das Soziale von den Lebenswelten her denken – zur Produktivität der Konfliktorientorientierung für die Soziale Arbeit. In: Anhorn, Roland/Keim, Rolf/Rathgeb, Kerstin/Schimpf, Elke/Spindler, Susanne/Stehr, Johannes (Hrsg.) (2016): Politik der Verhältnisse – Politik des Verhaltens: Widersprüche der Gestaltung Sozialer Arbeit. Wiesbaden: Springer VS; i.E.

Bitzan, Maria (2014): Kommunale Jugendberichterstattung als kleinräumige Politikberatung – Annäherungen an eine vielfältige Praxis zwischen Jugendhilfeplanung und sozialwissenschaftlicher Praxisforschung. In: Willems, Helmut (Hrsg.) (2014): Konzepte und Methoden der Jugendberichterstattung. Wissenschaftliche Herausforderungen und Perspektiven. Wiesbaden: Springer VS, S. 79–101

Bitzan, Maria (2013): „...damit die Menschen Kontrolle über ihre Lebensverhältnisse bekommen..." Lebensweltorientierung und Gemeinwesenarbeit. In: Stövesand et al. (Hrsg.) (2013), S. 110–121

Bitzan, Maria (2012): ‚Einmischung'. In: Thole, Werner/Höblich, Davina/Ahmed, Sarina (Hrsg.) (2012): Taschenwörterbuch Soziale Arbeit. Bad Heilbrunn: Julius Klinkhardt, S. 67

Bitzan, Maria (2007): Weibliche Sozialräume? Lokale Handlungsbedingungen unter geschlechtertheoretischer Perspektive. In: Kessl, Fabian/Otto, Hans-Uwe (Hrsg.) (2007): Territorialisierung des Sozialen. Regieren über soziale Nahräume. Opladen: Barbara Budrich, S. 193–214

Bitzan, M (2004): Gender in der Kinder- und Jugendhilfe. In: Glaser, Edith/Klika, Dorle/Prengel, Annedore (Hrsg.) (2004): Handbuch Gender und Erziehungswissenschaft. Bad Heilbrunn: Klinkhardt, S. 461-476

Bitzan, Maria (1999): „...ihren Fähigkeiten entsprechend zu beteiligen" – Voraussetzungen und Möglichkeiten zur Beteiligung von Mädchen an Planungsprozessen. In: Bitzan, Maria/Daigler, Claudia/Rosenfeld, Edda (Hrsg.) (1999): Neue Maßstäbe. Mädchen in der Jugendhilfeplanung. Berlin: Fata Morgana, S. 103–114

Bitzan, Maria (1994): Das weibliche Gemeinwesen – verdeckte Provinz der Gemeinwesenarbeit – oder: Wie kommt der Küchentisch auf die Straße? In: Bitzan, Maria/Klöck, Tilo (Hrsg.) (1994): Jahrbuch Gemeinwesenarbeit 5. Politikstrategien, Wendungen und Perspektiven. München: AG SPAK-Verlag, S. 117–133

Bitzan, Maria/Bolay, Eberhard (2015): ‚Adressatin und Adressat'. In: Otto/Thiersch (Hrsg.) (2015), S. 42–48

Bitzan, Maria/Bolay, Eberhard (2013): Konturen eines kritischen Adressatenbegriffs. In: Graßhoff (Hrsg.) (2013), S. 35–52

Bitzan, Maria/Bolay, Eberhard/Thiersch, Hans (Hrsg.) (2006a): Die Stimme der Adressaten. Empirische Forschung über Erfahrungen von Mädchen und Jungen mit der Jugendhilfe. Weinheim/München: Juventa

Bitzan, Maria/Bolay, Eberhard/Thiersch, Hans (2006b): Die Stimme der AdressatInnen. Biographische Zugänge in den Ambivalenzen der Jugendhilfe. In: Bitzan et al. (Hrsg.) (2006a), S. 257–288

Bitzan, Maria/Daigler, Claudia (2004): Eigensinn und Einmischung. Einführung in Grundlagen und Perspektiven parteilicher Mädchenarbeit. 2. Aufl., Weinheim/München: Juventa

Bitzan, Maria/Klöck, Tilo (1993): „Wer streitet denn mit Aschenputtel?" Konfliktorientierung und Geschlechterdifferenz. Reihe Gemeinwesenarbeit. München: AG SPAK-Verlag

Blank-Gleich, Birgit/Hennig, Anja (2014): „Der Bagger kommt nach X" Informieren – Beteiligen – Sanieren, Unveröffentlichte Projektarbeit in der ‚Weiterbildung Fokus Gemeinwesen', Hochschule Esslingen

Böhmer, Anselm (2014): Konzepte der Sozialplanung. Grundwissen für die Soziale Arbeit. Wiesbaden: Springer VS

Böhnisch, Lothar (2012): Lebensbewältigung. Ein sozialpolitisch inspiriertes Paradigma für die Soziale Arbeit. In: Thole (Hrsg.) (2012), S. 219–233

Böhnisch, Lothar (2005): Lebensbewältigung. In: Otto/Thiersch (Hrsg.) (2005), S. 1119–1121

Böhnisch, Lothar/Schröer, Wolfgang (2013): Soziale Arbeit – eine problemorientierte Einführung. Bad Heilbrunn: Klinkhardt

Böhnisch, Lothar/Schröer, Wolfgang (2012): Sozialpolitik und Soziale Arbeit: Eine Einführung. Weinheim/Basel: Beltz Juventa

Böhnisch Lothar/Schröer Wolfgang (2008): Entgrenzung, Bewältigung und agency – am Beispiel des Strukturwandels der Jugendphase. In: Homfeldt et al. (Hrsg.) (2008a), S. 47–57

Böhnisch, Lothar/Schröer, Wolfgang (2007): Politische Pädagogik: Eine problemorientierte Einführung. Weinheim/Basel: Beltz Juventa

Böhnisch, Lothar/Schröer, Wolfgang/Thiersch, Hans (2005): Sozialpädagogisches Denken: Wege zu einer Neubestimmung. Weinheim/München: Juventa

Böhnisch, Lothar/Schröer, Wolfgang (2004): Stichwort: Soziale Benachteiligung und Bewältigung. In: Zeitschrift für Erziehungswissenschaft, 4 (7), S. 467–478

Böhnisch, Lothar/Schröer, Wolfgang (2003): Über die Schwierigkeit, bürgerschaftliches Engagement angesichts der Entgrenzungstendenzen im digitalen Kapitalismus zu thematisieren – ein sozialpolitischer Zugang. In: Munsch (Hrsg.) (2003a), S. 29–43

Bolay, Eberhard (2014): ‚Adressatenperspektive‘ – Bemerkungen zu einem produktiven fachlichen Fokus. In: Faas, Stefan/Zipperle, Mirjana (Hrsg.) (2014): Sozialer Wandel. Herausforderungen für Kulturelle Bildung und Soziale Arbeit. Wiesbaden: Springer VS, S. 261–272

Bolay, Eberhard (2011): Kooperation unter Wahrung und Nutzung von Differenz. Ein anerkennungstheoretischer Zugang. In: Zeitschrift für Sozialpädagogik, 9 (4), S. 417–433

Bolay, Eberhard (1998): Scham und Beschämung in helfenden Beziehungen. In: Metzler, Heidrun/Wacker, Elisabeth (Hrsg.) (1998): ‚Soziale Dienstleistungen‘. Zur Qualität helfender Beziehungen. Tübingen: Attempto, S. 29–52

Bolay, Eberhard/Iser, Angelika/Weinhardt, Marc (Hrsg.) (2015): Methodisch Handeln – Beiträge zu Maja Heiners Impulsen zur Professionalisierung der Sozialen Arbeit. Wiesbaden: Springer VS

Bolay, Eberhard/Gutbrod, Heiner/Ahmed, Sarina (2010): Wirkungen einer ‚Sozialraumverankerten Schulsozialarbeit‘. In: Speck, Karsten/Olk, Thomas (Hrsg.) 2010): Forschung zur Schulsozialarbeit. Stand und Perspektiven. Weinheim/München: Juventa, S. 183–195

Bolay, Eberhard/Trieb, Bernhard (1988): Verkehrte Subjektivität: Kritik der individuellen Ich-Identität. Frankfurt/M./New York: Campus

Bommes, Michael/Scherr, Albert (2012): Soziologie der Sozialen Arbeit. Eine Einführung in Formen und Funktionen organisierter Hilfe. Weinheim/Basel: Beltz Juventa

Bourdieu, Pierre (1993): Sozialer Sinn. Kritik der theoretischen Vernunft. Frankfurt/M.: Suhrkamp

Braun, Andrea/Graßhoff, Gunther/Schweppe, Cornelia (2011): Sozialpädagogische Fallarbeit. München: Reinhardt

Braun, Gisela (2006): Wohnen und Arbeiten. Alltagsbegleitende Hilfen für junge Menschen. Weinheim/München: Juventa

Brückner, Margrit (2015): Care – Sorgen als sozialpolitische Aufgabe und als soziale Praxis. In: Otto/Thiersch (Hrsg.) (2015), S. 251–257

Butler, Judith (2001): Was ist Kritik? Ein Essay über Foucaults Tugend. [transform. epicp.net, Mai 2001. Online http://eipcp.net/transversal/0806/butler/de/base_edit, Zugriff: 23.1.2016]

Butler, Judith (1991): Das Unbehagen der Geschlechter. Frankfurt/M.: Suhrkamp

Butterwegge, Christoph (2008): Rechtfertigung, Maßnahmen und Folgen einer neoliberalen (Sozial)Politik. In: Ders./Lösch, Bettina/Ptak, Ralf: Kritik des Neoliberalismus, 2. verb. Aufl. Wiesbaden: VS, S. 135–219

Cedersund, Elisabet/Säljö, Roger (1994): Running a bit low on money. Reconstructing financial problems in the social welfare interview. In: Sprondel, Walter (Hrsg.) (1994): Die Objektivität der Ordnungen und ihre kommunikative Konstruktion. Frankfurt/M.: Suhrkamp, S. 226–260

Coelen, Thomas/Otto, Hans-Uwe (Hrsg.) (2008): Grundbegriffe Ganztagsbildung. Das Handbuch. Wiesbaden: VS

Dewe, Bernd/Otto, Hans-Uwe (2015): Professionalität. In: Otto/Thiersch (Hrsg.) (2015), S. 1245–1255

Dollinger, Bernd (2011): Die politische Identität der Sozialpädagogik. Bruchstücke einer herrschaftstheoretischen Reformulierung. In: Neue Praxis, 41 (3), S. 228–242

Eichinger, Ulrike (2009): Die Restrukturierung der Rahmenbedingungen Sozialer Arbeit aus der Beschäftigtenperspektive. In: Neue Praxis, 39 (2), S. 117–128

Eggers, Maisha (2005): Rassifizierte Machtdifferenz als Deutungsperspektive in der Kritischen Weißseinsforschung in Deutschland. In: Eggers, Maisha/Kilomba, Grada/Piesche, Peggy/Arndt, Susan (Hrsg.) (2005): Mythen, Masken und Subjekte. Kritische Weißseinsforschung in Deutschland. Münster: Unrast Verlag, S. 56–72

Elsbernd, Astrid/Hohloch, Friederike (2010): Damit die Pflege zu Hause gelingen kann: Ein generationenverbindendes Wohnprojekt. Modellprojekt zur Entwicklung eines Pflegenetzwerks. Lage: Jacobs-Verlag

Elias, Norbert (1971): Was ist Soziologie? Grundfragen der Soziologie. Weinheim/München: Juventa

Emirbayer, Mustafa/Mische, Ann (1998): What is Agency? In: American Journal of Sociology 103 (4), S. 962–1023

Emirbayer, Mustafa/Jeff Goodwin (1994): Network analysis, culture, and the problem of agency. American journal of sociology, S. 1411–1454

Eßer, Florian (2009): Kinderwelten – Gegenwelten? Pädagogische Impulse aus der Neuen Kindheitsforschung. Baltmannsweiler: Schneider Hohengehren

Fegter, Susann/Heite, Catrin/Mierendorff, Johanna/Richter, Martina (2015a): Neue Aufmerksamkeiten für Familie – Diskurse, Bilder und Adressierungen in der Sozialen Arbeit. Neue Praxis, Sonderheft 12

Fegter, Susann/Heite, Catrin/Mierendorff, Johanna/Richter, Martina (2015b): Einleitung. In: Fegter et al. (Hrsg.) (2015a), S. 3–11

Flad, Carola/Bolay, Eberhard (2006): Schulsozialarbeit aus der Perspektive von Schülerinnen und Schülern. In: Bitzan et al. (Hrsg.) (2006a), S. 159–173

Finkel, Margarete (2006): Heimerziehung und Biographie. Über die Anschlussfähigkeit zwischen biographischer Erfahrung und institutioneller Unterstützung. In: Bitzan et al. (Hrsg.) (2006a), S. 39–56

Finkel, Margarete (2000): Mädchen und junge Frauen in Erziehungshilfen. In: Daigler, Claudia/Finkel, Margarete: Mädchen und junge Frauen in Erziehungshilfen. Eine Arbeitshilfe. EREV Schriftenreihe 3/2000, 41 (3), Hannover: Lindendruck-Verlagsgesellschaft, S. 31–48

Flösser, Gaby/Otto, Hans-Uwe/Rauschenbach, Thomas/Thole, Werner (1998): Jugendhilfeforschung. Beobachtungen zu einer wenig beachteten Forschungslandschaft. In: Rauschenbach/Thole (Hrsg.) (1998): Sozialpädagogische Forschung. Gegenstand und Funktionen, Bereiche und Methoden. Weinheim/München: Juventa, S. 225–261

Fraser, Nancy (2012): Feminismus ohne Strategie. In: Luxemburg. Gesellschaftsanalyse und linke Praxis 4/2012, S. 64–67

Fraser, Nancy (1994): Der Kampf um die Bedürfnisse: Entwurf für eine sozialistisch-feministische kritische Theorie der politischen Kultur im Spätkapitalismus. In: Dies. (Hrsg.) (1994): Widerspenstige Praktiken: Macht, Diskurs, Geschlecht. Gender Studies. Frankfurt/M.: Suhrkamp, S. 249–290

Früchtel, Frank/Cyprian, Gudrun/Budde, Wolfgang (2013): Sozialer Raum und Soziale Arbeit. Textbook: Theoretische Grundlagen; 3. überarbeitete Aufl. Wiesbaden: Springer VS

Füssenhäuser, Cornelia/Thiersch, Hans (2015): Theorie und Theoriegeschichte Sozialer Arbeit. In: Otto/Thiersch (Hrsg.) (2015), S. 1741–1754

Gildemeister, Regine (2008): Doing Gender: Soziale Praktiken der Geschlechterunterscheidung In: Becker, Ruth/Kortendiek, Beate (Hrsg.) (2008): Handbuch Frauen- und Geschlechterforschung. Theorie, Methoden, Empirie. 2. erw. und akt. Aufl. Wiesbaden: VS, S. 137–145

Graßhoff, Gunther (2015): Adressatinnen und Adressaten der Sozialen Arbeit. Eine Einführung. Wiesbaden: Springer VS

Graßhoff, Gunther (Hrsg.) (2013): Adressaten, Nutzer, Agency. Akteursbezogene Forschungsperspektiven in der Sozialen Arbeit. Wiesbaden: Springer VS

Graßhoff, Gunter (2008): Theoretische Überlegungen zu einem empirischen Programm sozialpädagogischer Adressatenforschung. In: Neue Praxis, 38 (4), S. 399–408

Graßhoff, Gunther/Paul, Laura/Yeshurun, Stéphanie-Aline (2015): Jugendliche als Adressatinnen und Adressaten der Jugendhilfe. Rekonstruktionen von jugendlichen Biografien im Kontext von Jugendarbeit und Erziehungshilfe. Weinheim/Basel: Beltz Juventa

Groenemeyer, Axel (2015): Soziale Probleme. In: Otto/Thiersch (Hrsg.) (2015), S. 1499–1514

Groenemeyer, Axel (Hrsg.) (2010a): Doing Social Problems. Mikroanalysen der Konstruktion sozialer Probleme und sozialer Kontrolle in institutionellen Kontexten. Wiesbaden: VS

Groenemeyer, Axel (2010b): Doing Social Problems – Doing Social Control. Mikroanalysen der Konstruktion sozialer Probleme in institutionellen Kontexten – Ein Forschungsprogramm. In: Groenemeyer (Hrsg.) (2010a), S. 13–56

Groß, Melanie (2010): „Wir sind die Unterschicht" – Jugendkulturelle Differenzartikulationen aus intersektionaler Perspektive. In: Kessl/Plößer (Hrsg.) (2010), S. 34–48

Grunwald, Klaus (2015): Organisation und Organisationsgestaltung. In: Otto/Thiersch (Hrsg.) (2015), S. 1139–1150

Grunwald, Klaus/Thiersch, Hans (2015): Lebensweltorientierung. In: Otto/Thiersch (Hrsg.) (2015), S. 934–943

Hall, Stuart (2000): Rassismus als ideologischer Diskurs. In: Räthzel (Hrsg.) (2000), S. 7–33

Hamberger, Matthias (2008): Erziehungshilfekarrieren – belastete Lebensgeschichte und professionelle Weichenstellungen. Frankfurt/M.: IGFH-Verlag

Hanses, Andreas (2013): Das Subjekt in der sozialpädagogischen AdressatInnen- und NutzerInnenforschung – zur Ambiguität eines komplexen Sachverhalts. In: Graßhoff (Hrsg.) (2013), S. 99–117

Hanses, Andreas (2003): Biographie und sozialpädagogische Forschung. In: Schweppe, Cornelia (Hrsg.) (2003): Qualitative Forschung in der Sozialpädagogik. Opladen: Leske & Budrich, S. 19–42

Heiner, Maja (2012): Handlungskompetenz und Handlungstypen. Überlegungen zu den Grundlagen methodischen Handelns. In: Thole (Hrsg.) (2012), S. 611–624

Heiner, Maja (2010): Soziale Arbeit als Beruf. Fälle – Felder – Fähigkeiten. 2. Aufl. München: Reinhardt

Heinritz, Charlotte/Thiele, Petra (1979): „Wir Weiber machen's ja doch." Frauen aus einem sozialen Brennpunkt erzählen. Bensheim: Verlag Päd. Extra

Heite, Catrin (2010): Anerkennung von Differenz in der Sozialen Arbeit. Zur professionellen Konstruktion des Anderen. In: Kessl/Plößer (Hrsg.) (2010), S. 187–200

Held, Josef (2015): Das Subjekt im sozialwissenschaftlichen Diskurs. In: Allespach, Martin/Held, Josef (Hrsg.) (2015): Handbuch Subjektwissenschaft. Ein emanzipatorischer Ansatz in Forschung und Praxis. Frankfurt/M.: Bund-Verlag, S. 21–41

Helfferich, Cornelia (2012): Einleitung: Von roten Heringen, Gräben und Brücken. Versuch einer Kartierung von Agency-Konzepten. In: Bethmann et al. (Hrsg.) (2012), S. 9–39

Herrmann, Franz (1995): Gelingende Partizipation als kollektiver Lernprozess. In: Bolay, Eberhard/Herrmann, Franz (Hrsg.) (1995): Jugendhilfeplanung als politischer Prozeß. Neuwied: Luchterhand, S. 143–191

Hinrichs, Knut/Öndül, Daniela Evrim (2016/im Erscheinen): Soziale Arbeit – das Recht. Soziale Arbeit – Grundlagen, Bd. 4. Opladen & Toronto: Verlag Barbara Budrich (utb Nr. 4351).

Hitzler, Sarah/Messmer, Heinz (2015): Formen der Berücksichtigung. Interaktive Praxen der Ein- und Ausschließung im Hilfeplangespräch. In: Kommission Sozialpädagogik (Hrsg.) (2015), S. 173–192

Hörster, Reinhard (2003): Fallverstehen. Zur Entwicklung kasuistischer Produktivität. In: Helsper, Werner/Hörster, Reinhard/Kade, Jochen (Hrsg.) (2003): Ungewissheit. Pädagogische Felder im Modernisierungsprozess. Weisenwrist: Velbrück, S. 318–341

Hoffmann, Heiko (2012): Netzwerke, Identität und Agency. In: Bethmann et al. (Hrsg.) (2012), S. 154–180

Hollstein-Brinkmann, Heino/Knab, Maria (Hrsg.) (2016): Beratung zwischen Tür und Angel. Professionalisierung von Beratung in offenen Settings. Wiesbaden: Springer VS

Holzkamp, Klaus (2015): Kritische Psychologie als Subjektwissenschaft. Berlin: Argument

Homfeldt, Hans Günther/Schröer, Wolfgang/Schweppe, Cornelia (Hrsg.) (2008a): Vom Adressaten zum Akteur. Soziale Arbeit und Agency. Opladen: Barbara Budrich

Homfeldt, Hans Günther/Schröer, Wolfgang/Schweppe, Cornelia (2008b): Vom Adressaten zum Akteur – eine Einführung. In: Homfeldt et al. (Hrsg.) (2008a), S. 7–14

Honneth, Axel (1992): Kampf um Anerkennung. Frankfurt/M.: Suhrkamp

Hradil, Stefan (Hrsg.) (1992): Zwischen Bewußtsein und Sein. Die Vermittlung ‚objektiver' Lebensbedingungen und ‚subjektiver' Lebensweisen. Opladen: Leske & Budrich

IGfH (2003): Abschlussbericht zum Modellprojekt INTEGRA – Implementierung und Qualifizierung integrierter, regionalisierter Angebotsstrukturen in der Jugendhilfe am Beispiel von fünf Regionen. Frankfurt/M.: IGfH-Verlag

Jaeggi, Rahel (2005): Entfremdung. Zur Aktualität eines sozialphilosophischen Problems. Frankfurt/M.: Suhrkamp

Jakob, Gisela/Hans-Jürgen von Wensierski (Hrsg.) (1997): Rekonstruktive Sozialpädagogik. Konzepte und Methoden sozialpädagogischen Verstehens in Forschung und Praxis. Weinheim/München: Juventa

Jann, Nina/Urban-Stahl, Ulrike (2014): Die Renaissance der Machtfrage: Beschwerdeverfahren in Einrichtungen der Kinder- und Jugendhilfe. In: Zeitschrift für Sozialpädagogik, 12 (1), S. 32–47

Jurczyk, Karin (2009): Alltägliche Lebensführung und Soziale Arbeit. In: Kessl, Fabian/Otto, Hans-Uwe (Hrsg.) (2009): Soziale Arbeit ohne Wohlfahrtsstaat? Zeitdiagnosen, Problematisierungen und Perspektiven. Weinheim/München: Juventa, S. 53–69

Kappeler, Manfred (2011): Anvertraut und ausgeliefert. Sexuelle Gewalt in pädagogischen Einrichtungen. Berlin: Nicolaische Verlagsbuchhandlung

Karl, Ute (2015): Praktiken der Ein- und Ausschließung im Jobcenter/U25. Zur Rekonstruktion von Rationalitäten als Beitrag zur kritischen Institutionenforschung. In: Kommission Sozialpädagogik (Hrsg.) (2015), S. 157–172

Karl, Ute (2008): Agency, Gouvernementalität und Soziale Arbeit. In: Homfeldt et al. (Hrsg.) (2008a), S. 59–80

Kelly, George. A. (1963): A theory of personality: The psychology of personal constructs. New York: W.W. Norton & Company

Kessl, Fabian (2013): Soziale Arbeit in der Transformation des Sozialen. Eine Ortsbestimmung. Wiesbaden: Springer VS

Kessl, Fabian (2006): Aktivierungspädagogik statt wohlfahrtsstaatlicher Dienstleistung? Das aktivierungspolitische Re-Arrangement der bundesdeutschen Kinder- und Jugendhilfe. In: Zeitschrift für Sozialreform (ZSR) 52 (2006), H. 2, S. 217–232

Kessl, Fabian/Reutlinger, Christian (2013): Sozialraumarbeit. In: Stövesand et al. (Hrsg.) (2013), S. 128–140

Kessl, Fabian/Klein, Alexandra (2010): Das Subjekt in der Wirkungs- und Nutzerforschung. In: Otto, Hans-Uwe/Polutta, Andreas/Ziegler, Holger (Hrsg.) (2010): What Works – Welches Wissen braucht die Soziale Arbeit, Opladen: Barbara Budrich, S. 63–82

Kessl, Fabian/Maurer, Susanne (2010): Praktiken der Differenzierung als Praktiken der Grenzbearbeitung. Überlegungen zur Bestimmung Sozialer Arbeit als Grenzbearbeiterin. In: Kessl/Plößer (Hrsg.) (2010), S. 154–169

Kessl, Fabian/Plößer, Melanie (Hrsg.) (2010): Differenzierung, Normalisierung, Andersheit. Soziale Arbeit als Arbeit mit den anderen. Wiesbaden: VS

Keupp, Heiner et al. (1999): Identitätskonstruktionen: Das Patchwork der Identitäten in der Spätmoderne. Reinbek: Rowohlt

Knab, Maria (2008): Beratung zwischen Tür und Angel. Perspektiven für Professionalisierung, Forschung und eine gerechtere Infrastruktur. In: Beratung aktuell, 9 (2008) 2, S. 113–126

Köngeter, Stefan (2009): Relationale Professionalität. Eine empirische Studie zu Arbeitsbeziehungen mit Eltern in den Erziehungshilfen. Baltmannsweiler: Schneider Hohengehren

Köngeter, Stefan/Schröer, Wolfgang/Zeller, Maren (2012): Statuspassage ‚Leaving Care': Biografische Herausforderungen nach der Heimerziehung. In: Diskurs Kindheits- und Jugendforschung, H. 3, S. 261–276

Köttig, Michaela (2014): Rekonstruktives Fallverstehen und Fallbegleitung. ‚Dialogische Biographiearbeit' im Kontext inklusiver Sozialer Arbeit. In: Bretländer, Bettina/Köttig, Michaela/Kunz, Thomas (Hrsg.) (2014): Vielfalt und Differenz in der Sozialen Arbeit. Perspektiven auf Inklusion. Stuttgart: Kohlhammer, S. 225–234

Köttig, Michaela (2008). Der biographische Ansatz in der Einzelfallhilfe mit rechtsextrem orientierten Mädchen und jungen Frauen. Forum Qualitative Sozialforschung/Forum Qualitative Social Research, 9(1), Art. 2 [http://nbn-resolving.de/urn:nbn:de:0114-fqs080124 Zugriff: 04.12.2015]

Kommission Sozialpädagogik der DGFE (Hrsg.) (2015): Praktiken der Ein- und Ausschließung in der Sozialen Arbeit. 1. Aufl. Weinheim: Beltz Juventa

Krucsay, Brita/Gombots, Roland (2010): Nischen in der Marktlogik? Zum Einfluss institutioneller Einbettung auf Konzeptionalisierungen sozialer Probleme in der Sozialen Arbeit. In: Groenemeyer (Hrsg.) (2010a), S. 152–169

Kunstreich, Timm (2013): KiFaZ revisited. Formlose Beratung und intensive Hilfen unter einem Dach. In: Forum für Kinder- und Jugendarbeit H. 4. Hrsg. vom Verband Kinder- und Jugendarbeit Hamburg e.V., S. 15–19

Kunstreich, Timm (2003): Briefwechsel zum Thema Diagnose. In: Widersprüche, H. 88, S. 11–31

Kunstreich, Timm (2000): Grundkurs Soziale Arbeit – Sieben Blicke auf Geschichte und Gegenwart Sozialer Arbeit, Bd.1. Bielefeld: Kleine Verlag

Kunstreich, Timm/Lindenberg, Michael (2012): Die Tantalussituation – Soziale Arbeit mit Ausgegrenzten. In: Thole (Hrsg.) (2012), S. 523–539

Lange, Miriam (2014): Befähigen, befähigt werden, sich befähigen – Eine Auseinandersetzung mit dem Capability Approach: Gerechtigkeitstheoretische Überlegungen zur Sozialen Arbeit. Frankfurt/M.: Peter Lang

Langhanky, Michael/Frieß, Cornelia/Hußmann, Marcus/Kunstreich, Timm (2004): Erfolgreich sozialräumlich handeln. Die Evaluation der Hamburger Kinder- und Familienzentren. Bielefeld: Kleine Verlag

Langsdorff, Nicole von (2014): Mädchen auf ihrem Weg in die Jugendhilfe – Überwindung von Zugangsbarrieren. In Forum Erziehungshilfe, 20 (9), S. 272–277

Langsdorff, Nicole von (2013): Mädchen auf ihrem Weg ins Heim – Fallrekonstruktive Perspektiven im Kontext von Intersektionalität. In: Neue Praxis, 43 (3), S. 220–234

Leiprecht, Rudolf (2009): Diversity Education und Interkulturalität in der Sozialen Arbeit. In: Sozial Extra, 32 (12), S. 15–19

Lessenich, Stephan (2012): Theorien des Sozialstaats. Zur Einführung. Hamburg: Junius Verlag

Lindner, Werner (2015): „Die haben mich halt hier reingesteckt." Jugend und Sozialarbeit im Spannungsfeld sozialpädagogischer Herausforderungen und politisch-institutioneller Verlegenheiten. In: Fischer, Jörg/Lutz, Ronald: (Hrsg.) (2015): Jugend im Blick. Gesellschaftliche Konstruktionen und pädagogische Zugänge. Weinheim/Basel: Beltz Juventa, S. 241–258

Lüders, Christian/Rauschenbach, Thomas (2005): Forschung: sozialpädagogische. In: Otto/Thiersch (Hrsg.) (2005), S. 562–575

Lüttringhaus, Maria (2010): Handeln im Gemeinwesen oder ‚Der Fall im Feld'. In: Institut für Sozialarbeit und Sozialpädagogik e.V. (Hrsg.) (2010): Der Allgemeine Soziale Dienst – Aufgaben, Zielgruppen, Standards. München: Reinhardt, S. 80–91

Lutz, Helma/Wenning, Norbert (2001): Differenzen über Differenz – Einführung in die Debatten. In: Dies. (Hrsg.) (2001): Unterschiedlich verschieden. Differenz in der Erziehungswissenschaft. Opladen: Leske & Budrich, S. 11–24

Lutz, Tilman (2011): Soziale Arbeit im aktivierenden Staat – Kontinuitäten, Brüche und Modernisierungen am Beispiel der Professionalisierung. In: Widersprüche, 31 (119/120), S. 173–184

Maar, Katja (2008): ‚Sich die Sozialarbeiter einfach zu Nutze machen?' – Zur Nutzung sozialer Dienstleistungen. In: Neue Praxis Heft 3/2008, S. 296–307

Mack, Wolfgang (2008): Bewältigung. In: Coelen/Otto (Hrsg.) (2008), S. 146–154

Maier, Maja S./Vogel, Thomas (2013): Blinde Flecke der Debatte zum Übergangssystem Schule-Beruf. In: Dies. (Hrsg.) (2013): Übergänge in eine neue Arbeitswelt? Blinde Flecke der Debatte zum Übergangssystem Schule-Beruf. Wiesbaden: Springer VS. S. 9–23

Maurer, Susanne (2001): Das Soziale und die Differenz. Zur (De-)Thematisierung von Differenz in der Sozialpädagogik. In: Lutz, Helma/Wenning, Norbert (Hrsg.) (2001): Unterschiedlich verschieden. Differenz in der Erziehungswissenschaft. Opladen: Leske & Budrich, S. 125–142

May, Michael/Alisch, Monika (2014): AMIQUS –Initiieren und Stützen von Netzwerken der Selbstorganisation: Projektdesign und Kernergebnisse. In: Alisch, Monika (Hrsg.) (2014): Älterwerden im Quartier. Soziale Nachhaltigkeit und Selbstorganisation durch Teilhabe. Kassel: universitiy press, S. 57–78

May, Michael/Alisch, Monika (Hrsg.) (2013): AMIQUS – Unter Freunden. Ältere Migrantinnen und Migranten in der Stadt. Opladen: Barbara Budrich

Mecheril, Paul (2003): Prekäre Verhältnisse. Über natio-ethno-kulturelle (Mehrfach-)Zugehörigkeit. Münster/Bremen: Waxmann

Mecheril, Paul/Melter, Claus (2010): Differenz und Soziale Arbeit. Historische Schlaglichter und systematische Zusammenhänge. In: Kessl/Plößer (Hrsg.) (2010), S. 117–134

Melter, Claus (2005): „Also das gefällt mir nicht, wie der da jetzt über die Deutschen spricht" Wie und weshalb PädagogInnen in der ambulanten Jugendhilfe es vermeiden, mit Immigrantenjugendlichen über deren Rassismuserfahrungen und Zugehörigkeitsfragen zu sprechen. Ein Beispiel. In: Hamburger, Franz/Badawia, Terek/Hummrich, Merle (Hrsg.) (2005): Migration und Bildung. Über das Verhältnis von Anerkennung und Zumutung in der Einwanderungsgesellschaft. Wiesbaden: Springer VS, S. 25–39

Merchel, Joachim (2010): Qualitätskriterien für Jugendhilfeplanung: Was macht eine ‚gute Jugendhilfeplanung' aus? In: Maykus, Stefan/Schone, Reinhold (Hrsg.) (2010): Handbuch Jugendhilfeplanung. Wiesbaden: Springer VS, S. 397–406

Mertol, Birol/Schachtsiek Kerstin (2013): Geschlechterkonzepte und -vorstellungen bei Mädchen und Jungen vor dem Hintergrund von ‚doing gender' und ‚doing ethnicity'. In: Migration und Soziale Arbeit, 2/2013, S.107–116

Messmer, Heinz (2013): Mikrophysiken der Wirklichkeitsproduktion – Institutionelle Praxis in der Sozialen Arbeit aus Sicht der ethnomethodologischen Konversationsanalyse. In: Graßhoff (Hrsg.) (2013), S. 317–340

Messmer, Heinz/Hitzler, Sarah (2008): Die Hilfe wird beendet werden hier – Prozesse der Deklientifizierung im Hilfeplangespräch aus gesprächsanalytischer Sicht. In: Neue Praxis, 38 (2), S. 166–187

Messmer Heinz/Hitzler Sarah (2007): Die soziale Produktion des Klienten – Hilfeplangespräche in der Kinder- und Jugendhilfe. In: Ludwig-Mayerhofer, Wolfgang/Behrend, Olaf/Sondermann, Ariadne (Hrsg.) (2007): Fallverstehen und Deutungsmacht: Akteure der Sozialverwaltung und ihre Klienten. Opladen: Barbara Budrich, S. 41–74

Müller, Burkhard (2008): Was ist der Fall? Kasuistik und ‚Konstruktion des Adressaten'. Reinhard Hörster zum 60. Geburtstag. In: Zeitschrift für Sozialpädagogik, 6 (4), S. 391–406

Müller, Burkhard (1995): Sozialer Friede und Multikultur. Thesen zur Geschichte und zum Selbstverständnis sozialer Arbeit. In: Müller Siegfried/Otto, Hans-Uwe/Otto, Ulrich (Hrsg.) (1995): Fremde und andere in Deutschland. Nachdenken über das Einverleiben, Einebnen und Ausgrenzen. Opladen: Leske & Budrich, S. 133–147

Müller, Burkhard (1993): Das Soziale und die Fremden. Interkulturalität als Grundlage sozialer Arbeit – Konsequenzen für die Ausbildung. In: Neue Praxis, 23 (1/2), S.1–11

Munsch, Chantal (2007): Bürgerschaftliches Engagement und soziale Ausgrenzung. In: Lallinger, Manfred/Rieger, Günter (Hrsg.) (2007): Repolitisierung sozialer Arbeit. Engagiert und professionell. Stuttgart: Diözesanverlag, S. 121–132

Munsch, Chantal (Hrsg.) (2003a): Sozial Benachteiligte engagieren sich doch: Über lokales Engagement und soziale Ausgrenzung und die Schwierigkeiten der Gemeinwesenarbeit. Weinheim/München: Juventa

Munsch, Chantal (2003b): „Die haben alles schon geplant". Ein ethnografisches Beispiel des Engagements unterschiedlicher Bevölkerungsgruppen. In: Munsch (Hrsg.) (2003a), S. 239–269

Nationales Zentrum Frühe Hilfen (2015): [www.fruehehilfen.de; Zugriff: 26.01.2016]

Negt, Oskar/Kluge Alexander (1992): Geschichte und Eigensinn. Frankfurt/M.: Zweitausendeins

Nonnenmacher, Petra (2007): „Du bist vom Rötenberg, du bist nichts und du wirst auch nichts." Wirkungen aktivierender Gemeinwesenarbeit auf Mädchen und Frauen – eine Erfolgsgeschichte? Diplomarbeit an der HS Esslingen [http://www.ag-roetenberg.de/downloads/diplomarbeit.pdf; Zugriff: 14.09.2015]

Nussbaum, Martha C. (1998): Gerechtigkeit oder Das gute Leben. Frankfurt/M.: Suhrkamp

Obert, Klaus (2000): Alltags- und lebensweltorientierte Ansätze als Grundlage sozialpsychiatrischen Handelns. Ein Beitrag zur sozialpsychiatrischen Methodik am Beispiel eines sozialpsychiatrischen Dienstes. Dissertation: Universität Tübingen/Fak. für Sozial- und Verhaltenswissenschaften

Oelerich, Gertrud/Schaarschuch, Andreas (2013): Sozialpädagogische Nutzerforschung. In: Graßhoff (Hrsg.) (2013), S. 85–98

Oelerich, Gertrud/Schaarschuch, Andreas (2006): Zum Gebrauchswert Sozialer Arbeit. Konturen sozialpädagogischer Nutzerforschung. In: Bitzan et al. (Hrsg.) (2006a), S. 185–214

Oelerich, Gertrud/Schaarschuch, Andreas (2005a): Soziale Dienstleistungen aus Nutzersicht. Zum Gebrauchswert sozialer Arbeit. München: Reinhardt

Oelerich, Gertrud/Schaarschuch, Andreas (2005b): Der Nutzen Sozialer Arbeit. In: Dies. (Hrsg.) (2005a), S. 80–98

Oelschlägel, Dieter (2005): Gemeinwesenarbeit. In: Otto/Thiersch (Hrsg.) (2005), S. 653–659

Olk, Thomas (2009): Transformationen im deutschen Sozialstaatsmodell. Der „Sozialinvestitionsstaat" und seine Auswirkungen auf die Soziale Arbeit. In: Kessl, Fabian/Otto, Hans-Uwe: (Hrsg.) (2009): Soziale Arbeit ohne Wohlfahrtsstaat? Weinheim/München: Juventa, S. 23–34

Olk, Thomas (1986): Abschied vom Experten – Sozialarbeit auf dem Weg zu einer alternativen Professionalität. Weinheim: Juventa

Olk, Thomas/Otto, Hans-Uwe (Hrsg.) (2003): Soziale Arbeit als Dienstleistung. Grundlegungen, Entwürfe und Modelle. München: Luchterhand

Otto, Hans-Uwe/Thiersch, Hans (Hrsg.) (2015): Handbuch Soziale Arbeit. Grundlagen der Sozialarbeit und Sozialpädagogik. 5. erw. Aufl. München/Basel: Reinhardt

Otto, Hans-Uwe/Thiersch, Hans (Hrsg.) (2005): Handbuch Sozialarbeit/Sozialpädagogik. 3. Aufl. München: Reinhardt

Otto, Hans-Uwe/Scherr, Albert/Ziegler, Holger (2010): Wieviel und welche Normativität benötigt die Soziale Arbeit? In: Neue Praxis, 40 (2), S. 137–163

Pohl, Axel/Walther, Andreas (2006): Benachteiligte Jugendliche in Europa. In: Aus Politik und Zeitgeschichte, 47/2006, S. 26–36

Porr, Claudia/Lohest, Klaus Peter (2014): Entwicklung und Perspektiven der Länderdebatten über ‚Steuerung und Weiterentwicklung der Hilfen zur Erziehung'. In: Forum Erziehungshilfen 20 (4), S. 196–200

Prengel, Annedore (2006): Pädagogik der Vielfalt. Verschiedenheit und Gleichberechtigung in Interkultureller, Feministischer und Integrativer Pädagogik. Wiesbaden: VS

Räthzel, Nora (Hrsg.) (2000): Theorien über Rassismus, Hamburg: Argument-Verlag

Raithelhuber, Eberhard (2012): Ein relationales Verständnis von Agency. Sozialtheoretische Überlegungen und Konsequenzen für empirische Analysen. In: Bethmann et al. (Hrsg.) (2012), S. 122–153

Reh, Sabine/Ricken, Norbert (2012): Das Konzept der Adressierung. Zur Methodologie einer qualitativ-empirischen Erforschung von Subjektivation. In: Miethe, Ingrid/Müller, Hans-Rüdiger (Hrsg.) (2012): Qualitative Bildungsforschung und Bildungstheorie. Opladen: Barbara Budrich, S. 35–56

Renn, Joachim (2012): Nicht Herr im eigenen Haus und doch nicht eines anderen Knecht. Individuelle Agency und Existenz in einer pragmatischen Diskurstheorie. In: Keller, Reiner/Schneider, Werner/Viehöver, Willy (Hrsg.) (2012): Diskurs – Macht – Subjekt. Theorie und Empirie von Subjektivierung in der Diskursforschung. Wiesbaden: VS, S. 35–51

Richter, Martina (2010): Zur Adressierung von Eltern in Ganztägigen Bildungssettings. In: Kessl/Plößer (Hrsg.) (2010), S. 25–33

Ricken, Norbert (2013): Anerkennung als Adressierung. In: Alkemeyer, Thomas/Budde, Gunila/Freist, Dagmar (Hrsg.) (2013): Selbst-Bildungen. Soziale und kulturelle Praktiken der Subjektivierung. Bielefeld: transkript, S. 65–95

Ritsert, Jürgen (2009): Schlüsselprobleme der Gesellschaftstheorie. Individuum und Gesellschaft – Soziale Ungleichheit – Modernisierung. Wiesbaden: VS

Röttgers, Kurt (2012): Kritik und Praxis. Zur Geschichte des Kritikbegriffs von Kant bis Marx. Berlin: de Gruyter

Schaarschuch, Andreas (2003): Die Privilegierung des Nutzers. Zur theoretischen Begründung sozialer Dienstleistungen. In: Olk, Thomas/Otto, Hans-Uwe (Hrsg.) (2003): Soziale Arbeit als Dienstleistung. Neuwied: Luchterhand, S. 150–169

Schaarschuch, Andreas/Oelerich, Gertrud (2005): Theoretische Grundlagen und Perspektiven sozialpädagogischer Nutzerforschung. In: Oelerich/Schaarschuch (Hrsg.) (2005a): S. 9–25

Schad, Ute (2000): Ethnizität als Joker. Ergebnisse eines Praxisforschungsprojekts zur Verknüpfung von Ansätzen der interkulturellen und geschlechtsspezifischen Arbeit. In: Kind, Jugend, Gesellschaft, 38 (2000) 3, S. 130–138

Schad, Ute (2007): „Anders anders" – Geschlecht und Ethnizität in einer Pädagogik der kulturellen Vielfalt. In: Munsch, Chantal/Gemende, Marion/Weber-Unger-Rotini, Steffi (Hrsg.) (2007): Eva ist emanzipiert, Mehmet ist ein Macho. Zuschreibung, Ausgrenzung, Lebensbewältigung und Handlungsansätze im Kontext von Migration und Geschlecht. München/Weinheim: Juventa, S. 193–207

Scherr, Albert (2015): Soziale Arbeit mit Flüchtlingen. Die Realität der „Menschenrechtsprofession" im nationalen Wohlfahrtsstaat. In: Sozial Extra, (4), S. 16–19

Scherr, Albert (2013): Agency – ein Theorie und Forschungsprogramm für die Soziale Arbeit? In: Graßhoff, (Hrsg.) (2013), S. 229–242

Scherr, Albert (2012): Soziale Bedingungen von Agency. Soziologisch Eingrenzungen einer sozialtheoretisch nicht auflösbaren Paradoxie. In: Bethmann et al. (Hrsg.) (2012), S. 99–121

Scherr, Albert (2008): Subjekt- und Identitätsbildung. In: Coelen/Otto (Hrsg.) (2008), S. 137-145

Schnurr, Stefan (2015): Partizipation. In: Otto/Thiersch (Hrsg.) (2015), S. 1171–1180

Schoneville, Holger (2013): Armut und Ausgrenzung als Beschämung und Missachtung. Hilfe im Kontext der Lebensmittelausgaben ‚Die Tafeln' und ihre Konsequenzen. In: Soziale Passagen, 5 (1), S. 17–35

Schrapper, Christian (2015): Durchblicken und verstehen, was der Fall ist? Zur ‚Unendlichen Geschichte' der Kontroversen um eine sozial(pädagogische) Diagnostik. In: Bolay et al. (Hrsg.) (2015), S. 61–75

Schwanenflügel, Larissa von (2015): Partizipationsbiographien Jugendlicher. Zur subjektiven Bedeutung von Partizipation im Kontext sozialer Ungleichheit. Wiesbaden: Springer VS

Schwanenflügel, Larissa von (2014): Partizipation als ‚Modus' von Aneignung. Zum Zusammenhang von Partizipation und Aneignung im Hinblick auf biografische Entwicklungsprozesse. In: Deinet, Ulrich/ Reutlinger, Christian (Hrsg.) (2014): Tätigkeit – Aneignung – Bildung: Positionierung zwischen Virtualität und Gegenständlichkeit. Springer VS: Wiesbaden, S. 151–160

Schwanenflügel, Larissa von/Walther, Andreas (2015): ‚Verjugendsozialarbeiterisierung' oder Infrastruktur der Anerkennung? Kinder- und Jugendhilfe im aktivierenden Wohlfahrtsstaat. In: Zipperle et al. (Hrsg.) (2015), S. 309–322

Schroer, Markus (2001): Das Individuum der Gesellschaft: synchrone und diachrone Theorieperspektiven. Frankfurt/M.: Suhrkamp

Schrödter, Mark (2015): Subjekt und Autonomie. In: Otto/Thiersch (Hrsg.) (2015), S. 1695–1704

Soiland, Tove (2008): Gender: Kritik oder Bestandteil des neoliberalen Geschlechterregimes? In: Krondorfer, Birge/Wischer, Miriam/Strutzmann, Andrea (Hrsg.) (2008): Frauen und Politik. Nachrichten aus Demokratien. Wien: Promedia, S. 174–183

Staub-Bernasconi, Silvia (2016): Soziale Arbeit und Menschenrechte. Vom beruflichen Doppelmandat zum professionellen Tripelmandat. Opladen: Barbara Budrich

Stauber, Barbara/Walther, Andreas/Pohl, Axel (Hrsg.) (2007): Subjektorientierte Übergangsforschung, Weinheim und München: Juventa

Stiftung Jugendmarke (Hrsg.) (2014): Nach der stationären Erziehungshilfe. Care Leaver in Deutschland. Internationales Monitoring und Entwicklung von Modellen guter Praxis zur sozialen Unterstützung für Care Leaver beim Übergang ins Erwachsenenalter. Abschlussbericht für die Stiftung Deutsche Jugendmarke. [Autorinnen: Britta Sievers/Severine Thomas/Maren Zeller] [http://www.uni-hildesheim.de/media/fb1/sozialpaedagogik/Forschung/care_leaver/Abschlussbericht_final_03-2014.pdf; Zugriff: 10.09.2015]

Stork, Remi (2010): Beteiligungsprozesse in der Jugendhilfeplanung. In: Maykus, Stefan/Schone, Reinhold (Hrsg.) (2010): Handbuch Jugendhilfeplanung. Wiesbaden: VS, S. 221–241

Stövesand, Sabine (2013): Gemeinwesenarbeit mit Frauen/geschlechterkompetente GWA. In: Stövesand et al. (Hrsg.) (2013), S. 360–368

Stövesand, Sabine (2007): Mit Sicherheit Sozialarbeit! Gemeinwesenarbeit als innovatives Konzept zur Reduktion von Gewalt im Geschlechterverhältnis unter den Bedingungen neoliberaler Gouvernementalität. Münster: LIT Verlag

Stövesand, Sabine/Stoik, Christoph/Troxler, Ueli (Hrsg.) (2013): Handbuch Gemeinwesenarbeit. Traditionen und Positionen, Konzepte und Methoden. Deutschland – Schweiz – Österreich. Opladen: Barbara Budrich

Stövesand, Sabine/Stoik, Christoph (2013): Gemeinwesenarbeit als Konzept Sozialer Arbeit – eine Einführung. In: Stövesand et al. (Hrsg.) (2013), S. 14–36

Stumpp, Gaby/Üstünsöz-Beurer, Dörte/Walter, Sibylle/Beulich, Florian/Bolay, Eberhard (2009): Wirkungseffekte Mobiler Jugendarbeit in Stuttgart (WIMO). Eine empirische Studie. Stuttgart (Hrsg.: Evangelische Gesellschaft Stuttgart und Caritasverband Stuttgart)

Täubig, Vicki/Zeller, Maren/Böhle, Andreas/Eßer, Florian/Feldhaus, Nadine/Gaßmöller, Annika/Köngeter, Stefan/Meier/Oelkers, Nina/Petrat, Anke (2015): Beziehung zählt? Adressatinnen und Adressaten in stationären Settings. In: Kommission Sozialpädagogik (Hrsg.) (2015), S. 209–225

Tesak, Gerhild (o.J.): Kritische Theorie. In: Online-Wörterbuch Philosophie: Das Philosophielexikon im Internet. UTB [http://www.philosophie-woerterbuch.de/online-woerterbuch/?title=Kritische%20Theorie&tx_gbwbphilosophie_main[entry]=504&tx_gbwbphilosophie_main[action]=show&tx_gbwbphilosophie_main[controller]=Lexicon&cHash=16f2a665d1ec02477377b70151935ab1; Zugriff: 23.1.2016]

Thieme, Nina (2013a): „Wir beschäftigen uns eigentlich nur mit nicht-idealen Adressaten..." Eine sozialwissenschaftlich-hermeneutische Perspektive auf Konstruktionen von Kindern als Adressat/-innen der Kinder- und Jugendhilfe. In: Diskurs Kindheits- und Jugendforschung (Schwerpunktheft Sozialpädagogische Kindheit, hrsg. von Tanja Betz und Sascha Neumann), 8 (2), S. 191–204

Thieme, Nina (2013b): Kategorisierung in der Kinder- und Jugendhilfe. Zur theoretischen und empirischen Erklärung eines Schlüsselbegriffs professionellen Handelns. Weinheim: Juventa

Thiersch, Hans (2013): AdressatInnen der Sozialen Arbeit. In: Graßhoff (Hrsg.) (2013), S. 12–32

Thiersch, Hans (2000): Strukturierte Offenheit. Zur Methodenfrage einer lebensweltorientierten Sozialen Arbeit. In: Rauschenbach, Thomas/Ortmann, Friedrich/Karsten, Maria-Eleonore (Hrsg.) (2000): Der sozialpädagogische Blick. Lebensweltorientierte Methoden in der Sozialen Arbeit. 2. Aufl. Weinheim/ München: Juventa, S. 11–28

Thiersch, Hans (1992): Lebensweltorientierte Soziale Arbeit. Aufgaben der Praxis im sozialen Wandel. Weinheim/München: Juventa

Thiersch, Hans/Grunwald, Klaus/Köngeter, Stefan (2012): Lebensweltorientierte Soziale Arbeit. In: Thole (Hrsg.) (2012), S. 175–196

Thiersch, Hans/Rauschenbach, Thomas (1984): Sozialpädagogik/Sozialarbeit: Theorie und Entwicklung. In: Eyferth, Hans/Otto, Hans-Uwe/Thiersch, Hans (Hrsg.) (1984): Handbuch zur Sozialarbeit/Sozialpädagogik, S. 984–1016

Thole, Werner (Hrsg.) (2012): Grundriss Soziale Arbeit. Ein einführendes Handbuch. 4. Aufl. Wiesbaden: Springer VS

Thürmer-Rohr, Christina (2015): Dialog und dialogisches Denken. Der Anspruch von anderswo: eine Herrschaftsabsage. In: Attia, Iman/Köbsell, Swantje/Prasad, Nivedita (Hrsg.) (2015): Dominanzkultur reloaded. Neue Texte zu gesellschaftlichen Machtverhältnissen und ihren Wechselwirkungen. Bielefeld: transcript, S. 297–310

Treptow, Rainer (2006): Betroffene verstehen. Fallbeschreibungen zwischen Selbst- und Fremddeutung. In: Bitzan et al. (Hrsg.) (2006a), S. 175–183

Treptow, Rainer/Faas, Stefan (2015): Methode und Kompetenz. Strategien der Ungewissheitsreduktion und der Gewinnung von Handlungssicherheit. In: Bolay et al. (Hrsg.) (2015), S. 163–175

Urban-Stahl, Ulrike (2013): Anwaltschaft. In: Otto, Hans-Uwe/Thiersch, Hans (Hrsg.): Handbuch Soziale Arbeit. 4. Aufl./elektr. Zusatzbeitrag, München: Reinhardt [www.handbuch-soziale-arbeit.de DOI 10.2378/ot4az.art003; Zugriff: 14.9.2015]

Urban-Stahl, Ulrike/Jann, Nina (2014): Beschwerdeverfahren in Einrichtungen der Kinder- und Jugendhilfe. München: Reinhardt

VSOP Kompass Sozialplanung (2008): Zwischen Gestaltung und Verwaltung im Reformprozess. Verein für Sozialplanung [www.vsop.de/index.php?page=24 667427&f=1&i=14641&s=24667427; Zugriff: 14.09.2015]

Wagner, Thomas (2013): Entbürgerlichung durch Adressierung? Eine Analyse des Verhältnisses Sozialer Arbeit zu den Voraussetzungen politischen Handelns. Wiesbaden: Springer VS

Wagner, Thomas (2009): Citizenship, Soziale Arbeit und Soziale Klassen. Von der politischen Produktivität des Bürgers in der Sozialen Arbeit. In: Widersprüche, 30 (112), S. 23–42

Wagner, Thomas/Bain, Karin/Schaarschuch, Andreas (2011): Zur politischen Produktivität des Citizenship in der Sozialen Arbeit. Adressatenkonzepte in der Sozialen Arbeit zwischen Staatsbürgerqualifikation und Entbürgerlichung. In: Kommission Sozialpädagogik (Hrsg.) (2011): Bildung des Effective Citizen.

Sozialpädagogik auf dem Weg zu einem neuen Sozialentwurf. Weinheim München: Juventa, S. 115–126

Walther, Andreas (2010): Partizipation oder Nicht-Partizipation? Sozialpädagogische Vergewisserung eines scheinbar eindeutigen Konzepts zwischen Demokratie, sozialer Integration und Bildung. In: Neue Praxis, 40 (2), S. 115–136

Walther, Andreas (2002): ‚Benachteiligte Jugendliche': Widersprüche eines sozialpolitischen Deutungsmusters. Anmerkungen aus einer europäisch vergleichenden Perspektive. In: Soziale Welt, 53 (1), S. 87–107

Walther, Andreas/Hof, Christiane/Meuth, Miriam (2014): Vermittlung und Aneignung in Lebenslauf und Biographie. Perspektiven einer Pädagogik der Übergänge. In: Hof, Christiane/Meuth, Miriam/ Walther, Andreas (Hrsg.) (2014): Pädagogik der Übergänge. Übergänge in Lebenslauf und Biografie als Anlässe und Bezugspunkte von Erziehung, Bildung und Hilfe. Weinheim/Basel: Beltz Juventa, S. 218–240

West, Candace/Zimmerman, Don H. (1987): Doing Gender. In: Gender & Society, H. 1, S. 125–151

Winkler, Michael (2015): „Dinge wie Kinder haben": Familie – Notizen eines Pädagogen. In: Fegter et al. (Hrsg.) (2015a), S. 83–97

Winkler, Michael (1988): Eine Theorie der Sozialpädagogik. Stuttgart: Klett

Wissenschaftlicher Beirat des NZFH (2009): Begriffsbestimmung Frühe Hilfen. Website des Nationalen Zentrums Frühe Hilfen in München am DJI [http://www.fruehehilfen.de/fruehe-hilfen/was-sind-fruehe-hilfen/ Zugriff: 26.01.2016]

Uni Duisburg Gender-Portal: Doing Gender [https://www.uni-due.de/genderportal/lehre_erwachsenenbildung_doinggender.shtml; Zugriff: 26.01.2016]

Zeller, Maren (2004): Partizipation im Kontext flexibler Erziehungshilfe. In: Peters, Friedhelm/Koch, Josef (Hrsg.) (2004): Integrierte erzieherische Hilfen. Flexibilität, Integration und Sozialraumbezug in der Jugendhilfe. Weinheim/München: Juventa, S. 195–218

Zeller, Maren (2003): „Die Hilfen waren auch ineinander oder übergreifend." Eine exemplarische Erfahrung mit Jugendhilfe in einer INTEGRA-Modellregion. in: IGfH (Hrsg.) (2003): INTEGRA-Rundbrief, H. 5, S. 37–40

Zima, Peter Volker (2000): Theorie des Subjekts. Subjektivität und Identität zwischen Moderne und Postmoderne. Tübingen/Basel: Franke

Zipperle, Mirjana/Bauer, Petra/Stauber, Barbara/Treptow, Rainer (Hrsg.) (2016): Vermitteln. Eine Aufgabe von Theorie und Praxis. Wiesbaden: Springer VS

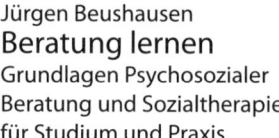